# 徂徠学派から国学へ

## 表現する人間

Bandō Yōsuke
板東洋介

ぺりかん社

徂徠学派から国学へ＊目次

はじめに　5



第一章　経世論の外部　23

【凡例】

・文献の引用に際し、漢字は原則通行字体とした。また英語・中国語の文献は著者が訳出した。全集・叢書類からの引用については、適宜漢字を平仮名にし、濁点・句読点等を補足した。前近代の写本・版本類からの引用については、原文のままの表記とした。また、引用文中の圏点・傍線等は、断りのない限り引用者によるものである。

・漢文文献からの引用は底本の訓点・訓読に従い、書き下し文のみとしたが、適宜表記を改めた箇所がある。

・年代については、本文中では参照の便のために和暦・西暦を併記した。ただし、日本のグレゴリオ暦導入の明治六年（一八七三）以前は両暦の月日に若干のずれが生じるが、その調整まではしていない。

・文献の題名に異同がある場合、引用したテクストの内題に準拠した。

・荻生徂徠と賀茂真淵の文献、および和漢の古典については、それぞれ以下のテクストにより、頁数のみを掲出した（徂徠については、河出書房新社版とみすず書房版の両全集が混在する）。ただし徂徠『論語徴』と真淵『万葉考』とはそれぞれの全集で複数巻にわたって収録されているため、巻数と頁数を併記した。

『弁道』『弁名』『政談』『太平策』…『荻生徂徠』日本思想大系36、岩波書店、昭和四十八年（一九七三）／『論語徴』…『荻生徂徠全集』第三～第四巻、みすず書房、昭和五十二～五十三年（一九七七～七八）（巻数と頁数を併記）／『大学解』…『荻生徂徠全集』第二巻、河出書房新社、昭和五十三年（一九七八）／『徂来先生答問書』…『荻生徂徠全集』第六巻、河出書房新社、昭和四十八年（一九七三）／『訳文筌蹄』『訓訳児蒙』…『荻生徂徠全集』第二巻、みすず書房、昭和四十九年（一九七四）／『鈐録』『鈐録外書』…『荻生徂徠全集』第六巻、河出書房新社、昭和四十八年（一九七三）／『蘐園随筆』『蘐園十筆』…『荻生徂徠全集』第十七巻、みすず書房、昭和五十一年（一九七六）／『徂徠集』『徂徠集拾遺』…『徂徠集 付・徂徠集拾遺』近世儒家文集集成3、ぺりかん社、昭和六十年（一九八五）。上記以外の徂徠の著作も、注記がない限りみすず書房版に拠り、巻数・頁数という順で出典を記した。

『国意考』『歌意考』『語意考』『文意考』『書意考』『にひまなび』…『賀茂真淵全集』第十九巻、続群書類従完成会、昭和六十年（一九八五）／『万葉考』…『賀茂真淵全集』第一～第五巻、続群書類従完成会、昭和五十二～六十年（一九七七～八五）（巻数と頁数を併記）／『冠辞考』…『賀茂真淵全集』第八巻、続群書類従完成会、昭和五十三年（一九七八）／『うひまなび』…『賀茂真淵全集』第十二巻、続群書類従完成会、昭和六十二年（一九八七）／『賀茂翁家集』『賀茂翁遺草』…『賀茂真淵全集』第二十一巻、続群書類従完成会、昭和五十七年（一九八二）／『県居書簡』『県居書簡 続編』…『賀茂真淵全集』第二十三巻、続群書類従完成会、平成四年（一九九二）。上記以外の真淵の著作も、注記がない限り続群書類従完成会版に拠り、巻数・頁数という順で出典を記した。

『書経』『詩経』『易経』『春秋左氏伝』『礼記』『論語』『孟子』『大学』『中庸』『史記』『韓非子』『孫子』…新釈漢文大系、昭和三十五～平成三十年（一九六〇～二〇一八）、明治書院／『万葉集』『古今和歌集』…賀茂真淵『万葉考』『続万葉論』の本文と訓とに従い、参照のために『新編国歌大観』（角川書店、昭和五十九年〈一九八四〉）の歌番号を付した。その他の古典和歌も、『新編国歌大観』の歌番号を示した。／『古事記』…『古事記』新潮日本古典集成、新潮社、昭和五十四年（一九七九）

# はじめに

## 一　本書の問題系

時は享保、「葵の御紋」の輝く「ゆたかなる世」[1]（『あづまめぐり』寛永二十年〈一六四三〉）も半ばにさしかかり、「そろり〳〵と天下のゆるゝ兆し」[2]（藁科松柏復書）が遠近《おちこち》に見えそめ、しかし人々の多半はとろりとした天下泰平の睡りへと再びおちこんで行った時節である。黒船の到来までには、まだおよそ百数十年の猶予があった。

しかしその頃、日なたの午睡のような泰平の世の深部で、隠微な、しかし決定的な政治的変動が生じていた。近世初前期の徳川政権首脳部を悩ませ続けた「御世嗣の君ましまさゞる事」[3]（新井白石『祭祀考』）、要は将軍家の跡取り問題が、当局者・僧侶・御儒者らの必死の努力もむなしく、いよいよ喫緊の事態に立ち至ったのである。七代家継の夭折によって二代秀忠以来の流れは絶え、紀州藩より入った八代吉宗の一統が幕末まで将軍職を継ぐことになった。そこにはひとつの陰謀の所在さえもささやかれた。[4]

吉宗自身は神祖・家康を深く敬慕したが、前代までの文化啓蒙路線とは一転した尚武倹約策を続々と打ち出す彼は、時に（「中興」ではなく）「創業の君と相見へ」[5]た（室鳩巣『兼山秘策』）。この目立たない〝王朝交替〟は巨大な転換期の徴候であった。変化の波は、馥郁と墨の薫る文苑にもうちよせた。元禄期を過ぎて爛熟の度を加えつつあった思想界に、この〝新王朝〟の為政者たちの庇護のもと、二つの新興勢力が相次いで登場したのである。二つの学派は双子のように似通い、双子のように対照的で、双子のように仲が悪かった。両者は根本発想や方法論を共有し、ともに当時の思想界の基調をなした朱子学と対決し、人的にも緊密な交流を有し、しかし後に「日本」をめぐって激甚な対立と論争とを繰り広げるに至った。徂徠学と国学である。本書は、両者が共有するひとつの思想的特質——思想史的にも〝現代的〟にもきわめて重要な意義をもつにもかかわらず、これまで十分に顧慮されてこなかった特質について、あらためて日本倫理思想史研究の立場より考察を加えるものである。

　徂徠学はまさに享保年間（一七一六～三六）のただ中に興ったが、国学はやや遅れ、所謂田沼時代の宝暦・明和年間（一七五一～七二）に、学派としての形をなした。今日、彼らの時代からはおよそ二百五十年がすでに経過している。日本社会はその間、明治の開化と昭和の敗戦とを脊梁部とする巨大な変動をいくつも閲《けみ》した。なぜ今、あえて諸々のリソースを割いて、二本差しの侍が闊歩していた時代の思想をことさらに論《あげつら》う必要があるのだろうか。じつは戦後、丸山眞男以来「徂徠学と国学」はむしろ強烈なアクチュアリティと熱気とを帯びて論じられ続けてきたのだが、近年ではそうした捉え方があまりにも近世の思想を近・現代の問題意識にひきつけすぎていることが批判され、反省されること頻りである。しかし昔のものを昔に返せば事は済むのであろうか。本書は、わずかな古典管理人たちが守る埃じみた書架へと彼らの著書をしまいこむ一歩手前で、日本の思想風土に定位して人間の現存を問う倫理学・日本倫理思想史の視点から、やや褪色したこの「徂徠学と国学」をあえてもう一度問うものである。その読みどころはどこにあるのか。このことはやや長い説明を要する。

本書が念頭に置く問題系は、すでに六十余年前の作品であるが、椎名麟三の小説『美しい女』に、最も端的な姿をあらわしている。舞台は昭和の初年から二十年代にかけて、主人公は瀬戸内海の沿岸を走る或る私鉄の車掌である。その姿は宇治川電機（現・山陽電鉄）に勤務した椎名本人と二重写しになっている。「非常時」がむしろ常態化した昭和前半期のことである。主人公の身の上には（すでに非合法化し地下に潜行していた）共産党のオルグ、大政翼賛会・産業報国会への強制にひとしい慫慂、より〝自然発生〟的な同盟罷業への誘い等々、さまざまな思想がかった運動の波が千々に訪れる。しかし主人公は、どの運動にもコミットしない。右であれ左であれ、あらゆる大仰な思想は彼の生活にぴったりあっている気がしないのである。彼の車掌としての日々の乗務はどこまでも規則に忠実で、馬鹿正直である。それは昇進を目指した点数稼ぎのためではない。同僚たちがはじめそう疑い、しかしとうとう彼の真意を知って呆れ果てたように、彼は「ほんとに仕事も好きだったし、電車も好きだった[6]」だけなのである。彼は「明日地球がほろぶということがはっきりしていても、今日このように電車に乗っている自分に十分であり、この十分な自分には、何か永遠なものがある[7]」と述懐する。

終生マルクス主義の立場を貫いた文芸批評家・本多秋五が「平凡の礼讃、日常性の崇拝」あるいは「昔ながらの日本の精神風土」への「埋没[8]」（『物語戦後文学史』）と目聡く、かつ辛辣に批判したように、転向者であった椎名が作品にこめた政治的含意は明白である。戦前の「自然成長と目的意識」論争より続く「思想と実生活」「革命か実存か」云々の問題圏はいかにも戦後初期らしく大仰であるし、日本人の通弊としての生活への立てこもりといっさいの理論的なるものの拒否というテーマも、すでに陳腐である（かもしれない）。しかし今日なおあらためて注目すべきは、本作の主人公が固執するその「日常性」の内実である。

先の引用に続けて、主人公は次のように述べている。

私は、ほんとに仕事も好きだったし、電車も好きだったのだ。何故なら私は、仕事や電車が好きになっている自分を、悲しくも喜ぶことが出来たからである。

電車は、生物のようにそれぞれ癖をもっていた。尻を撥ねあげるようにして横っとびに駈けて行く馬のような三号車に反して、二十四号車は、処女のようにすまして走り、ブレーキがかかると、びっくりしたようにガクンととまった。がむしゃらな奴もいた。彼は、鵞鳥のように尾を激しく振っていながら、突然二三度とび上がったりするので、まるで悪魔の背に乗っているようだった。私たち車掌は、いつ振り落とされるかも知れないで、後手でハンドブレーキにしがみついていなければならなかったのである。また、坂になると、ウウン、ウウンと情けない声を出して喘ぐ奴もいた。モーターの馬力が弱いからだ。また、ちょっと乗客が多いと、すぐ几帳面にオートマチックブレーカーをとばせる、几帳面な怠け者もいた。[9]

要するに本作では、本多のいう「日常性」の内実は、細かい手続きの集合である車掌の実務として、またそれへの習熟として、把握されている。それは一両一両の車両の癖を知悉することであり、的確な駅名称呼であり、正確かつ素早い切符の清算であり、出発合図の二点信号を正しく送ることであり、正確にその総和以上のものでもなければ、それ以下のものでもない。そうした業務の遠景として折々日を撥《は》ねた温《ぬく》い瀬戸内の海が「ぴかっと光」るのである。[10] その総体には「何か永遠なものがある」と主人公はいう。この構えこそが、本作を時代の堆積の底に沈むことより救っているように思われる。大仰な言辞を弄することはついに空疎であり、日々の仕事の孜々たる積み重ねにこそ「何か永遠なものがある」こと、それはマルクス主義対実存主義という図式が文壇・論壇を截断した戦後初期よりもむしろ、そこで熱っぽく語られた大文字の思想や「世界観」の諸々が失効した今日にこそ、たとえば相次ぐ天災のたびに、痛感されるところのはずだからである。

この実直な働き者は、また次のようにもひとりごちる。

だから私を時代や社会に結びつけているのは、あのイデオロギイとかいう難しいものではない。労働なのだ。物へじかに手をふれ、物を動かしたり変えたりすることだ。(11)

この述懐は、日本の思想史・文化史を貫くひとつの問題系をきわめて直截に表白しえたもののように思われる。もちろんここで主人公が或る「永遠」を垣間見た鉄道労働の風景を現出させている諸々の契機――すなわち進んだ電機・土木技術、均質な路線網とそれを可能とする中央集権的な行政機構と大資本、そして何より従業員・利用者の双方に要求される時間厳守性(punctuality)等々――は、新来《いまき》のものである。また鉄道業界自体が、昭和末年の国鉄解体に至るまで、炭鉱とならぶ労働争議の本丸として特権的な磁場を有したことも言を俟たない。しかしながら、翻って日本の思想史を概観すると、「物へじかに手をふれ、物を動かしたり変えたりすること」への拘泥、言いかえれば具体的な技術を伴わない頭でっかちな「イデオロギイ」への警戒感と忌避とは、とてもモダニズム、あるいはモダニズムへの免疫的な拒否反応などに還元できるものではなく、まさに本多のいうとおり「昔ながらの日本の精神風土」をなしているといわざるをえない。

本書の対象となる十八世紀において、じつはこのことは最も顕著である。十八世紀、日本を取り巻く国家群、すなわち清・李氏朝鮮・黎朝大越国(後の越南《ベトナム》)などでは、そろって朱子学が正統教学となり、それに基づく科挙官僚制が成立していた。武官は(実態はともあれ)形式的には文官の下位に置かれ、そのこと自体が「文明」性の表徴をなしていた。そうした東アジアの事実上のスタンダードから見ると、世襲の武士が政柄を掌握し続けている日本は、特異であった。李氏朝鮮から定期的に派遣される朝鮮通信使こそは東アジアから日本をまなざす目にほかならなかったが、儒教官僚であった彼らは、日本の「武俗」への違和感を——さらにいえば侮蔑を——隠そうとはしなかった。(12) またそこには逆向きのまなざしもあった。北京の大成殿をはじめ、儒教国家の首都に文治と科挙との象徴として聳立していた孔子の祠堂の、徳川日本における代替物は江戸の湯島聖堂であった。しかし折しも十八世紀の後半、倹約政策の一環として「昌平の聖堂は第一無用の長物なれば取り崩し然るべし」との案が老中・側用人間で詮議されるという椿事が出来した。林大学頭《だいがくのかみ》（鳳谷）が「唐へ聞へ《ママ》ても御外聞が悪ゐ《ママ》」と強硬に反対し、何とか事なきを得たのである(13)（松浦静山『甲子夜話』巻四）。「唐」と日本との絶望的な落差は、内からも苦く意識されていたのである。

それは理念の支配・教養の支配に対していえば確かに露骨な力の支配であったが、徳川日本の側にも言い分はあった。文官からみれば無くもがなの暴力集団であれ、武士団とは畢竟一種の特殊技能集団である。「武門に付《つき》てはわざ大小品多《しなおほ》し」と軍学者・山鹿素行はいう(14)（『配所残筆』、延宝三年〈一六七五〉）。平安時代以来の長い戦の経験は、武士たちにただ強いだけでは勝てないこと、あるいは一時の僥倖で勝利を収めたとしても、そのような「不思議の勝《かち》」は長続きしないことを痛感させた。最終的な戦の勝敗や家の興廃は、詮じつめればいかんともしがたい不測の運命、すなわち「天」や神仏の意思次第であるのは無論のこと。そのことを苦く噛みしめつつ、しかし能うかぎりの人間的努力を尽くすことなしには、「御家」は一日たりとも存続し得ない。その努力とは、具体的には弓・馬・鑓《やり》・剣・柔《やわら》といった個人武芸にはじまり、軍規を含む軍陣編成法、外交術、人心掌握術と社交術、小笠原流に代表される武家礼法、築城法と建築術（地割《じわり》・縄張《なわばり》）、開拓領主としての治水法等々、合戦と領地経営との厳しい現場の中から自生してきた「武門のわざ」に習熟することにほかならない。こうしたことは武士たちのごくごく当たり前の常識に属していた。「治に乱を忘れず」(15)（『慶長武家諸法度』）あるいは「不意はたゞ今の事も相知れず」(16)（『葉隠』聞書八、享保元年〈一七一六〉）、いつか不定の未来に到来する戦闘状態のために、かかる「わざ」の水準を維持しつつ不断に厳戒待機を続けること。これが近世武家政権の基本的な統治の構えであった。徳川の泰平を寿ぐ常套句であった「四海静謐」とは、つまるところ戒厳令下の静けさをいうのである。徳川政権が切支丹や島津家などの仮想敵をつねに必要としたのはこのためである。そこで実態としては平時の官僚機構にほかならない幕閣は、しかし「太平の今に至るまで、官職も軍中の役割を其儘に用ひ」（『徂来先生答問書』二〇〇頁）、二百六十年にわたって臨戦態勢を擬制し続けた。「老中」とは古参の参謀であり、「旗本」とは将軍直属の護衛隊であり、「目付」とは軍監である。十八世紀の日本は長い経験によって培われた広義の戦闘技術によって統治されており、だからこそ舶来の「理」の教えは長く正統教学の位置を占めることができなかったのである。

さらにさかのぼっても、経験的なわざへの拘泥《こだわり》と抽象的な理論の拒否とは、やはり日本の思想史総体に一種の個性的な相貌を与えている。はるか古代、律令体制の出発期に整備された儒教的理念に基づく（一定程度に）メリトクラティックな官人選抜制は、平安朝の半ばには貴族による官位世襲制へと変容したが、藤原氏諸流を代表とする世襲貴族たちが重視し、権威の源泉として独占をはかったのは有職故実にほかならなかった。仁政・彝倫・綱常云々の儒教の理念が、まさに細かい具体的な手続きへと解体したのである。さらに所謂鎌倉新仏教が、教理上の画期は無論あれ、どれも具体的な「行」への特化の姿勢を示していることや、幕末以降に続々と訪日した西洋人たちがそろって感嘆した非エリートの日本人の勤勉さ・工芸の巧みさ[17]（往々に同時代の大陸の非《ノン》エリートの無気力・怠惰と対比された）等々も、同じ事態の傍証とするに足るであろう。またヨーロッパでは火砲の技術が弾道学という形をとり、微積分や炸薬技術と相携えて現代社会を基礎づける一つの理論へと展開したが、それを輸入した近世日本ではたちまち稲富《いなどめ》流・高島流など師資相承の芸道（「砲術」「鉄砲道」）へと転化した[18]のも、決して単なる一笑話にとどまるものではない。

それからさらに明治の開化が一回りした後、「東洋文化の根底」にある一つの「要求」に「哲学的根拠を与えてみたい[19]」と自分のプランを語る西田幾多郎が、舶来の理論に汲み上げられるべき日本、あるいは東洋の前―理論的な身体感覚として示したのは、次のような光景であった。

試みに芸術の作品について見よ。画家の真の人格即ちオリジナリティは如何なる場合に現れるか。画家が意識の上において種々の企図をなす間は未だ真に画家の人格を見ることはできない。多年苦心の結果、技芸内に熟して意到り筆自ら随う所に至って初めてこれを見ることができるのである。（『善の研究』第三編第十一章、明治四十四年〈一九一一〉刊。岩波文庫、一九一頁）

「人格」「オリジナリティ」を表現する「芸術」というきわめて近代的・西洋的な語彙が用いられてはいるが、ここで西田が念頭に置く現場は、技芸への習熟の果てに自己意識が脱落し、道具の先端まで自己の身体の延長と感じるに至る、古典的な芸道の場面にほかならない。それはたとえば、三百年以上前の剣豪・伊藤一刀斎が稽古工夫の果てに「一心不乱と云沙汰もなく、一理敬する差別もなく、内外打成一片」となる「高上の位[20]」（『一刀斎先生剣法書』寛文四年〈一六六四〉跋）、あるいは「剣心不異[21]」（同前）の境地を見出したのと、択ぶところはない。そしてこの延長線上には小林秀雄の「この事変に日本国民は黙って処した」というかの著名な言[22]（「満洲の印象」昭和十四年〈一九三九〉）が控えているといえよう。この近代日本における「イデオロギィ」的なるもの一般への最大の批判者は、二年後の真珠湾攻撃の際も是非の論議を措いて「雑念邪念を拭ひ去つた」「爆撃機上の勇士達」の眼に「あるが儘の光や海の姿は、沁み付く様に美しく映つたに相違ない」とひたすらに思い描くのであった[23]（「戦争と平和」昭和十七年〈一九四二〉）。

このようなあり方はむろん、最も俯瞰してみれば、仏教・儒教・近代思想といった大きな理論体系そのものは時々の先進地域からもたらされるため、日本人の知的工夫と独創性とはそのローカライズや、細かい知的手続きの洗練のほうにいっそう発揮されるという、これからも本質的には変わらないはずの事情のゆえである。豊多摩刑務所でカントを耽読した埴谷雄高が歎いたように、日本に抽象的な幽霊は出ないのである[24](『二つの同時代史』)。日本の哲学が事実上「哲学学」であるとしばしば揶揄されること、しかしその哲学者たちへの文献学的な理解が、とても非ヨーロッパ地域とは思えない精緻さに達していること[25]、この双方が右の事態が現在進行形であることを裏付けるはずである。

しかしこのありようは、まさに理論それ自体の拒否であるから、現象としては明らかに存在するにもかかわらず、知的・反省的な枠組みの中では捉えがたいものである。よくいわれるように日本思想史が「理論史」「哲学史」を形成しない所以である。

日本哲学研究に長年「参与した」カスーリスは、西洋の「分離的な」(detached) 知と対照をなす日本の「参与的な」(engaged) 知とは、粘土については地質学者よりも陶芸家のほうがよりよく知っているとみるような知のありようだという[26]。いかにすればこの手の〝理屈よりわざ〟という傾向を、延々とそこで繰り返される〝黙して自得せよ〟〝習うより慣れろ〟〝体で覚えろ〟式の教説にのみこまれることなく、反省的に捉えられるか。こうした問いを立てるとき、近世の〝古学〟は特別な意味をもって浮上してくる。荻生徂徠は、朱子学の「理」を否定しつつ次のように述べる。

聖人ノ道ハ理ヲ説カズ、皆ワザニ理ヲモタセ置タルモノ〔ナリ〕(『太平策』四六一頁)

また徂徠は別のところで「聖人の道も教もわざにて候」(『徂来先生答問書』二〇四頁)ともいう。「わざ」は「理」と対言されており、儒教(「聖人の道」)とはついに「理」の体系ではなく「わざ」の体系だというのである。またやや遅れて現れた賀茂真淵はいう。

凡そ物は、理にきとかゝることは、いはゞ死にたるがごとし。天地とともに行はるゝおのずからのことこそ、生きて働くものなれ。(『国意考』一九頁)

徂徠の〝作為〟と対立する真淵の〝自然〟が印象づけられる段だが、真淵もやはり「理」を否定する。その自然は単線的あるいは二値的な「理」に回収できない、「生きて働く」有機的自然である。

徂徠学と国学とは、その具体的な研究対象は儒教の経書と日本の古典とに岐れるが、一般にはともに〝古学派〟と括られる。彼らはともに東アジア近世の標準的教学となった朱子学を否定し、それが思想界を席巻する以前の〝古〟に依拠すべき「道」を見出すからである。「天下の理、未《いま》だ嘗《かつ》て一ならずんばあらず」[27](『中庸或問』)という朱子学の均一性・観念性を批判する彼らは、無限に複雑な現実そのものへとおりてゆこうとする態度を基調とする。彼らにとって、簡明な「理」による大上段からの裁断を拒む無限に複雑なものとは、第一には『論語』『書経』『古事記』といった古典の古雅な原文であり、次いでは眼前の現実である。仏教や朱子学の概念体系に基づく後代風の「賢《さか》しら」な注釈を廃した古典の本文と、目の前で流動する現実とがある仕方で照応するというのが、彼ら古学者たちの理論的骨子をなしている。二百年後の馬鹿正直な車掌のいう「物」——それを踏まえなくてはあらゆる言説が空転する「物」とは、古学者たちにとって古典なのである。ちなんでいえば「先王の道」は「理」ではなくまさに「物」だというのが徂徠の創見にほかならない(『弁道』一二頁)。

普遍的な「理」の人心への内在という朱子学の根本前提を否定する彼ら古学派の基本的な構えは、自己の外に確固とした形を備えて存在する「物」（言語・古典・制度・型）との関わりを第一の前提として、あらゆることを思考する態度にある。個人の意識や理性につねにすでに先んじ、方法論的な個人主義やあらゆる形態のイデアリスムスの躓きの石となり続けている言語に彼らが注目するのはそのためである。そして彼らは、朱子学の思弁性・観念性をしりぞけ、思考の実証性・具体性を標榜したにもかかわらず、徂徠の「名」と「物」との議論が往々にスコラ後期の唯名論と対比され[28]、実証的であるはずの国学の言語研究が秘教的な音義言霊《ことだま》説や富士谷御杖の晦渋な「倒語」論に至ったように、朱子学とは別の仕方で存外に思弁的・原理的である。とすれば、〝西洋の衝撃〟以前の日本思想史のほとんど掉尾に現れた彼らの思想言説の中で、この「物へじかに手をふれ、物を動かしたり変えたりすること」の哲学的・人間学的な射程は、はじめての原理的な追尋を受けていると見ることができるのである[29]。大上段から説かれた八紘一宇や革命の「理」よりも、精緻なダイヤグラムや就業規則や駅名称呼にこそ生の手ごたえを見出す感覚は、前代の「物」「ワザ」そして言葉を重んじる古典学者たちによって、一定の論理的な反省へともちきたらされていた。われわれがこれからも日本の思想的・社会的風土の中で「物へじかに手をふれ、物を動かしたり変えたりすること」にこだわって生きてゆくならば、あるいは逆にそのゆがみや弊害を否定し対治せんとするならば、あえて今、近代以降の思考の流儀とはまるで異なる彼らの古典注釈の世界に分け入る価値は十分にある――それどころかこうした一見アナクロニックな作業は、じつは最も喫緊かつ現代的な思想的営為の一つであるとさえ、著者には確信されている。

## 二　先行研究と新しい視角

以上の問題意識に出発する本書が読者として想定するのは、ひろく日本の思想一般に関心をもつ人であり、贅言すれば前節で縷々述べた現場感覚にどこか覚えのある人、あるいはまたそうしたものに激甚な反発を覚える人である。それゆえ行論中、日本近世思想史の専門研究者の内輪では既知のことがらに属する内容を反復する場合がままあることを諒とされたい（すでに指摘されている論点については、代表的な研究を挙げるようつとめた）。とはいえ本書の分析視角は巍々たる先行研究[30]の蓄積された「徂徠学と国学」について、その専門研究の内部でも、新しい視点と知見とを提供するはずである（以下は専門家に向けた本書の新規性の提示であり、そうしたことに興味のない向きには読み飛ばして頂いて結構である）。

周知の通り、戦後の徂徠学および国学の研究は昭和二十七年（一九五二）に公刊された丸山眞男の『日本政治思想史研究[31]』に——より正確には戦中に著者の出征の朝まで書きつがれ（「あとがき」）、戦後に本書に収められた二論文に、出発した。「近世儒教の発展における徂徠学の特質並にその国学との関連」（『国家学会雑誌』五十四巻四号・五号、昭和十五年〈一九四〇〉）と「近世日本政治思想における「自然」と「作為」——制度間の対立としての」（同前、五十五巻七号・九号・十二号、五十六巻八号、昭和十六～十七年〈一九四一～四二〉）とである。二論文はやや視角を異にするが、その徂徠学と国学との捉え方はおおむね次のようである。丸山の関心は終始秩序観にある。人事自然の総体を「理」のもとに一元的に捉える朱子学の「連続的思惟」（二八頁）の崩壊過程の果てに登場した荻生徂徠は、社会秩序を自然秩序（天道）の類推で捉える発想と訣別し、中国古代の聖人によって歴史的に制作されたものと捉え直した。ここに、秩序の外に立ってそれを自由に作る主体像が、近代的個人の自由な自己投企の原型となるべき「無からの創造」のモティーフを有しない日本の思想的文脈の中に、ほとんどはじめて登場する。社会の秩序は、「鳶《とび》飛びて天に戻《いた》り魚《うを》淵に躍《おど》る[32]」（『詩経』大雅・旱麓）ような万古不易の自然の理法の一部ではなく、聖人と、その似姿をなす世々の治者とによって、能動的に作られるものと見られた。徂徠が発見したこの「作為」の論理は、絶対主義を経て民主主義や社会契約説に展開する近代的な主体性の、日本に内発的な萌芽として高く評価される。

しかし朱子学の「連続的思惟」の崩壊は、人事と自然だけでなく公と私をも切り離した。徂徠学派の人々が人格的陶冶を棚上げしてマキャヴェリ的な「政治」に終始する一方、続いて現れた国学者たちは逆に私的な「文学」の世界に居直り、「真心」「もの丶あはれ」など思い思いに「一切の規範性を掃蕩した内面的心情」（一七八頁）の自由を謳歌するに至った。彼らは社会秩序についてはあらゆる与えられた秩序に素直に随順する姿勢を見せ、その消極性によってむしろ、せっかく発見された政治の領域の「文学化」（一七四頁）、それどころか「非政治化[33]」（同前）を遂げてしまった。ここで徂徠学と国学とは「政治と文学」「作為と自然」「公と私」云々の対立軸で捉えられ、徂徠学に敵対した国学者たちは、私的な感性や情念の「自然」に居直り、徂徠の提起した政治領域の固有性や「主体性」の問題を無効化したものと、きわめて否定的に見られている。そして丸山にとって国学者は克服すべき日本人の典型であり、また自画像でもあった。第二論文から約二十年後に刊行された『日本の思想』（昭和三十六年〈一九六一〉刊）で近代日本の知識人の通弊とされたかの有名な「実感信仰」、すなわち「あらゆる政治や社会のイデオロギーに「不潔な抽象」を嗅ぎつけ、ひたすら自我の実感にたてこもる思考様式[34]」の原型は、前代における本居宣長の儒教批判に見出されている。そしてまた、「つくる」発想をもたない記紀神話に端を発した日本人の歴史意識に、規範意識の欠如と現実的与件への無条件の随順とを見た、これまた有名な「歴史意識の「古層」」論文（昭和四十七年〈一九七二〉）の焦点も、じつは宣長に合わされている。この論文の主要な分析概念は『古事記』より採られているが、丸山が見ているのは八世紀の『古事記』そのものではなく、十八世紀末の『古事記伝』の訓読と解釈とにほかならない。「おのづから」「つぎつぎに」「なりゆく」「いきほひ」に流され続けるのは、宣長が訓《よ》み・捉えた『古事記』であり、また宣長その人だったのである。そして倫理思想史研究の立場からの国学研究は、この（克服すべき）日本人の自画像という丸山の国学者観につよく牽引されて進展した。たとえば相良亨は宣長の思想を「今日のわれわれの現実の姿の一面をあまりにもよく写している鏡」と見、それを「対話対決」を通じて反省的に捉えきることで超克しようとし[35]（『本居宣長』昭和五十三年〈一九七八〉刊）、「言説論的転回」を遂げる前の子安宣邦も、宣長の日本観を、諸々の規範意識を排した感性的主体から成る「服従の体系」「負の人倫態」と規定し、明確にそれとの対決の態度とその超克の意志とを示していた[36]（「本居宣長における日本的心性論の構造と特質」昭和四十一年〈一九六六〉）。

丸山に始まる戦後第一期[37]の徂徠学・国学研究は、後期国学に消極的な体制随順ではなく、積極的な農村秩序再建の意志と「一君万民」的ナショナリズムとへの志向を見る松本三之介（『国学政治思想の研究』昭和三十二年〈一九五七〉刊）や、朱子学を一種の自然法思想と捉え、徂徠学をむしろ反動的・「国家主義」的と断ずる尾藤正英（『日本封建思想史研究』昭和三十六年〈一九六一〉刊）らの有力な批判によって内容を豊富にしつつ、しかし社会規範と人間の自由との関わりという丸山の根本関心を共有して進展した。それは丸山が昭和三十五年（一九六〇）の国会デモの先頭に立って示したように、徂徠に見出された「主体性」が、外の社会でも一種の輝きを有していたからである。

「徂徠学と国学」への丸山の視線がつねに社会秩序の周りを巡るのは、何より彼が政治思想史家であるためだが、分析対象自体の性質からも無理からぬことである。すなわち儒学の一派である徂徠学が治国平天下を最終目的とするのは当然だし、徂徠学と国学との論争の根本争点は「道」にあった。「中華」の聖人の道と、日本の道（神道や古道）のどちらがよく「世を治め」うるかが争われたのである。「世を治め」うるか否かが最終的な審級をなすこと自体がこの論争の近世的性格を物語るが（中世であれば、あらゆる言論や行為の最終目的、あるいは「道」のゴールは、個々人がさとり〈菩提・真如〉に至ること以外にはなかった）、そうした「道」とはわれわれの言葉に置き換えれば、秩序・制度・規範などとして、確かに大きくは誤らないだろう。

しかし、彼らが随所で語った「道」は、もう一つ、やや異なる含意を有しているはずである。徂徠学は元来、李攀竜・王世貞ら明代古文辞派、すなわち明の擬古主義的な文人たちによるいささか衒学的な詩文復古運動からアイデアを継受して開始された思想党派である。徂徠学者たちは従来の漢学者の平均から遥かに抜きんでて詩人であり、近世日本の「文人」（専門漢詩人）は徂徠門下の服部南郭にはじまる。また国学も、「歌学び」から「道学び」への推移としてその史的展開が語られるように、もともとは堂上歌学による歌壇の独占に反対する地下《ちげ》の和歌革新運動を母体とする学派である。主たる国学者はみな歌人である。風間誠史はすでに〝国学〟といえばただちにイメージされる「国粋イデオロギー」や「文法論」は、十八世紀以降簇出した国学者たちのごく一部が説いたものにすぎず、国学者を国学者たらしめる最大公約数的な特徴は、彼・彼女らが「歌文の創作者」である点に存したと指摘している[38]（「表現の国学」平成十一年〈一九九九〉）。「だとすれば、国学とはまず何よりも「表現」をめぐるなにごとかとして考えるべきではないか」（同前）。この風間の指摘は重要である。要するに「道」のもう一つの含意とは、詩の道・歌の道、すなわち言語表現の「道」なのである。表現者である彼らが論争の中で「先王の道」や「皇国の道」をいう時、その「道」は表現の「道」と完全に切り分けられてはいない。詩の道は先王の道への階梯であり、歌の道は神の道と一体である。しかも彼らは擬古派であり、彼らの実作は奔放な自己主張・自己表現ではなく、逆に自己の外にすでにある表現の型（文法、定型、盛唐・上古の風趣）へと敬虔に身を置き入れてゆくこと（徂徠の「断章取義[39]」・宣長の「古昔ノ風雅ニ化〔ス〕」[40]）を原理としている。内面のありのままの表現を目指す性霊派や「たゞごと歌[41]」は、彼らの後に、彼らの行き過ぎた形式主義・古典主義への反発から起こった。彼らにとって「道」の原イメージは、人と人との間にある遵守すべき規範というより、不定形の内面を、外なる定型へと押し出してゆく表現の現場にこそ存したのである。そこから得られた感触や知見が天下国家のあるべき秩序や規範の構想へと拡張されるのであって、その逆ではない。

近代性への関心からその秩序構想にフォーカスするこれら第一期の徂徠学・国学研究と一線を画した第二期の研究は、そうした制度論的な視点からは取り零《こぼ》されがちな、彼らの生理的な現場感覚の次元に分け入るものであった。そこでは徂徠学者・国学者に共通する「活物」観が焦点となった。嚆矢をなした中国文学研究者の吉川幸次郎は、徂徠の思想の核に有限な人間の認識では捉えきれない現実の「無限の分裂[42]」と、そうした「現実の複雑さに対する敏感[43]」を見た（「徂徠学案」昭和四十八年〈一九七三〉）。さらに黒住真は徂徠を「非連続で個性的なものに対する日本人の思想的自覚を広く代表する一人」と位置づけ[44]、世界に満ち満ちたそうした「差異」（同前）への「敬畏[45]」を徂徠の認識と倫理との基底とみなした（「荻生徂徠――差異の諸局面」昭和五十七年〈一九八二〉）。黒住によれば、「尋常《ヨノツネ》ならずすぐれたる徳《コト》のありて可畏《カシコ》き物[46]」（本居宣長『古事記伝』）として知られる国学のカミ観念に存するのも、個々人の「有限性の彼方」に「複数性をもって動く」他者への一種のヌミノーゼ感覚であって、徂徠と根本的な構えを一つにする。[47] 徂徠に先んじた伊藤仁斎は、「理」から逸脱する天地万物を、匣《はこ》に湧く黴《かび》と蛆虫とにたとえた[48]（『語孟字義』天道四）が、ややもすればグロテスクなまでに謎めいた有機的蠕動を続ける外界に対して、こちらからの合理的截断を控え敬虔であることが、彼らの共有する新しい知的・倫理的態度であった。こうした「活物」観は、個々人の内面と外界の万物とを「理」で媒介する朱子学が否定されることで、世界が「非連続」の相において現れてきたものにほかならない。黒住が的確に言い取るように、朱子学の「自己が世界を照応してこれに連続する」世界観を退けた古学者たちにとっては「自己ではなくむしろ他者と世界とが先立っている」[49]。

外界と内面との連続性の切断と、外物の異物感の敏感な覚知。言いかえれば、世界は私の無限和ではないということ。これが近世中期の古学者たちの思想的な出発点だとすれば、彼らの思考の焦点は、前代の禅学や朱子学が関心と工夫とを集中させた内、すなわち心から、内と外との間、すなわち内面を外界に押し出す表現へと移行せねばならないはずである。現に澤井啓一は、徂徠・宣長の文学史上の画期を「詩的表現と人間の内面との関係を、人間の内面性へと収斂する方向ではなく、表出という事態そのものとして把握することを選択した」ところに見ている[50]。確かに詩歌のよしあしを最終的には作者の心の邪正に帰す朱子学的詩歌観を否定し、内面に還元できない文法・語法・定型等々の外的な要素を作品の質の基準に据えた彼らは、詩的表現の場を内でも外でもなく、内から外へという「表出という事態そのもの」に定位し直した。彼らの表現論は、たとえば堂上《とうしょう》歌学の一領袖・烏丸光栄が「歌は心に誠さへあればその心の誠が外に現れて歌は出で来るなり[51]」（入江則栄『詠歌金玉論』安永八年〈一七七九〉）とうそぶくような、内と外とが無碍に連続し、それゆえあらゆる工夫が内に集中される同時代の支配的な詩歌観を乗り越えんとするものだったのである。そして彼らの詩歌論は、近代に入ると時枝誠記の「言語過程説」へと継受された。この近代国語学の泰斗は、国学者の言語研究を最大の手がかりとして、言語を内面の透明な伝達ではなく、内から外への動的な「過程」と捉えたのである[52]（『国語学原論』）。時枝はいう、「言語は単なる主体の内部的なものの発動ではなくして、これを制約する場面に於いて表現されることによって完成する」――「換言すれば、言語は場面に向かって自己を押し出すこと、宛《あたか》も鋳型に熔鉄を流し込む様なもの[53]」であると。内心のトートロジカルな反復を許さず、ごつごつと硬質な手応えを返す他物の「制約」のもとで、それらとの擦れ合い・軋《きし》み合いの中でこそ、表現は成り立つ。これは誰もが知る表現の現場の実感である。自ら詩人・歌人であった徂徠や真淵が口々に「活物」を説くとき、彼らの念頭にあった最も端的なイメージとは、時枝のいう表現行為における内面への「制約」であったと考えられるのである。われわれが発話の手前でもどかしく言葉を探すとき、あるいは初心者としてなにがしかの道の稽古の場に立つとき、そのとき最も、われわれを取り巻く外界は、とても主観の延長とは思えない気疎《けうと》さと奥深さとを帯びて現象してくるはずである。

そして言語にあっては詩的表現（文・雅・「文《アヤ》」）が実用表現（質・俗・「たゞの詞《コトバ》」）に先立つというのが彼ら通有の見解であったが、詩ないし文学という限定をはずしてその〝実践的〟な「道」の構想を見ても、やはり彼らにとって人間とは、ついに内から外への過程を生きる存在であった。徂徠の「先王の道」中の人は、後述する通り、型《まね》の学びに徹する存在であり、賀茂真淵にとって日本の「古《イニシヘ》」の人は、「心に思ふことをかくさずいふ」（『にひまなび』二〇〇頁頭注）人々だったのである。こうして第二期の徂徠学・国学研究が注目した内面と外界との落差という論点は、内と外との間を生きる存在としての〝表現する人間〟という人間像へと結実するべくあり、しかも管見のかぎりでは、その論点は示唆されこそすれ、十分に吟味されてはいない。菅野覚明が、神がかり的な狂信と見られがちな宣長の「古道」の内実を、その係り結び論に注目して確固たる論理と結構とを備えた言辞の雅《みや》びやかな道として捉え直したのは(54)、この研究方向を先駆するものである。研究史の観点から見れば、本書はこれら先行する諸研究の論点を踏まえて、この〝表現する人間〟としての人間像を徂徠学・国学の中に探求するものである。

# 第一章　経世論の外部

# 第一節　近世日本社会と職分論

十六世紀の初前期、大陸中国では明代の半ばである。徽州の休寧に一人の少年がいた。黄山や九華山が聳《そび》える徽州（現・安徽省）は山谷が険阻で稲作に適さず、だが北に長江、南に銭塘江を擁して水運に利を有し、商業が盛んであった。[1] 徽州の塩商は明清代にあって「富室の雄を称」した[2]（『五雑組』巻四）。休寧県はその中でも特に有力な商人を輩出した土地である。土地の人々は互いに蓄財を競い合っていたが、幼少より「持すること固」かった少年は、その風に泥《なず》むことをよしとしなかった。彼の父が息子を連れて行商に出ようとしたとき、少年は一本の筆をかかげて父の前に進み出で、次のように述べた。

これで私に孔子のお言葉を書かせようとなさるおつもりですか、それともわが徽州人の習いたるもうけの計算を書き習わせるおつもりですか。またそもそも、父上は幸いにも一子を得られましたのに、どうしてこの子を商いにお棄てになるのですか[3]（「奈何ぞこれを賈に棄てんや」）。

父は子の言葉を「奇」とし、勉学を認めた。しかしなかなか科挙（郷試）に及第できない。嵩みゆく学費や生活費で、一家の家計は次第に傾いていった。周囲の商人たちはその父に「子に長く儒業を許し、後悔してはいまいか」と問うたが、父は「ついぞ後悔したことはない」と答え、貧窮のうちに没した。遺された子はさらに次代に望みを託した。しかし三世代目にあたる息子も落第を続け、「不肖の私は先人の志をまっとうできませんでした」と号泣するのであった。「光先」、すなわち一家代々の希望を一身に集めて「其の先を光《かがや》かす」と名付けられながら、それを果たせなかったこの子の悲泣に満腔の同情をそそぎ、その父の「伝」を作ったのは、荻生徂徠が傾倒した明代古文辞派の領袖・王世貞にほかならない。その王世貞自身は嘉靖二十六年（一五四七）の科挙の進士で刑部のキャリアを遍歴し、父の刑死や権臣との確執で一時沈淪したものの、極官は南京の刑部尚書にのぼり、また詩や書もよくした、明代中後期の代表的な文人でもあった。

これよりおよそ二千年前、大陸の春秋・戦国時代に、孟子が「心を労する者は人を治め、力を労する者は人に治めらる」（『孟子』滕文公上篇）と述べ、またその周辺の孔門の学徒がなにかにつけて君子と小人、士と庶、上智と下愚、学と不学、義と利、云々の区別を強調したのは、彼らとは異なる肉体労働に従事する階層を見下してのことではなく、富国強兵とそれに直結する実践的な技術（法・兵・農・百工など）にしか興味を示さない諸侯の間を遊説する中で、ともすれば仕官と蓄財との易きに流れそうになる自分を、高邁で困難な理想へと鼓舞するためであったといえよう。窮境に陥った孔子が「君子固より窮す、小人は窮せば斯《こゝ》に濫《みだ》る」（『論語』衛霊公篇）と叫んだとき、「小人」は彼自身の中にいたのである。しかし隋代の科挙の創始と宋代の制度的整備とを経て、労心者・君子・士と労力者・小人・庶の別は、科挙に合格したか否かという、きわめて実体的で階級的な区別となって固定するに至った。ここに何炳棣が指摘する科挙制度成立後の中国社会における「価値の一枚岩的強固さ」[4]、すなわち成員たちの望む理想の人生行路が科挙に合格して高級官僚となるという単一のモデルへと収束してゆき、他の農・工・商などの職業は十分な敬意を受けとらない状態が現れる。だからこそ自恃の高い明代の少年は、家業の商いを継ぐことを、自分が「賈に棄て」られることと感じたのである。

この一種の過熱した受験社会には、「理」を説く朱子学は確かに適合的であった。[5]万人の天性は一様に善であるとしても、気質には清濁・厚薄がある。すぐれた気を受けた者は格物致知にはじまる学の階梯をのぼって身を修め、科挙に及第して強い責任感のもと「心を労して」社会を主導し、そこまでない者は「力を労し」〝下から〟社会を支える。孔子はあるとき人を「生まれてこれを知る者」「学びてこれを知る者」「困《くるし》みてこれを知る者」そして「困みて学ばざる……民」の四等に分類した（『論語』季氏篇）。これとて古注が「此の章は学を勧むるなり」と主張する通り[6]、本来は窮境にあって学を放棄するか否かで士人か庶民かが岐れるのだという、自分と弟子たちへの励ましのはずである。しかし後代の朱子は、この四等級を「気質」の差として一種の整然とした体系性のもとに解釈する。事実上の科挙の〝教科書〟の一つとなった『論語或問』の中で、朱子はこの四等を、「気質」がそれぞれ「清明純粋」な「聖人」／「清明」だが少し「渣滓」ある「大賢」／「昏濁偏駁」の多い「衆人」／「昏濁偏駁」の甚だしい「下民」とパラフレーズしている[7]。学ばない「下民」の気質は昏く偏って混濁している。朱子学を特徴づける理気論が、ここでは社会階層の説明として援用されるのである[8]。もとより朱子の思想的力点は「気質変化」に、「下民」であっても気の昏さや濁りを後天的に清め払って「聖人」に到りうるという点にこそある。しかし階級上昇の可能性がいつでも誰にでも開かれているということが、逆に現実の格差を酷薄に正当化することは、ヤングによるメリトクラシー論の古典（『メリトクラシーの勃興』一九五八年）を紐解くまでもなく[9]、〝自己責任〟の声が随所に喧《かまび》しいわれわれの眼前の社会に徴して瞭然のはずである。ともあれ、その社会が望ましいか否かは措いて、いかなる人間社会にも見られる内部での複雑な分業体制や成員の個性の多様さを一律の基準——すなわち「理」への接近度——によって捉えるのに、確かに科挙社会は適合的であったといえよう。

　十六世紀の半ばは、日本では戦国時代の真っただ中である。そこにはむろん、科挙制度も、科挙を実施しうる中央政府も存在しなかった。永禄七年（一五六四）、南伊予の大森城に拠った武将・土居清良は、「物に博く当りて作為ある百性」として宮下村の松浦宗案を側近く召し出し、酒をすすめ、「農の事」を細々と問うた。[10] 宗案の答えは農人の心構え、作物の栽培法、稲作の日取りと工程、土壌の弁別法と改良策など、多岐にわたり、細におよんだ。その記録が日本最古の農書『清良記』巻七「親民観月集」（寛永六年より承応三年〈一六二九〜五四〉の間に成る）である。

かつて清良の義父・清貞も同じように「農夫の事」を宗案に問うたことがあった。農夫の熟練した技術や日々の労苦に感激した清貞は次のように語った。

> 武士の術に少しもかわらぬぞ。鎧兜に似たる蓑笠を着て、太刀、刀に等しき鎌・鍬を持ち、名馬の如き牛を追ひ、諸士に異ならざる下人子供を左右の脇に立て、風雨寒暑をいとわず、人より先と志す処、武士の戦場に趣く心と替る事なし。

清貞は側《そば》に伺候していた小姓衆までも召し集めて宗案の話を聞かせ、それが宗案を「はら〳〵と落涙」させた。[11] 戦国大名の農民のわざへの視線には、ちょうど同時代の大陸の少年が父の生業を眺める視線とは異なるものがある。ただしそれは、武という特殊な道に生きる人の、また別の業界を生きる人への無邪気な感嘆とは言いがたい。そもそも清良が宗案に農事を問うたのは、土居領を取り巻く三好・一条・毛利・大友といった外敵が秋の収穫期を狙って攻めよせ「乱取《らんどり》」（略奪）をするため、米の収穫を早められないかという軍事的な問題意識からであった。米は兵員の糧食であり、家臣への報酬であり、当時の米立ての経済にあっては国富そのものである。よく指摘されるように、戦国大名たちは領内の農・工・商を軍団の中の兵站を担う後方部門と位置づけ、軍事的な見地から深い関心を抱きつつ、その統制と振興とをはかっていた。[12] さらに次々と領主が交代する南伊予の情勢では、領民の心を掌握しておくことが必要だという武士らしい戦略性もここには窺える。要するに土居父子の宗案への態度は決して手放しの敬意ではなく、戦乱に勝ち残り一国一城を切り留めるという乱世の軍閥の長の目的意識に貫かれたものである。しかし、勝たなければならないからこそ、それぞれの道に熟した者の言葉には素直に耳を傾けねばならなかった。そしてこのような視線は、戦乱の終息後も基本的に継続した。近世農書として最も有名な宮崎安貞『農業全書』（元禄十年〈一六九七〉刊）には、「農業にをいて《ママ》妙を得たる」一篤農が金気の錆《さび》の出る「瘠地《やせち》」を、水を替え、干田にして鋤《す》き返し、梅雨の雨水を入れて土を腐熟させ、その収量を「をよそ《ママ》三増倍」にしてみせたわざが藩重臣の賞嘆をよんだ話がみえる。[13] 兵糧を要する戦は惣無事令や元和偃武を経て不定の未来へと延期されたものの、経済力と軍事力とに直結する年貢の増収や新田の開発は、きわめて中央からの独立性の強い近世地方軍閥（のちの言葉にいう「藩」）の、最大の関心の焦点であり続けたのである。

また農業以外の生業ではどうか。近松門左衛門の浄瑠璃『心中宵庚申』（享保七年〈一七二二〉初演）の主人公は大坂新靱《しんうつぼ》町で八百屋をいとなむ半兵衛である。当時の八百屋は生鮮品の小売だけでなく、仕出しや客先での調理も行ない、料理人も兼ねていた。ある時半兵衛は浜松侯の家臣・坂部郷左衛門の屋敷で、藩主に進ずる膳を調理したが、突然降って湧いた主君の饗応に落ち度がないか気が気でない郷左衛門は、あれこれと半兵衛の献立に口出ししてくる。郷左衛門の激怒を買ったのは、五尺ばかりの大きな山芋を、半兵衛が小さく切り刻んで煮、葛のあんかけにして出したことであった。郷左衛門は自領で採れた巨大な山芋を献立の目玉として、主君の御覧に入れたかったのである。殿の手前、手打ちは勘弁してやるから出て失せよと詰め寄る郷左衛門に、半兵衛は「膝も動かさず」、「総じて貴人、大人へは何に限らず、かやうの珍しきものお目にかけぬが料理の習ひ」とよどみなく述べた。すると意外にも郷左衛門は「こりやもつとも、イヤもつとも」と納得し、引き下がったのである。郷左衛門が怒りを収めたのは、半兵衛の口上の涼やかさもあるが、なにより半兵衛が「山蔭《やまかげ》中納言の家の切方《きりかた》」、つまり平安朝以来の四条流庖丁術を修得して方々の貴顕の厨房に出入りしており、またそもそも献立自体がすでに武家故実の一環をなしていた（式三献《しきさんごん》・かちぐり・熨斗《のし》・三三九度等）ためである。確かに「男ニマイラスルモノヲバ小ニキルベシ」[14]と説く『四条流庖丁書』（長享三年〈一四八九〉）は、俎《まないた》の「四徳五行の伝」や鯉の鰭《ひれ》の処理に関する「杉サシノヒレ」の秘事など口伝・秘伝・秘事の類に満ちており、果たしてそれらが現場の技術の良し悪しに直結する実用的な伝であるかはさて措いて、少なくともすでに素人の容喙をゆるす底《てい》のものではない。浜松藩主に仕える弓頭《ゆみがしら》とその出入りの八百屋という圧倒的な身分差はあれど、その職掌とする「料理の習ひ」の領域へと安易に立ち入ることはできないのである。[15]職人の常言といわれる「細工は粒粒《りうりう》、あとは仕上げを御覧《ごらう》じろ」もまた、ここでの半兵衛の態度に類して、顧客にして封建的上位者でもある武士に対して、現場への生《なま》さかしらな口出しをはねつける職人（指物師）の気《き》っ風《ぷ》のよさを示した言葉である。[16]

以上のように、近世日本社会においては、それぞれの生業の「道」は、階層移動の制限と引き換えに、身分的上下を超えて一定の敬意を要求しえた。少なくともそこには「学」とか「理」とかのもとでの職業観・人生観の「一枚岩」性は見出しがたい。むしろそこは、すでに多くの指摘があるように、それぞれに特有の深みと内実とをもった兵・農・工・商ほかの「職分」「家職」に個々の成員が従事することで成り立つ、職分国家・家職国家であった。近世を通じて武士階級への上昇の願望（「身上り」願望）は存在した[17]ものの、それはほとんど上級武士による異例かつ個人的な取り立てによってのみ可能であり、ひるがえって先祖代々の家職に従事することは、人々に静かな誇りを与えもした。舅にいびられながら受験を続ける精肉店の婿のもとに、はなやかに銅羅を鳴らしながら郷試及第の通知が舞いこみ、驚きと喜びのあまりこの新挙人（及第者）が昏倒するような光景[18]（『儒林外史』第三回、嘉慶八年〈一八〇三〉）は、同時代の日本には見られなかったであろう。しかしはじめて鑿《のみ》や玄《げん》翁《のう》をもつことを許され、親方の屋号を染め抜いた印半纏をまとって往来をゆく大工の丁稚《でっち》の「少しはずかしいような……さっぱりとしていくらかサッソウとした気分」[19]（稲葉真吾『町大工』昭和三十二年〈一九五七〉）は、島国の浦々ごとに存したはずである。

その社会はどのように成立したか。俯瞰的にみると、まずは有職故実・和歌・雅楽・蹴鞠・書道など、古代に起源をもつ雅びやかな諸道が、中世の戦乱の中で冷泉・九条・飛鳥井などの堂上《とうしょう》諸家が世襲し専管する「家の道」に転化し、続いて連歌・能・茶の湯・剣術など室町時代に発する諸芸道が、戦国から江戸初期にかけて、家元制や伝授の体系を整備した。文化資本の蓄積に関して公家にコンプレックスを抱き続けていた武家は、基本的にこれらの諸道の固有性を尊重し、つとめて自ら習おうとした。大名たちは茶の湯や能を楽しんだし、また慶長六年（一六〇〇）に丹後田辺城に細川幽斎を包囲した石田三成が、幽斎一人が保持する古今伝授（歌道の秘伝）を絶やさぬために囲みを解いた逸話は、武家の伝統尊重の態度を示す好例として繰り返し喧伝された。こうした態度は徳川幕府にも継承され、幕府は茶道や能を正式の典礼とし、剣術の柳生家、武家故実の小笠原家、儒学の林家など、特殊な道々の人を世襲で召し抱えた（この諸道・伝統尊重の態度が、家康が事実上の「開国ノ君」でありながら新しく主体的に「礼楽制度」を制作しなかったという徂徠や太宰春台の批判につながる）。この近世武士通有の諸芸尊重の態度があってこそ、八百屋半兵衛は手打ちを免れたのである。これら特殊かつ多分に遊芸的な諸道にくらべ、大多数の国民が従事し、またその生活を物質的に支える農・工・商の「道」としての自覚は遅れたが、近世の安定期に入って諸職の技術水準や生産力が飛躍的に高まった元禄期ごろに『農業全書』『工匠式』『長者教』といった技術書が現れ、そのころに「道」としての意識と結構とが固まったとみることができる。こうして成立した近世日本社会は、それぞれに固有の技術と奥行きとをもった道々の束・集合体としてある。徂徠がまさに「兎角《とかく》芸ノ事ハ、其芸者ノ方ヨリ申立ルヲ証拠ニセザレバ、知ルベキ様ナキ也」（『政談』四四〇頁）というとおり、多様な「芸者」たちから成る社会は、気質の清濁（＝「理」への接近度）という単一の基準で〝上から〟見通しうるものではなかったのである。

もちろんそこには、科挙制度によるメリトクラシーの貫徹への反動を一因として明代に生じた陽明学や善書類の庶民教化路線の影響を受けつつ、すべての職分はある意味において同じだという思想的主張も登場した。代表的には石門心学がそれである。要するに士農工商その他、わざは違えど、私欲を去って正直専一に、隣人たちには誠実に、質素倹約にあるべく、その「心」は同じだという、所謂「心の哲学」である。しかし、どのような道にあっても真面目な心がけが大切なのは当然として、外部からは窺いがたい固有のわざこそが、それぞれの道のいっそう核心的な要素をなしているのではないか。あらゆる道々に共通する原理がかりに存在するとしても、職分社会としての近世日本にあってそうした「理」や「心」を探究することは、思考の不経済にちかいのではあるまいか(20)。この類の発想が生じることをとどめることはできなかった。

現に十八世紀の讃岐の庄屋・河田正矩は『家業道徳論』と題した著作の中で、眼前の職分社会を捉えるに際して、オッカムの剃刀を用いて「理」を削ぎ落としている(21)。

凡そ天地の間理は一なりとは、儒門の教を設くるの言なり。されども陰陽既に象をなしては其理一に非ず、其理一にあらざれば其の道亦一に止《とゞま》らず、……故《かるがゆへ》に百家職を分かつ時は、其の職業に因《より》て其志す所異《こと》なり。仮令《たとへ》ば殺生は仏家に大に戒むといへども、漁人は能《よく》多く殺すを道とし、貞女は二夫に嫁せずといへども、遊女・夜発の輩は多くの夫に見《まみえ》て、金銀を求むるを道とす。戦争には権謀を宗とし、商人は利を貪るを表とす。皆是其職に依て志の変あるなり(22)。（『家業道徳論』元文五年〈一七四〇〉刊）

河田は自然（陰陽）がひとたび運動を始めては「理」で捉えきれない複雑さを示すのと同じように、眼前の多様な職業も一様な「理」では捉えきれないと考える。そこではじつは心（「志」）さえ一様ではない。農民と職人とは正直一辺倒でもよかろうが、敵の裏をかくのが武士の常道であり、自分の利得の最大化をめざすのが商人の習いである。河田の見る近世日本社会には、自然にも人事にも「理」の付け入る隙はないのである。

兵と商とが「心」あるいは「理」の均一性を説く立場の躓きの石となるのは、近世思想通有の傾向である。まさに「賈に棄て」られることを拒んだ多浪生の言葉が語るとおり、商人は「公」「義」に献身する儒教的「君子」の対極として、「私」「利」を追求する「小人」の典型となりやすい。儒教に根強いこの賤商論を乗り越えるために、石門心学や町人思想ではさまざまな議論が提起されたが、開き直って士農工商すべて「ウリカイ」(23)（『稽古談』巻之一、文化十年〈一八一三〉跋）ではないかと喝破した経世家・海保青陵は、ついに儒教の権威自体を否定するに至った。また近世日本における朱子学の「理」への早い批判の一つは、軍学者・山鹿素行によってなされたものである。武田信玄の流れを汲む甲州流軍学を学んだ素行は、戦場を支配するものは「理」ではなく、いかんともしがたい「天命」だと考えた(24)（『山鹿語類』第二十五）。このいかんともしがたさは、非常時にあって先鋭的に露見するだけであり、見ようと思えば日常世界のどこにでも揺曳するものである。最も手近に「生生息《や》むことなく、少《しま》らくも住《とゞま》らず、流行運動する」(25)（『聖教要録』下）われわれの心を覗きこんでも、その「情欲各《をのをの》已《や》むを得ざる」ように(26)（『山鹿語類』第三十三）。ならば、「理」など贅言にすぎないのではないか。素行はこのような理路から朱子学批判を開始したのである。

人々の生業の複雑さ・多様さは、都市ではいっそう顕著であった。所謂「徂徠学」を説き出す前の四十代の荻生徂徠は、江戸のおそらくは「悪所」の猥雑な風景を次のように描写している。

巫祝あれば則ち僧尼あり、僧尼あれば則ち禅あり教あり律あり、また此の方の所謂修験者・一向宗、及び行人・願人・題目叟あり。百工商賈あれば、則ち游民あり、游民は化子に至て極まる。……君臣あれば則ち王人は名を以てし、武人は実を以てす。夫婦あれば娼妓あり、娼妓の類は種種あり、尼にして淫を売る者に至りて乃ち極まる。而してまた婁童あり。凡そ此《か》くの如きの類、勝《あ》げて計《かぞ》ふべからず。（『蘐園随筆』第二、七三―七四頁）

願人は門付《かどつけ》の芸を行なう願人坊主(27)（徂徠の寓居のある芝に多かった）、行人は大道芸人の鉢叩《はちたたき》の類、題目叟もおそらくは一般の法華宗徒ではなく芸能化した唱題者、化子は物乞い、娼妓は芸者や遊女、尼にして淫を売るのは売比丘尼《うりびくに》、婁童は蔭間《かげま》（男娼）である。のちの『政談』にいうように、それを生業として肯定するか否かは措いて、泥棒にさえ固有の渡世の知恵と仲間内の流儀とがある（『政談』二九七頁）。それは徂徠の眼前の細民たちも同じである。危殆に瀕しつつあるこの世界をどのように調和的に経営するか。それが徂徠学の根本問題であった。

## 第二節　徂徠学の登場

「徂徠学ニテ世間一変ス」[1]（『文会雑記』天明二年〈一七二八〉序）と評されたように、荻生徂徠はまったく新しいタイプの儒者であった。徂徠以前の儒者たちは、貴族や僧侶らを担い手とする中世の雅びやかな文化の薫りを、まだどこかに残していた。藤原惺窩・林羅山・山崎闇斎はもと京都五山の禅僧であったし、新井白石と室鳩巣とは江戸で幕政の中枢に参与したが、両名はともに京都の木下順庵の門下である。順庵は京の錦小路に生まれ、明正天皇や烏丸光広にその夭才を嘆賞された。また京の二条堀河に生まれ、そこに開塾した伊藤仁斎は公家と親しく交わり、その書牘が禁裡に献上されたこともあった。相次いだ戦乱による文化の地方流出と、政治中枢の関東への移動を経てなお、京の文化的卓越性には絶大なものがあった。しかるに、江戸に生まれ、南総の「田舎」（『政談』二九〇頁）で育ち、芝増上寺門前の豆腐屋裏に塾を開き、日本橋茅場町、ついで新宿牛込に移り、一生のおおよそを将軍綱吉周辺の人脈の中で過ごした荻生惣右衛門双松《なべまつ》は、京風の雅びとはまるで無縁であったし、またそのことを恥じる様子もなかった。むしろ、江戸生まれ田舎育ちゆえに、はしっこい世知り・当世通であることは、彼の誇りであった。「梅が香や隣は荻生惣右衛門」[2]と蕉門の其角にうたわれ、「徂徠豆腐」の人情噺《ばなし》が講談や浪曲に語り継がれた江戸っ子たちの根強い徂徠びいきは、一介の貧乏書生から両公方（綱吉・吉宗）御目見《おめみえ》の五百石取りに成り上がった当代随一の大儒が、上方のすました文化人ではなく、自分たちのすぐ「隣」で、江戸の市井の空気を吸って——おからで喰いつなぐ貧乏をして——生きていた人物にほかならないという親近感に由来する。有りがたい経書を嗽《うがい》・端座もせず日がな一日読み耽り、「炒豆《いりまめ》を噛みて宇宙間の人物を詆毀する(3)（こきおろす）」（『先哲叢談』）のを快とし、幾分か親分肌で癇癖も強かったこの人には、張りと意気《いく》地《じ》とに生きる「江戸っ子の根生骨《こんぜうぼね》」(4)（式亭三馬『辰巳婦言』自序、寛政十年〈一七九八〉）が一本通っていたに違いない。つまるところ徂徠はほとんど最初の〝江戸の儒者〟であり、本書後半の主人公である和学の賀茂真淵とならんで、近世中期の文運東漸を体現し象徴する人物なのであった。

裏店《うらだな》住まいの辛苦を自ら舐めた徂徠は、『政談』の中で飛驒の工匠のわざについて多くの紙幅を割いて語っている。徂徠の育った上総国の松谷村に、飛驒の匠が建てたと伝わる古い釈迦堂があった。その最も古い棟札は三百数十年前、嘉暦元年（一三二六）の年記があるが、これは水害のあとの修繕の際のもので、並び立つ七百年前の観音堂、九百年前の妙見堂とその「風霜消剝の色、煙煤暈黯の痕」はほとんど変わらず、建立はその頃と思われる（「満徳山勝覚寺釈迦堂幷四天王像縁起」、『徂徠集拾遺』三六一頁以下）。徂徠によれば、堂が千年ちかい風雪に耐えたのは、次のような工匠の巧みなわざのゆえであった。

貫孔《ぬきあな》ヲ内ブクラニホリ、貫《ぬき》ヲ少シ太ク削リテ、タ、キヒシギ、指込《さしこむ》故、クサビ入ラズ。年ヲ歴テ雨風ニ当タル故、扣《たゝ》キ偏《ひし》ギタル処、湿テフクルレバ柱モ貫モ毫裡ノ透間《すきま》ナク、一ツノ木ノ如クニナリ、其ノ丈夫サ言計《いふばかり》ナシ。飛驒ノ匠ノクサビ一本ニテ占ムルト言《いふ》ハ此事也。（『政談』三一一頁）

飛驒の工匠は材木の接合の際、ほぞ穴の内部を少し丸く膨らませて彫り、そこにやや大きめのほぞを叩いて差し込むので、嚙み合いがきつく、楔で止める必要がない。しかも年を経るにつれて湿気によって材木は膨張し、ますますがっちりとはまるので、より頑丈になる。楔が要らないので、錆による腐食の心配もない。これは今日「木殺し」とよばれる技法の亜種である。森林資源に恵まれた飛騨国は古来木工で知られ、古代の令制に飛騨国からの例年の「匠丁」の徴発が規定されたが、のちにその名が一人歩きして名工の代名詞、腕利きの職人の代表格となった。[5] 左甚五郎作の張型《はりがた》が云々[6]などという江戸の人々の飛騨匠幻想は、「宇宙第一の木工」[7]がその破天荒なわざを縦横に奮う読本『飛騨匠物語』（文化五年〈一八〇八〉刊）に集大成された。徂徠は自分の表《おもて》芸《げい》たる儒学を、番匠の道に例えることを好んだ（『弁名』学、一六六頁・『徂来先生答問書』二〇九頁など）。堯舜ら聖人は道の元祖・親方、徂徠ら後代の学者はそのもとで修行する徒弟なのであった。

また徂徠は同じ箇所で、四代前より疵《きず》もつかず、朱色も褪せず、百年あまり荻生家で使われ続けている「父方ノ曾祖母ノ伊勢ニテ拵《こしらへ》置タル朱塗ノ椀家具」があると語る（『政談』三一〇頁）。伊勢の漆塗は一説には伊勢神宮の工匠に起源をもつとされる伝統芸であり、[8] 荻生家は祖父の代に勢州を離れたが、徂徠の同時代にも春慶塗（伊勢春慶）が栄えていた。周期的な伊勢参りの流行によって、宿の供膳用・土産用に多大な需要があり続けたためである。

ただし、徂徠の語りの眼目は、飛騨木工や伊勢漆塗の芸の質の高さよりもむしろ、徂徠の同時代、すなわち享保期におけるそれら伝統芸の質の低下にある。江戸の町では安普請が横行し、長持ちしない粗製乱造の食器類がはびこりつつある。その原因は、端的に貨幣経済の浸透にあると目された。徂徠によれば、飛騨の工匠の仕事のよさは、工匠自身が普請を請け負ったうえで自ら山林に入ってその用途に適した木材を目利きし、かつ何年も辛抱強く待ってその木が「得ト枯レタル」（同前、三一一頁）時分に切り出し、用いるという点に由来していた。またいまだ漆塗の質が都市よりも「田舎」（同前、三一〇頁）で保たれているのは、塗師《ぬし》の数が少ないために、一人の塗師が方々の顧客の家を巡回して繰り返し塗りを重ねるためだともいう。漆塗の質は塗りを重ねた回数と、その間に十分な乾燥の時間をもちえたかに左右されるが、田舎では自然とそれが達成されているわけである。しかるに今の江戸の大工は、材木を「取附ノ材木屋ニテ積リ貰ヒ間ニ合ハス」（同前、三〇九頁）ようになってしまった。つまり、昔の大工は自分でやっていた材木選定・伐採の工程が、専門の業者へと外注・分業されることで仕事の質が落ちたのである。さらに木山《きやま》での木材の選定から施工場での実際の建築作業までの全過程を工匠が行なっていた昔のやり方であれば、その間に金のやり取りは不要であった。しかし材木の選定・加工、あるいは左官・鳶などの専門工程が下職《したしょく》（下請け）に外注され分業されるようになると、その過程には金のやり取り、しかも多くは「積リ」での前払いが、入りこまざるをえない。それで大工たちは悠長な昔のやり方を捨てて工期や短期的な利益を考えざるをえなくなり、「渡世ニ逐ハレテ」（同前、三一〇頁）質が低下したのである。塗師のような他の職人衆も同様である。『政談』の書かれた享保期は、ちょうど諸々の職人の自律性が喪われて問屋支配が強まり、通い職人へと零落する者までも出始めた時期にあたっている。(9)

他の職業についても、徂徠の見立ては同様である。城下町に集住する武士たちの家中で、中間《ちゅうげん》や小者《こもの》とよばれる所謂武家奉公人の雇用形態が、代々その家に仕える譜代奉公から、年限を切っての年季奉公へと転化したことを、徂徠は問題視する（同前、二九〇頁）。彼らは普段は用周りや使者といった雑務に従事するのみだが、いざ合戦となれば主君に扈従してその護衛を行ない、最小の戦闘単位を構成する。(10) 金で雇われた有期雇用の者に、ここ一番の場での忠誠や戦意を期待することはできない。譜代から年季への奉公人の変化は、そのまま武士の表芸《おもてげい》である戦闘技能の喪失に直結するのである。また農村でも、消費地である都市に近いところから次第に、米・麦から煙草・いぐさなどの商品作物へと作付けの比重が移り、それらの作物の市場価格の変動に農民たちが一喜一憂するに至っていた。供給量を減らして市場価格を釣り上げるために、甲州の農民が丹精こめたはずの葡萄を道端に捨てる江戸近郊の商人の姿を、徂徠は苦々しく伝えている（同前、三二九頁）。町方でも、小商売に精をだす商人や律儀《りちぎ》真宝《しんぼう》な職人の姿はもう見られない。貯めた小金を資産運用に回し、地代や利権で生活する開店休業状態の「仕舞多屋《しまふたや》」が増加しつつあった（同前、二七六頁）。やや時代の下る史料ではあるが、文化の頃、武陽隠士を名乗った匿名の何某《なにがし》は、こうした地代生活者と昔ながらの職人衆との関係を次のように活写している。

> 裏店《うらだな》借り、端々町家住居の族《うから》は、……総て我精力を練り、骨折業にて世渡る者ども、右体剛欲非道の工夫も知らず、律儀真宝にて先手限りの稼ぎをなし、定めの外とは余計を欲する事能はず、段々前に云ふ所の充ち誇りたる町人の下に付き、又は貸金利倍相成、損料等の奸賊に犯されたるなり。[11]（『世事見聞録』五之巻、文化十三年〈一八一六〉跋）

実際に「骨折業」に従事する裏店住まいの職人たちは、〝宵越しの銭は持たない〟昔ながらの「律儀真宝」な労働に汗を流すばかりで、資産を運用するという発想がなく、高い店賃《たなちん》（家賃）に苦しめられて首が回らない。対して「充ち誇りたる町人」たちはゲームのルールが変わったことを敏感に察知し、汗を流すことをやめて金融や不動産運用で財を築き、馬鹿正直な職人衆から搾り取っている。そもそも徂徠が商人を嫌うのは、彼らが「職人・百姓トハ違ヒ、本《もと》骨折ズシテ坐ナガラ利ヲモウクル者」（『政談』三二九頁）だからであった。飛騨の番匠や塗師への視線に窺われるように、何より働き者を好んだこの思想家の危惧は、およそ百年後の化成期には、一般労働者から金融資本家と寄生地主への社会の富の根こそぎの移動、要するに骨折らぬ者の全取りという形で全面化したわけである。近世日本の「職分」の世界は「理」ならぬ「金銀」という一様なものに浸潤され、それぞれの固有性を奪われつつあったのである。

当世の風を、神道家の増穂残口は、「非情の金銀が威勢を振ひて、すべて人情の真《まこと》なし」[12]（『艶道通鑑』正徳五年

〈一七一五〉序）と諷している。この言は、男女の愛情の帰結であるべき婚姻が、当世では持参金目当ての打算的な行為になってしまっている現状へと向けられたものである。人と人との間（ここでは男女）をつなぐものが、「人情の真」（ここでは愛情）から、それとは論理を異にする「非情の金銀」へと変質してしまったというこの指摘は、当時の世態を捉えるうえで非常に示唆的である。かえりみれば、およそ元禄期までの儒者たちの思想的営為は、まさにこの人と人との間をつなぐ「人情」を捉え、その「真《まこと》」を実現しようとするものであった(13)（「理」は「人情」への規制原理として扱われた）。山崎闇斎が重視した君臣間の「忠」、中江藤樹が主題化した親子間の「孝」、伊藤仁斎が追求した日常の交際に揺曳する「愛」「惻隠の心」、そのどれもが人と人とのつながり（人倫）を成り立たせているこの「人情」のさまを、一定の角度から切り取ろうとした概念である。しかるに、「銀《かね》の世の中」(14)（井原西鶴『日本永代蔵』貞享五年〈一六八八〉刊）といわれた元禄年間を折り返し点として、人と人との間を結ぶものは、「人情」とは異なる「非情の金銀」へとかわっていった。そこでは生《なま》の情愛が働きうる実体的な人倫よりも、町人の義理の親方・子方関係や農村の不耕作地主のような、証文上にのみ存立し実体の伴わない人間関係こそが、社会的関係の中心となりつつあった。こうした〝架空の〟人間関係を根本的に規制していたのは、証文であり、最終的にはその効力を担保する「金銀」であった。奈良の農家から大坂の飛脚屋に「敷銀《しきがね》（保証金）持つて養子」に来た近松の『冥途の飛脚』（正徳元年〈一七一一〉初演）の忠兵衛が、公金を横領して田舎へ逐電するにも「敷銀」をとり返したまでだとうそぶく姿に、この消息はよく現れている。こうして、よくもわるくも人間の生理的身体から離れない「人情」よりも、「翼のあるがごとく」（『冥途の飛脚』）のはるかに早い速度とまったく異質な論理とをもって流動する――しかも為替や藩札の流通により、gold というその最後の物質的制約からも自由になりつつあった――「金銀」こそが、人と人との間を媒介することになった。生産活動や分業といった最も人間的な基底場面から生まれ出でながら、「人情」とは明らかに異なる硬質の論理をもって人間世界に

「威勢を振ふ」「非情の金銀」。これこそが、「人情」にかわって現在の人倫を成り立たせている当体として、思想家たちがまず四つに組むべき対象として浮上してきたのである。朱子学や仁斎学の「心」への傾斜を批判し、「ワザ」や制度に定位する徂徠にとっては、「金銀」に取って代わられようとしている近世社会の基底的事実は「人情」というより労働であったが、だからこそ危機感はなお深い。

そもそも単一の「理」で捉えがたい多様な職分へと分化していたうえに、しかもその各業界の固有性が「翼のあるがごとく」流動する金銀によって急速に崩されゆく現状に際会して、どのようにその全体を捉えきり、有効な対処を打ち出すことが可能か。徂徠の孫弟子にあたり「世ノ流行ハ……真ノ活キモノ」[15]（『燮理談』文化三年〈一八〇六〉）と現実の多様性・活物性の視点を受け継いだ海保青陵のように、貨幣のテンポで急速に生き動く現実を前にして、古色蒼然たる儒教経典は「今ノ世ニ用ニタ、ズ」[16]（『萬屋談』成立年未詳）と経典への信を捨て、その変動のただ中で自らの経験と才知とだけを拠り所に思考するという思想の流儀も、すでに可能性としてはありえた。しかし、徂徠の考えでは、経典はまだ使えるのであった。徂徠は現実にただ翻弄され、その前に手を拱《こまね》いて佇立しているのではない。前掲の『蘐園随筆』で徂徠が都市の多様を語った段を、煩をいとわず、やや範囲を広げて再び引く。

予を以て古今の間に玄覧するに、均しくみなこの物なり。而《しか》してこの物の外、別に他物有ること能はず。故に唐虞三代の時有る所の者は、今もまたこれ有り。而して今有る所の者は、唐虞三代の時おのづから無くんば有らず。今の世の種種の悪俗悪態、及び人倫の四民の外に出づる者、道術の聖人の道にあらざる者、技芸の六芸にあらざる者、皆然り。……故に仏老諸子は道の裂けたるなり。師儒あれば則ち経生あり、秀才あり、博物なる者、喜びて性命を談ずる者あり、経済を事とする者あり。巫祝あれば則ち僧尼あり、僧尼あれば則ち禅あり教あり律あり、また此の方の所謂修験者・一向宗、及び行人・願人・題目叟あり。百工商賈あれば、則ち游民あり、游民は化子に至て極まる。……君臣あれば則ち王人は名を以てし、武人は実を以てす。夫婦あれば娼妓あり、娼妓の類は種種あり、尼にして淫を売る者に至りて乃ち極まる。而してまた嫈童あり。凡そ此《か》くの如きの類、勝《あ》げて計《かぞ》ふべからず。これ皆四民五倫の裂けたるならざらんや。愈《いよいよ》裂けて愈分れ、愈繁くして愈雑《まぢ》る。もし聖人をして今の世に出でしめば、あに能く一一にしてこれを去らんや。苟《いやし》くも能く整へてこれを理《をさ》めて、各々その所を得て以て乱れざらしめば、則ちまた皆尭舜の民ならん。（『蘐園随筆』第二、七一―七四頁）

徂徠の目には元禄頃の江戸の喧騒と同時に、儒者にとっての理想社会、すなわち数千年前に「先王」とも「聖人」とも称《たた》えられる堯・舜・禹が中原（黄河中流域）を統治した「唐虞三代」の光景が映り、両者は二重写しになっている。そして引用冒頭に見えるように、時間的にも空間的にも大きく隔たった二つの世界は、ある意味で同じなのである。修験者、行人、願人、題目叟、化子、娼妓、淫を売る尼、嫈童らは、大消費地として金《かね》が潤沢に回り続け、かつ参勤制のため男性過多が常態化し[17]、性産業に巨大な需要があった日本近世の江戸という特殊な場所にあってはじめて、その日暮らしの渡世に生をつなぎえた細民たちである。しかしここで徂徠は彼・彼女らをただ嘱目の順に列挙しているわけではない。それらがみな「唐虞三代」の「道」が「裂けた」ものと見られていることが右の徂徠の主張の肝要な点である。

「四民」「六芸」「師儒」「巫祝」「百工」「商賈」「君臣」「夫婦」は、すべて堯・舜ら「先王」が名づけ、そのもとに当時の社会を調和的に統治し、後に『周礼』ほか六経に細心の注意のもとに記録された「名」である。徂徠学の核心的なアイデアであるが、先王の名づけは場当たり的ではなく、すべて戦略的なものである（「名は教への存する所」、『弁名』四〇頁)。「四民」すなわち士農工商は、近世日本の職分社会を形容する常套表現であるが、元来は『書経』周官篇[18]や『春秋穀梁伝』[19]に見える先王の「名」の一つである。[20]「士農工商ノ分レタルモ、天然ノ道ニハ非ズ、民ヲ安ズル為ニ、聖人ノ立置キ玉ヘル道ナリ」(『太平策』四六七頁)。しかも士農工商という名づけは、単に大半の社会ではグラデュアルなものにとどまるであろう一社会内での分業体制を、確たる輪郭を有した四つの職種に分節したというだけではない。「士」「農」「工」「商」は先王の政治世界の中で、それぞれ監督官庁が異なり、礼法が異なり、要求される徳性が異なるのである。『周礼』の行政システム中では農は地官遂人ほかの、商は地官司市ほかの、工は冬官司空の、技術指導と監督とを受ける。そして礼や徳性の上で「士」と「農工商」とは線引きされている。士礼と庶礼とは『儀礼』等で明瞭に区別されているし、徂徠によれば「士」は高邁なエリート意識のもと「安民」を志すべきだが、「細民」は「生を営み」、「温飽」を志すものであり、それ以上は求められない(『論語徴』、三巻五〇六頁)。先王は彼の民をさしあたり一時の便宜のために分けたのではない。先王は後代の為政者とは異なり、古今東西の人事自然の総体を見通す極大のマクロな視点をもち、かつ人情の微妙な機微の隈々にまでも通じ、「名教」の制度を立てえた不世出の天才である。少なくとも徂徠にはそう信じられた。経典の言葉でいえば「聡明叡智」(『易経』繋而上伝)、徂徠の言葉でいえば「遠大ノ見識」(『太平策』四五八頁)のもとに先王が士・農・工・商を分けた時、古今東西のあらゆる共同体の模範(「規矩準縄」、『太平策』四七四頁など)となるべき普遍的な職分秩序が、同時に成立したのである。また「夫婦」にしても徂徠の用語系上では自然的なカップルを指すのではなく、先王が定めた婚姻秩序(所謂「同姓不婚」など)に従い、「昏〔婚〕礼」によって始まり、先祖への「孝」を核とした家族共同体(宗族)を形成してゆく基本単位となる男女が、本来の「夫婦」なのである。

かくして先王によって数千年前に立てられた「四民」「君臣」「夫婦」などの「名」の体系は、日本を含む漢字文化圏の人間社会の基底的な「型」だと徂徠は考える。その「型」は日本を含む周辺地域への伝播、王朝交代と民族移動、社会総体の経済的・自然史的変動などを経て「愈裂けて愈分れ、愈繁くして愈雑」り、今に至っている。先王が名づけた「師儒」が裂けて後代の経生・秀才・理学者・経世家になり、「巫祝」が裂けて仏教僧・律や禅などのその諸宗・修験者・一向門徒・鉢叩・願人坊主・題目叟になり、都市民の「百工商賈」が裂けて遊民・物乞いになり、「君臣」が裂けて権威（「名」）をもつ公家・権力（「実」）をもつ武家となり、「夫婦」が裂けて種々の遊女・蔭間となったのである。「唐虞三代」の「名」の秩序と近世日本の多端な人事とは、元祖と分派、オリジナルとヴァリアントの関係を保っているのである。つまりここで徂徠は眼前の混沌をただ混沌として見ているのではなく、その裂け・分れ・繁り・雑《まじ》り収拾のつかなくなった輻輳《こんがらがり》の根っこにある、その元来の形・本来の型をつかんでいる。大江戸八百八町・日本六十六国の銅臭のする大喧騒は、つづめれば蒼古の八冊の古典に収まるというこの自信が、徂徠が為政者にむけて撓《たゆ》みなく繰り返し、おりふし矯激な倨傲にまでも高まった数々の政策提言を支えていたのである。

　しかも聖人が制作したのは職分を上から統括する行政機構のみではない。それぞれの職分の基底をなす諸技術自体も、自然発生的なものではなく、聖人の発明によるものだと考えられた。『易経』繫而下伝に、狩猟や漁業の基《もとい》となる縄や網は堯舜に先立つ聖人・伏犠《ふっき》の制作、農業の基となる鋤や鍬は別の聖人・神農の制作、商業の基となる市と交易とも同じく神農の制作と伝える。聖人とは「禽獣」に等しい生活をしていた「洪荒の世」の原始の人類を文明生活の水準へと質的に飛躍させ、人間の歴史を開始した、古典中国の文化英雄なのである。徂徠はこの伝説を「上古の伏犠・神農・黄帝・顓頊《せんぎょく》・帝嚳《ていこく》」が「その制作する所の畋漁・農桑・衣服・宮室・車馬・舟楫・書契の道」は「蛮貊夷狄の邦」までも「視傚流伝」し、人類誰もが日々彼ら聖人の「徳」を被っているのだと忠実に祖述している（『弁名』天命帝鬼神、一二六頁）。近世日本でわざを振るう諸道諸芸もみな大陸古代にルーツをもつとみなす徂徠のこの捉え方は、一見したところほどに突飛なものではない。宮崎安貞の『農業全書』が明の『農政全書』（崇禎十二年〈一六三九〉刊）に日本的要素を加味したものであったことに象徴的だが、近世日本の農・工・商の基盤技術の大半は先進地域である大陸から輸入された技術をローカライズしたものであるし、雅楽・書道・茶の湯などの遊芸的な諸道はなおのことそうである。徂徠は「此方〔日本〕俗間の賞茶・賞香・賞花者流」はすべて「礼楽中より流出」したものと断じている（『蘐園随筆』巻二、七六―七七頁）。日本固有のものと考えられる神道・能・武道などにしても、大陸からの多大な影響のもとに成立したことは否みがたい。徂徠によれば神道は儒教的祖先崇拝の一形態であり[22]（『忍尊帖』、十八巻六三九頁）、能は雅楽と元曲とをルーツとし（『政談』四〇〇頁・『南留別志』、十八巻一四一頁）、「軍法幷《ならび》ニ弓馬槍剣等ノ芸モ、其源六芸ヨリ出タル」（『政談』四三九頁）のであった。しかし、科学革命以前にはほぼ世界の最先端地域であり続けた中国の文物の影響は無論あれども、神道や武道や日本の諸芸能の核心部は日本に根生うオリジナルなものであり、中国からの影響はその外皮の部分にとどまるのではないか。受容する側の日本の主体性をもう少し認めることができるのではあるまいか。こうした問いはむろん可能であり、また必然である。しかしこの問いは徂徠のものではなかった。それは徂徠のこの一種の極論への反発を示した国学者たちによって問われ、検証されていったのである。

# 第三節　礼楽と経済

徂徠の捉えた先王の礼楽世界の第一の特徴は、それが金の要らない社会であったという点にある。徂徠は次のように考察する。

> 銭は遠きに行くべからず。故に金銀之れを権《かり》にす。金銀は軽し。故に遠きに行くべし。三代以前は、金銀無くして可なり。秦漢以後は、金銀無《な》かるべからず。封建・郡県殊《こと》なればなり。（『蘐園十筆』四六七頁。原漢文）

近世日本でも十貫銭・百貫文などと束ねて用いられたように、銅銭・鉄銭は一枚あたりの価値が低く、重くなりがちなために、その流通範囲は限られる。十キロを超える貫銭を担いで売買に赴く人の姿は、下って中国北宋の頃にも見られた(1)。これは事実上の地域通貨である。そこで希少性の高さゆえに同じ交換価値を少なく・軽い枚数で表現できる金や銀が、銭の代わりに用いられることになる。聖人が現れた夏殷周「三代」は、地方分権的な「封建」の世であったから、経済圏も地方単位にとどまり、持ち運びに不便な銭で流通はまかなえた。それが中央集権的な秦漢以降の「郡県」の世となると、全国規模の経済圏が成立してしまい、より軽く流通しやすい金銀が通貨として用いられるようになったのである。黄錫全によれば、貨幣としての金の使用は春秋中期に始まり、戦国時代に楚・越・秦辺りに広まるが、[2]「郡県」制のはじめとなった統一秦帝国は金を「上幣」として銭の上位に位置づけ、その規格（「鎰」）も公定し、全国規模で公の通貨として流通せしめた。[3]聖人の世に貨幣が存在しなかったわけではない。ただ、重く不便な銭貨の使用によって、商人の「金銀」が王の「礼楽」と社会的コミュニケーションの主導権を争うような事態は賢明かつ注意深く回避されていたのである。ひるがえって徂徠の当代にあっても、銭貨を藩・城下町単位で発行し、一種の地域通貨として通用させることが構想されている（『政談』三三六頁）。銭は「道中ヲ運ブ事不便利ナル物」だからである（同前）。

しかも聖人は商人と市場原理との台頭を、一種の歴史の必然としてあらかじめ見越していた。

土着すれば即ち農重し。流徙《りうし》すれば則ち商重し。農は力を尊び、仁の属なり。商は才を尊び、知の属なり。世乱るれば則ち民相往来せず。世治まれば則ち民相往来す。その究みは必ず農軽くして商重し。商重ければ則ち智巧盛んにして風俗壊る。一治一乱、起伏を相為す。故に先王必ず本を貴び末を抑ふ。（『蘐園十筆』四六七頁）

ここでも徂徠は、近世中期の日本と中国の古典古代とを二重写しに見ている。乱世には地方軍閥の割拠や盗賊の横行によって、人々の往来は狭く・乏しくなる。そうした世では、交通インフラに依存する商業よりも、相対的に農業のほうが盛んである。しかし泰平の世となって地方間の緊張が緩和され、全国規模の街道が整備され、その安全が強力な警察権によって保証されるようになると、人々の往来が盛んとなり、自然と商業が台頭する。むろん徂徠はここで、夏末殷初・殷末周初の治乱の交替と、戦国時代から徳川政権の成立による泰平の到来までの両方を視圏に収めている。現に、近世日本で〝安心して往来ができるようになった〟ことは、神君家康の創業を讃える一種の常套句であった。たとえば元幕臣の鈴木正三は、「盗賊狼藉の徒党充満して、旅人の通ひも自由ならず、村々里々に新関《しんせき》有て、商人の往来も成り難き」「乱世の古へ」と、「盗賊、辻切等の憂《うれひ》無」く「自由」に往来できる「当代」とを対照し、その功を「上御一人の御恩徳」に帰している[4]（『反故集』寛文十一年〈一六七一〉刊）。しかしながら、世が治まっていることそれ自体が、必然的に商業を台頭させ、貨幣経済化、ひいては社会の流動化を招くのである。ゆえに、世を治めるための礼楽制度はその本性からして、いわば時限付きのものであり、治と乱とは循環し続ける。そのことを見越していた聖人は、あえて農業を「本」、商業を「末」として、言説の上でも制度の上でもそこに貴賤の差別を立て、商業の台頭を遅らせようとしたのである。以上の議論は、近世中後期に知識人たちの口から次々に語られ、また徂徠自身がその先鋭的な主張者の一人であった重農賤商論・貴穀賤金論の一説明である。しかし徂徠は、商人の台頭と風俗の壊乱とを、誰か特定の商人の悪しき私欲に発するものとはまったく考えない。それは構造的なものであり、いわば史的必然である。商人を賤《いや》しめるのは、その貪欲を道徳的に訓戒しているのではなく、制度の避けえない疲労を軽減し、その耐用年数をのばすためなのである。

　また別の例もみられる。『論語』郷党篇に孔子は「沽《う》る酒市《う》る脯《ほじし》は食はず」とある。「脯」は干肉である。この孔子の振る舞いは、『礼記』王制篇の「衣服飲食は市に粥《う》らず」という礼の規定を踏まえたものだと徂徠は見る（以下、『論語徴』、四巻四三一頁）。聖人が統治する国家では、少なくとも「衣服飲食」という生活必需品は、元来、金銭によって売買されていなかった。生活必需品は、王のそれは担当官庁が調製し、また士・庶人のそれは各家庭の「婦女」が生産していた。それゆえ、まったく市場には出回らなかった。そもそも本邦でも酒は元来「家刀自《いえとうじ》の苦心」のもと家々で醸すものであり、造酒屋はまさに徂徠のころ、「江戸期の中ごろ過ぎ」に生じたものだという柳田國男の指摘[5]（『明治大正史 世相篇』）も想起される。衣食の原則的自給という「此の制壊れて」、各家庭でのそれらの生産体制が弛緩し、「然る後衣服飲食、市に粥る者あり、故に先王これを禁ず」。そして徂徠は「衣服飲食を市に粥らざるは、先王の仁なり」という。必需品売買を禁じる自給制は、聖人がその民を生生させんと仕組んだ仁愛の表れだというのである。国家経営と国民生活との基幹部分は、貨幣の論理に規定された市場経済から独立していなくてはならない。これが、徂徠が「先王の道」に読み取った聖人の智慧の一部であり、しかもその最も枢要な一部であった。

こうして経文の上に読み取られた聖人の智慧は、ひるがえって眼前の社会に対しては、まずは「御買上」の停止（『政談』三一八頁）という処方箋として現れる。幕府が諸藩にその特産品を需《もと》める場合にせよ、官吏が公務で用いる物品（あるいは日雇いの労働力）を各専門問屋に需める場合にせよ、現在の慣例のごとく金銭で物品を「買上」てはならないと徂徠は説く。幕府とその吏員とは、公務を行なっているのだから、金銭の対価なしでその公務に必要な人・物を必要なだけ徴発しなくてはならない。後に水戸藩の藤田幽谷が、藩の深刻な財政危機に直面して、その最大の打開策として藩財政を「大坂と断つ」ことを進言した[6]（『丁巳封事』寛政九年〈一七九七〉）のを先取りして、国家の基幹部分を貨幣経済から切り離すこと、言いかえればその基幹部分を市場論理とは別の秩序・論理によって駆動させることを、徂徠は時務の第一としたのである。そして六経に収蔵された聖人の型、すなわち「礼楽」は、まさにここで希求・模索されている市場原理へのオルタナティヴとして浮上してくるのであった。中国古代の「礼楽」と眼前で展開する「近世」的な市場経済とを拮抗させる徂徠の発想は、近世にあってさほどアナクロニックなものではない。幽谷の後に出た水戸学者・会沢正志斎や、その同時代の国学者・佐藤信淵が、徂徠の頃よりいっそう深刻な経済危機と対外情勢の急迫とに際会して一種の国家社会主義的な共同体構想を提出したとき、そこに根本的なアイデアを与えたのは『周礼』であったし[7]、会沢のプランは明治日本の青写真をなしたのである。

ただし、商売そのものも聖人の「制作」した士農工商のひとつである以上、徂徠は貨幣の流通する領域そのものを一掃せんとしていたわけではない。徂徠の主張の力点は、市場経済の範囲は、決して国家の全体を覆ってはならず、限定された領域にとどめられていなくてはならないというところにある。徂徠は（往々に反対者からはそう誤解されたとはいえ）法・刑による民の直接の統制を目指す法家ではなく、礼・楽による間接的な教化を期する儒家である。「礼楽」は民の「放辟邪侈の行ひ」に対する「隄防《ていぼう》」として機能すると徂徠はいう(8)（『論語徴』、四巻五一〇頁）。民間の商取引をいっさい禁止して強力な中央政府が生産物を直接国民に分配するのではなく、計算して作為されたマナーや価値観を人々に内面化させることで、個々人の分限以上のものへの欲求を自然と減退させ、市場の需給関係を自然と均衡させてゆくことが徂徠のプランであった。礼楽は、なんでも金で買える世の中への規制原理として登場してくるのである。礼楽はもちろんお辞儀や挨拶といったマナーもその一部門とするが、先に見た衣食自給制の議論がすでに示唆しているように、じつは徂徠にとって、人、物、また職業の分配を、主要機能の一つとしている。このあるべき礼楽における「衣服ノ制度」（『政談』三一四頁）、つまり身分ごとの服装の序列を規定する根本原理を、徂徠は次のように説明する。

> 上下ノ差別ヲ立ル事ハ、上タル人ノ身ヲ高ブリテ下ヲ賤ムル意ヨリ制度ヲ立ルニハアラズ。総ジテ天地ノ間ニ万物ヲ生ズルコト各其限リアリ。日本国中ニハ米ガ如何程生ズル、雑穀如何程生ズル、材木如何程生ジテ何十年ヲ経テ是程ノ材木ニ成ト言フヨリ、一切ノ物各限リ有事也。其中ニ善《よき》モノハ少ク、悪《あしき》モノハ多シ。依之衣服・食物・家居ニ至ル迄、貴人ニハ良物ヲ用ヒサセ、賤人ニハ悪モノヲ用ヒサスル様ニ制度ヲ立ルトキハ、元来貴人ハ少ク賤人ハ多キ故、少キモノヲバ少キ人用ヒ、多キモノヲバ多キ人ガ用レバ、道理相応シ、行支《サシツカ》ヱ無ク、日本国中ニ生ズル物ヲ日本国中ノ人ガ用ヒテ事足ルコト也。（『政談』三一三頁）

このあるべき服装の序列が達成しているのは、民の奢侈心の抑制や節制の美徳の涵養などといった、道徳的な理想状態ではない。そこで達成されているのは、一国を単位として見た場合の自然資源と生産物との国民への「行支ヱ無」き分配という、どこまでも経済的な理想状態なのである。言いかえれば、そこで達成されているのは、一つの共同体の経済的な側面からみた場合の最大効率である。すなわち理想の礼楽は物を適正に分配する。こうしてあるべき礼楽の分配機能を語りながら徂徠が横目でにらんでいるのは、金銭が物を分配している「当時」の現実である。

然ニ当時ノ如キハ、上一人ヨリ下百姓・町人マデモ、何レモ小袖ヲ著、麻上下ヲキルコト同様ニシテ、其ノ衣服ノ地ハ金サヘ有バ何ヲ著テモ誰制スル人モナシ。（同前、三一四頁）

「礼楽」なき現状において、衣服を国民に分配しているのは、金銭である。ただし、その分配は「礼楽」によるそれとは違って、適正ではないと徂徠は考える。「モノ、価」の「高直」（同前、三一三頁）、つまり近世社会の慢性疾患であった物価騰貴は、徂徠の見立てでは、まさに金銭による分配が、必要な人のもとに必要な物を分配しないことの端的な徴表なのであった。かかる現状を見据えつつ、市場原理に基づく現行の分配システムのオルタナティヴとして期待されたのが「礼楽」なのである。

ただし徂徠の同時代にも、「礼楽」に近いものはあった。「小笠原ト言物《いふ》」（同前、三一四頁）、つまり小笠原流の武家礼法がそれである（正確にはそれは「礼」の代替物であり、「楽」に相当するのは幕府の式楽たる能である）。しかし徂徠は、小笠原流は「実ノ礼」（同前）ではないという。あくまで徂徠によればであるが、小笠原流礼法の要は一々の場で「丁寧ニ念ヲ入ルル」（同前）ことに過ぎず、「上下ノ差別」の発想をもたないためである。しかし小笠原流に「上下ノ差別」がないとは、いったいどういうことであろうか。小笠原流は書簡の宛名書、刀の拝領の仕方、宴席での席次と酒の注ぎ方・注がれ方等々に至るまで、まずはその場の細かい上下関係を把握することを第一に求める礼法体系にほかならないのである。[9] そこではまず「諸家の貴賤をしるべきなり」[10]（『三議一統』当家弓法躾の上、室町時代）と明言されている。同じく人から弓を受け取る場合でも、自分より上位の貴人（「賞翫」）からか同輩からかで弓の握るべき場所が異なるように[11]（『小笠原入道宗賢記』慶長十四年〈一六〇九〉成）、上下関係に応じて「躾《しつけ》」の具体的な型が変わるためである。逆にいえば、その細かい作法は宴席で「酌一人にて万人の順をあらわす」[12]（『三議一統』当家弓法躾の下）ようにその場の上下関係を表現しているのであり、この点では『儀礼』等の大陸の礼と択ぶところはない。このとき、徂徠が聖人の礼にはあり、小笠原流にはないと見る「上下ノ差別」とは、単なる個々の場での上下関係ではなく、第一義的には国家経済の視点から立てられた消費の秩序を意味しているのでなくてはならない。つまり、同じく人の所作を細かく規定するマナーの体系でありながら、聖人の「礼楽」と小笠原流とが岐れるのは、前者がその細かい作法の一々までもその国家の政治・経済構造の総体を念頭に置いたうえで、そこからの綿密な計算に導かれて規定されているのに対し、後者はかかる目配りをもたないことである。もとより泰平の持続による形骸化のきらいは多分にあったとはいえ、中世の弓馬の術に源流をもつ小笠原流は、戦闘者としての武士の生活の必要に導かれて成立したきわめて合理的な身体作法の体系である。たとえば平時の進退は右回り、軍陣では左回りという作法[13]（伝・小笠原政康『当家弓法大双紙』宮仕門上、嘉吉元年〈一四四一〉成）は一見あまりに煩瑣で、無くもがなのものに見える。だが、いうまでもないことだが、いざという時の抜刀は左旋のほうが容易かつ素早いのである。その礼体系は戦場の合理性に貫かれている。とはいえ、天下泰平となってからも財務や兵站を「雑務」「勝手方」と蔑み続けた武士たちの礼法に、経済的な観点がきわめて希薄であることは否めない。「往古ヲ鑑ミ、未来ヲ計リ、畢竟世界ノ安穏ニ末長ク豊カナルヤウニ」という遠大な「上ノ了見」のもとに設計された「誠ノ制度」(『政談』三一二頁)を庶幾する徂徠にとっては、それは社会の全体性へのセンスなしに作為された場当たり的な一習俗にすぎないのである。

藍弘岳は東アジアの「漢文圏」全体を広く見渡したうえで、徂徠を「「武国」としての徳川日本を「文」化しようとした」人物と位置づけている。(14) 確かに「武国」に対する徂徠の否定的な視線は、細々《こまごま》とした礼法や故実を超えて、その裾野をなす在来の武士のエートス総体にまで及んでいる。小笠原流の作法の一々を決定する論理(徂徠のいう「礼の義」)は、ひとつには先に見た非常事態への即応であるが、もうひとつは、他の武士の面子を潰さないことにある。武士が騎馬のまま他の武士とすれ違う際は、相手側の「鐙《あぶみ》を蹴放《けはな》つ(15)」(『三議一統』当家弓法躾の上)のが礼である。西鶴の『武道伝来記』(貞享四年〈一六八七〉刊)第五「不断心懸の早馬」は、この鐙に関する「昔の物《もの》がたき」礼法に端を発する物語である。殿の御召《おめし》を受けて町中で早馬を飛ばしていた椿井民部は、辻で出くわした綱島判右衛門に対して「御ゆるされませい、鐙をはづしました」と声を懸け、下馬せずすれ違った。この言葉が聞き取れず、鐙を外したのも見えなかった判右衛門は「兎角は堪忍成りがたし」と憤慨し、紆余曲折はあったものの、ついに二人は互いの刀で貫きあって果てた。鐙を外すのは、元来は即座の突進に移れない体勢をとって敵意の無さを示すためだが、ここでは相手をなおざりにしてはいない、一個の武士として尊重しているという態度の表示のほうに眼目がある。そしてその表示が認められなければ、三百石取りの判右衛門が、大組頭で三千石の民部に決闘を挑むのである。徂徠が「殴《う》たるれば則ち之れに死し、首を犯せば則ち之れに死し、罵らるれば則ち之れに死し、怯と謂はるれば則ち之れに死す」(『蘐園随筆』巻四、一七四頁)と痛烈に批判した「此の方(日本)の士君子の俗」(同前)とはこの謂である。面子が犯されたとなれば即座に喧嘩や決闘へと激発し、枯野の火花のように闘争が瞬く間に燃え広がるこの危うい人々が発火しないよう、過剰なまでに互いへの敬意を表示し合うこと。これが武家礼法のもうひとつの論理であった。言いかえれば、武家礼法とは、強烈な自尊心と独立心とをエートスとする武士たちが長い闘争の過程の中で自然に生み出した一種の共存の技法であった。小笠原流が明確な元祖をもたないことに象徴的だが、それはどこまでも武士個々のミクロで私的なプライドの集積から自然発生的に生じたものであって、聖人・先王に類する特定の天才的な誰かがマクロな視野から仕組んだものではない。後に詳述するが、徂徠が『鈐録』でその掃滅をはかった所以である。

ひるがえって聖人によって仕組まれた礼楽を見ると、そこでは聖人の天才的な洞察のもと、お辞儀の角度や扉の開《あ》け閉《た》てといったミクロな一々の身体所作までもが、一国全体の政治経済制度というマクロな体制と、有機的に連関し、連動している。少なくとも漢儒から清末の康有為まで長く疑われてきた『周礼』の後代偽作説を取らず、三礼の説くところを盛周の礼体系そのものと見る（つまり粗放であった古代の礼を、後人が体系的・有機的なものとなるように補ったとは解しない）徂徠には、そう信じられた。その体系は加藤常賢の分類によれば「身分階級法・社会階級法・民法・身分法・相続法・親族法・祖先崇拝・軍・祭・演習・服従表示・社会的家庭的道徳・習俗」を覆うものである。[16] そこでは『儀礼』や『礼記』曲礼篇の個人礼法の膨大な束と、『周礼』の国家全体の省庁編成体制や経済制度とが、その一を欠けば他の一が立たないような必然的な連関をもつよう設計されている。かかる「礼楽」の総体としての有機的連関性を、[17] 徂徠は次のように感嘆をこめて語る。

聖人の言は、含容広大にして、纔《わづ》かに一絲を引けば、全体皆動く。（『蘐園十筆』五七七頁）

六経に収蔵された「聖人の言」は、たとえ片言隻句たりとも、その「全体」と連動するように発されている。たとえば〝門を入る時は閾《しきい》を踏まずに向かって左から〟（『礼記』曲礼上篇、徂徠の言及は『論語徴』、四巻四一二頁）などという最もトリヴィアルなその「一絲」にさえも、自然と人事との総体を見通した聖人の智慧の「全体」が、すでに働いている。現に徂徠は先ほど、通貨として重い銭のみを用いた「一絲」から、経済社会をめぐる聖人の構想の「全体」を復元してみせたのである。

為政者によって緻密に設計された礼楽制度が社会生活の隅々まで行き渡ることで、あらゆる社会的交換の公平と適正とが達成され、そのもとで全成員がそれぞれの素質に応じた職業に従事できているありよう。これが徂徠学における理想の人倫共同体の姿である。そこにおける人々の幸福・自己実現の姿は、宋儒の好む「復初（初《はじ》めに復《かえ》る）」ではなく、「得其所（其の所を得る）」という経文上の常用表現に見出されている。朱子学で重視された「復初」は、誕生の瞬間には確かに万人がもっていた至純至静の「理」――その直感的な姿は嬰児の無垢である――へと、後天的な気性の偏りや欲望（「気質の偏」「気質の濁」）を払って還帰するという、普遍性への回帰を内実とする幸福・自己実現のイメージである。対して徂徠学の「得其所」は、「米ハイツ迄モ米、豆ハイツ迄モ豆ニテ、……其ノ生マレ得タル通リヲ成就イタ〔ス〕」（『徂来先生答問書』一九四頁）こと、つまりはそれぞれの個性＝特殊性の十全な発現を内実としている。そして徂徠にとって、万人に「その所を得せしむる」のは、貨幣にひそむ〝見えざる手〟ではなく[18]、あくまで「礼楽」にこめられた聖人の「聡明叡智」なのであった。

# 第四節　徂徠の経書観と人間観

歴史的・地域的に規定された眼前の社会問題に奔走することと、限定された時空間を超えて東アジア中に広がる学者共同体の中で数千年来の経書の読解の精微を競うこと。両者の間を往還するのが儒者である。いやむしろ、両者を乖離したものと感じないかぎりで、その人は儒者なのである。その最後の人としてわれわれは南海先生康有為を知っている。前節まではいささか、徂徠が汗に濡れた銭の飛び交う喧《かまびす》しい世間で発した怒号を追うに急であったように思われる。往来の喧騒を背にして、松嶹（墨の香）の薫る書斎で練り上げられた徂徠の後者の世界はいかなるものであっただろうか。もとよりその豆腐屋裏の「堂皇」（堂奥）まで、表の往来で「化子」（物乞い）の怒鳴りあう声はしばしば響いたのであるが（『蘐園随筆』第二、七二頁）。

徂徠の経書解釈と、そこから導かれる哲学的人間観の出発点となっているのは、伊藤仁斎ら多くの同時代の思想家に共有された「活物」観にもとづく、一種の不可知論である。(1)徂徠は現実の奥にある「理」を、少なくとも「理」の人間による把捉の可能性を、認めない。

格物致知と中事を宋儒見誤り候てより、風雲雷雨の沙汰、一草一木の理までをきはめ候を学問と存候。……風雲雷雨に限らず、天地の妙用は、人智の及ばざる所に候。草木の花さきみのり、水の流れ山の峙《そばだ》ち候より、鳥のとび獣のはしり、人の立居物をいふまでも、いかなるからくりといふ事をしらず候。（『徂来先

生答問書』一八二頁）

今日では自然科学の対象である自然の事物について、たとえそれがいかに見慣れた存在者であっても、人間がその存在者の「理」を隅々まで「きはめ」つくすことはできないと徂徠は考える。人事についても同じである。

> 天地も活物、人も活物に候故、天地と人との出合《いであひ》候上、人と人との出合候上には、無尽の変動出来《いできた》り、先《せん》達而《だつて》計知《はかりしり》候事は成らざる事にて候。（同前、一九八頁）

徂徠学においては、自然のみでなく人事についても、その「無尽の変動」の彼方に不変不動の「理」を発見することは断念されている。ならば、「活物」、すなわちいきものとして無限に蠕動を続ける人事自然と、儒者はいかにして対峙しうるか。

徂徠によれば、人事自然の「理」は、人類の歴史の始まりにおいてたった一度だけ「窮め」られた。「窮理」という文言の出典は『易経』説卦伝である。最初の聖人伏犠は文《あや》なす自然現象（「天文地宜」「鳥獣の文」）を「仰観俯察」し、「理を窮めて」易の記号体系を作った。徂徠はこの記述を歴史的事実として承認する。問題がこじれたのは、宋代の朱子が、別の経書『大学』にて君子の学びの階梯（八条目）の初めとして説かれた「格物」を、伏犠の「窮理」と同一視して注解してからである（『大学章句』）。これが徂徠のいう宋儒の「格物致知と申事」の「見誤り」である。もとよりそれは、誰もが理を窮め、理を体し、聖人たらねばならないのだという聖人可学観に基づく、文脈の異なる二つの経書の文言の意図的な重ね合わせである。ここにはじめてあらゆる人が「窮理」せねばならなくなり、「風雲雷雨の沙汰、一草一木の理までをきはめ候を学問と存」ずる傾向、本草学や博物学へと発展する朱子学の自然科学的志向が現れる。明治の日本人がscienceを「窮理学」、またphysicsを「格物学」と翻訳したのもここに淵源する。(2) しかし徂徠によれば、聖人の「窮理」と凡人の「格物」とはそもそももまったく別物なのである。

〔朱子が〕「格物」を「窮理」と為すがごとき、是れ文に其の義無き者にして、牽強と謂ふべきなるのみ。且つ「窮理」は『易』に見ゆ。迺《すなは》ち以て聖人の易を作るを賛ふる言にして、学者の事にあらず。蓋し洪荒の世、聖人の道未だ立たず。伏犧氏、その時に方《あた》り、仰いで天文を観、俯《うつむ》きて地の宜と鳥獣の文とを察し、以て其の理を窮めて易を作ること有り。是れその聡明叡智の徳然りとなす。（『大学解』三七九頁）

直接の自然観察によって「理を窮め」つくしえたのは、伏犧がまさに「聡明叡智」をもつ聖人だったからである。われわれは「聡明叡智」をもたないのだから、「窮理」を試みても徒労に終わる。さらに聖人の「窮理」と学人の「格物」とを同一視することは、古典文献の操作の観点からも誤っている（「文に其の義無〔し〕」）。ではわれわれに可能な「格物」とはいかなる営為か。「物」は「教への条件」（『弁名』物、一七九頁）であり、要は聖人が天地自然の総体を捉えきったうえで後代の人のために定め遺した諸々の型のことである。易の卦・爻の一々も「物」であるし、徂徠がたびたび例に挙げる「射五物」（『周礼』地官、郷大夫）でいえば、郷村での教化のための弓射儀礼の中で先王が競技者に守らせた和・容・主皮・和容・興舞の五つの条件が「物」である。後漢の馬融の説(3)（『論語集解』八佾篇）によれば、和は心技体の一致、容は威儀ある身体の所作、主皮は矢を的中させること、和容（和頌）は儀礼歌（雅・頌）に唱和すること、興舞は舞を舞うことである。要はいかなる小道小芸にも存する細々《こまごま》とした型である。そして「格」は〝いたす〟（至・致）ではなく〝きたる〟（来）である（『弁名』物、一七九頁）。はじめて「物」を教授された時、その「物」は「尚《な》ほ我に有せず」（同前）、ぎくしゃくと異物感を感じさせる。しかし長い時間をかけて稽古し習熟すると、その型を守らんとする意識さえも脱落し、すべてが無意識の過程となって「物は我が有となる」（同前）。だから私が「物」に至《いた》るのではなく、「物」が私に来《きた》るのである。こうして型に当てるのではなく当たるようになると、ものの見え方もおのずと変わってくる。「至りて而《しか》る後、其の見る所おのずと別なり」（『大学解』三七七頁）。誰もが肌で知っているこの熟達の境地を、徂徠は『孟子』の言葉で「徳慧術知」と呼ぶ。この一連の過程が、徂徠の理解する「格物」である。この過程は時に「大匠」に授けられた「規矩」（差金《さしがね》とぶんまわし）に「遵《したが》ひて」工芸を学ぶことにもたとえられる（『弁名』学、一六六頁）。

以上の徂徠の「格物」観が、書道や剣術など芸道一般に見られる型への習熟過程と発想を一にしており、そこに経典解釈の学としての徂徠学と日本近世の文化史とのキアスムが見られることは、すでに多くの指摘がある[4]。しかし原理的な人間観の次元でいっそう重要なのは、徂徠が「窮理」と「格物」とを切り離し、その間に質差を認めたことではないだろうか。一つの思想としての徂徠学とは、畢竟この「窮理」と「格物」との隔たりを起爆点として一挙的に成立したとさえ言いうるのである。すなわち、「無尽の変動」を続ける「活物」たる世界は、神話的古代の文化英雄のもつ天才的な洞察力によって、たった一度だけ完全に捉え切られた。そして「聖人」とは知者である以上に作者であり（『弁名』聖、六三頁）、「聡明叡智」とは洞察力である以上に構想力である。彼らはその知をもちえない同時代の民、また後代の人のために、人事自然と有為に相渉るための型を作り遺した。その型の集成が六経である。われわれは直接に世界についての全知に至ることはできないが、聖人の定めた型を虚心に習い、それに習熟することで、間接的に聖人の知を借りることが可能となる。これが「聡明叡智」とは注意深く区別された「徳慧術知」という知のあり方である。ここに日本儒学の風景を「一変」（『文会雑記』）させた徂徠学の基本アイデアが存する。
徂徠が「窮理は聖人のみ」（『弁名』理気人欲、一五〇頁）と窮理の主体を聖人のみに限定したのは、『易経』の窮理と『大学』の格物とは文脈と主語とが異なるという経書解釈上の問題である以上に、一人ひとりの「窮理」が或る傲慢さにつながると見たためである。

後世の儒者は、知を尚《たっと》び、窮理に務めて、先王・孔子の道壊る。窮理の弊は、天と鬼神と、みな畏るゝに足らずとし、而して己れは迺《すなは》ち傲然として天地の間に独立するなり。（『弁道』三〇頁）

万人が最終的には「一旦豁然」して跳躍的・頓悟的に聖人と同等の世界についての全知に至る（『大学章句』格物補伝）ならば――いやむしろ聖人となるならば、今現在畏《おそ》れられる天も鬼神も、また聖人たちや経書も、ついには「畏るゝに足らず」ということになるだろう。まさに新興の士大夫層として天下国家を一身に担いうるだけの強固な主体性の確立を目指した朱子は、従来の六経に代えて四書という新しい正典を自ら選定し（むろん徂徠はそれを不遜とする。『弁名』学、一六六頁）、この線を推し進めた王陽明は「四書五経は、這《こ》の心体を説くに過ぎず」と豪語した[5]（『伝習録』上、一二二頁）。宋明理学の基本線である万物への「理」の内在と、人間によるその「窮理」の可能との主張は、最終的には聖人と経書との権威の無化につながると、徂徠はその「傲然」たる態度を批判するのである。徂徠はさらに明言する。

窮理の失は必ず聖人を廃するに至るなり。（『弁名』理気人欲、一五二頁）

誰にでも「理」は窮められるという主張は、最終的には聖人を「廃」するに至ると徂徠はいう。確かに宋学の聖人可学説は相対的に聖人の権威を引き下げたといえる。誰もが覚《さと》るならば、聖人は「先覚者」に過ぎず、その過程では先覚者について学ぶ必要はあれ、最終的に先覚者と後覚者との覚りの内容は同一・同等となるはずだからである(6)(『論語集注』学而篇)。聖人については、宋代以前の胡乱《うろん》な緯書類の想像力の中で、人頭蛇身・八面六臂などとその奇怪なまでの超人性が、つまりは凡人との絶対的な隔たりが奔放に誇張されていった(7)が、朱子学の中では、その隔たりはたかだか先覚後覚という時間的な先後関係に過ぎなくなる(8)。窮理の「弊」「失」はさらに、聖人の定めた「物」の撥無に至ると徂徠は考える。

朱子礼を釈して曰く、「天理の節文、人事の儀則」と。是れその意もまた礼は先王の礼たるを識らざるにあらず。然れども既に以て性となせば、則ち其の言を難《かた》んず。故に天理を以てこれを弥縫して、而《しか》して謂《おも》へらく、礼は彼《かしこ》に在りと雖も其の理の我に具《そな》はれば、則ち礼は以て性と為すべきに庶《ちか》しと、爾《しか》云ふ。(『弁名』礼、七二頁)

先の「射五物」は郷射礼の一部であり、「物」の過半は礼の細則として存在する。礼の説明として朱子の「天理の節文」(『論語集注』学而篇)は最も著名なものであるが、徂徠はこの解はきわめて問題含みだと見る。朱子とて礼が先王の制作物であることを知らないはずはないが、自ら無謬の経書へと列聖した『孟子』の〝礼は人の生まれつきに根ざす〟(「性に根ざす」)という記述との辻褄を合わせるために、聖人による歴史的な制作のニュアンスを極限まで稀釈して、天の「理」として礼を説明してしまった。礼は具体的には聖人の定めた『儀礼』や

『礼記』の規定として私の外に存在する（「彼に在り」）が、その礼の「理」自体は元来「天地の間只《た》だ一理」(9)（『朱子語類』巻六）であり、また同時に「本然の性」として私の内にアプリオリに備わるものでもあるから、礼は私に生まれつきのものといっても大過ない。徂徠の勘ぐる朱子のこの思考の中では、個々人の心から、はるか先秦の経書の中の礼の一々の規定に至るまで、全世界が普遍的な「理」によって一様に均《なら》され、礼と経書とがそもそも個々の人にとって「彼に在」るものだというその外部性・他者性は喪われている。徂徠の「理」への警戒は、ひとえにここに存する。

逆に言えば、徂徠にとって聖人と経書と「物」とは、個々の主体にとって「彼に在」るものでなくてはならなかったのである。そもそも徂徠の用語系（それはもちろん、聖人の「名」の体系と一致すると考えられたものである）の中で、「物」とは人の理知からはみだす、ものごとの他者性を意味する言辞である。「物」は多く「言」「義」「理」と対言され、それらの一義性におさまらない襞《ひだ》の多い諸対象をさす。(10) 孟子や朱子ら後代の儒者の明断で雄弁な「言」は「義」の「一端」を伝達するのみだが、儒教の言語世界の最古層をなす六経に収蔵された「物」は「衆義を苞塞《ほうそく》する所」であり、多義的で含蓄深いものだと徂徠は説く（『弁名』礼、七一頁）。またそもそも六経自体が晦渋な「古文辞」の典型であり、きわめて読みにくいテクストである。徂徠によれば、まさに達意の文章家として名高い朱子を典型とする「近文」「後代の文辞」は、語の論理関係を示す助字（夫・惟・而・也など）を「冗長」なまでに多用するために、文面に「義趣皆露《あらわ》れ」ており、読みやすい（『訳文筌蹄』五六二頁）。対して「古文辞」は「簡にして古」、すなわちアルカイックな簡素さを湛えており、かえって「含蓄多く余味有り」、容易に意味がとれるものではない。後世の文を読むのは「一条の路径」を下るようだが、古文辞を読むのは読み筋が「数十の路径」に分かれ、末尾に至ってそれらが「一路」に収斂するような体験だと徂徠はいう（同前）。それは標準的な古典語が確立する前の『新約聖書』のコイネーが、『古事記』『万葉集』の上代語が、後代にあってはきわめて読みにくく、それだけに独特の神さびた含蓄を湛えるのと似通った消息である。

　そしてたとえ精密な訓詁注釈の作業を通じてそのいわんとするところは明らかにされたとしても、六経で示される諸々の具体的な型は、なぜそれを遵守せねばならないのか、よくわからない場合がある。徂徠によれば、六経に記載された「先王の道」のうちには、凡人には「迂遠」に感じられる点がままある（『弁名』学、一七〇頁）。たとえば今は逸失した先王の「楽」は当世の艶《なまめ》かしい三味線などとは違い、やや「平淡」で退屈なものだったと推定される（『蘐園随筆』巻二、八二頁）。また有名な「三年の喪」について、孔子門下の宰我をはじめ人は皆「過ぐ」（長すぎる）と感じるのが常である（『蘐園十筆』六五七頁）。しかし聖人は音痴だったわけではなく[11]（音痴だったらしいのは徂徠である）、ましてや礼の体系の中核をなす喪礼（葬礼）に不備があるはずがない。退屈な「楽」は聖人の「教への存する所」（同前）であり、「三年の喪」は「聖人の中」（同前）である。「中」とは何か。それは人々の気質がほとんど無限に多様である中で、しかし「賢知者は伏して之れに就き、愚不肖者は企《つまだ》ちて之れに及」び、全員が遵守すべき基準（「極」）の謂《いい》である[12]（『弁名』中庸和衷、一〇八頁）。相対的に優れた人はその線まで身を屈め、劣った人はやや努力してその線まで伸び上がれば、さしたる無理なく全構成員が守り得、かつそれを守りさえすれば国家社会が調和的に運営される、その基準のぴったりちょうどよさが「中」なのである。そんな「中」はもちろん、あらゆる人の個性とあらゆる家庭の特殊事情とを悉《ことごと》く知り尽くした人にしか見えない。すなわち「中」は「聖人のみ独り知る所」である（同前）。礼とはそうした「中」なる基準・規範の集合体なのである。服喪「三年」は亡き親への愛が深い人には短すぎ、親との関係が薄かった人には長すぎるであろう。しかし短いと感じる人も、長いと感じる人も、みな「三年」の基準を遵守せねばならない。社《やしろ》に栗の木を植えるのはなぜか（『論語』八佾篇）、それは聖人にしかわからない。喪の期間について、聖人が二年でも四年でもなく「三年」のところに勁《つよ》く引いた線の合理性や妥当根拠は、ついには謎にとどまる。しかしすでに線は引かれているのである。それにしたがうほかはない。あらためて「理」を窮めることはできない以上、聖人が「物」として示した礼の諸規定は、聖人ならぬ余の人々には、究極のところではどこかしっくりこないほうがむしろ常態なのである。徂徠は先王の道には「疑ふべきことの微《かす》かに有る」と認めている（『蘐園十筆』八五〇頁）。しかし道に迷った時、そこが「官路」（公道）であればいつかは目的地に着くはずだと信じて孜々《しし》と歩みを進めるよりほかはないように（同前）、聖人を信じ、ただその道を行くよりほかはない。

以上を要するに、徂徠にとって経書の文言は、「彼に在」る他者の言葉なのであった。それは「含蓄」に満ちた蒼古の晦渋な表現をとり、常人には想像も及ばない「遠大ノ見識」（『太平策』四五八頁）のもとに発されており、その言葉はいつまでも私のものにはなりきらない。われわれの有限な理知と「聡明叡智」との差は絶対のものだから、その謎めいた言葉に窺われるのは他者の理性というよりもむしろ、理性の他者である。『礼記』緇衣篇に君子の理想として「言に物有り」と説くのは、古えの君子が「其の臆に任せて肆《ほしいまま》に言はず、必ず古言を誦して、以て其の意を見《あらは》」したためだと徂徠は見る（『弁名』物、一八〇頁）。「古言」は『書経』に記録された聖人の言葉であり、議論や社交の際にはそれを縦横に引用して自説を陳《の》べるのが、古えの士人の雅びやかな習いであった。彼らの「言」の中では、折に触れて聖人の言葉が「物」としての巍々《ぎぎ》たる他物感を放つわけである。聖人ならぬ人の不十分な理知（「臆」）に発した言葉と、「聡明叡智」より出た「先王の法言」とは、いつまでも一つに融け合わず、互いに異質なものであり続けるのである。[13] さらにまたこの異様な聖人の言葉は、そもそも後代の言葉とは語彙も文法も異にする古文辞で綴られているのであった。徂徠は、古文辞を読むに際しては、読みやすい後代の文に対するように頭から意味を取りにいったり、訓読したりしては駄目で、「胸襟闊大」にして読み手の先入主を一旦置き、その含蓄の隈々にまでつきあいきるつもりでなくては読めないという（『訳文筌蹄』五六二頁）。「稽古」とは古文辞の代表格である『書経』、それもその第一篇（堯典篇）第一行目に典拠をもつ文言であるが、徂徠はここで、われわれ後代の日本人が解する意味で古文辞を「稽古」せよと説いているのである。「稽古は強かれ、情識は無かれ」とは観阿弥の常言であったが（『風姿花伝』）、徂徠が説くのも、先人の言葉を自分のものにするのではなく、むしろいつまでもよそよそしい手応えを返す他者の言葉へと向かって、日常に泥《なず》んだ自己（「情識」）をすてて跳躍し、古《いにし》えを稽《かんが》える中で受動的に自己が変容されてゆくことにほかならない。[14]それは朱子学の窮屈な居敬窮理とは違い、「先王の詩書礼楽」すなわち謎めいた「名」と「物」との体系の中に「優游」し（『論語徴』、三巻三七四頁）、いつしか「物格《きた》り」、「識《し》らず知らず」（『詩経』大雅・皇矣）人格が変容されてくる期《ご》を待つ、「風雅文采之《の》びやかなる」（『徂来先生答問書』二一二頁）雅びやかな学の道行きである。

かくて「四海の遠きと雖《いへど》も亦《また》我が度内」[15]（『孟子集注』公孫丑上篇）あるいは「仁者は天地万物を以て一体とし、己に非ざるは莫《な》し」[16]（「二程遺書」）などという宋学における「心」と「理」との肥大を否定し、聖人と経書とをその外部に置き直したのが、徂徠の画期であった。とはいえこのことは、徂徠が度々参照する芸の世界では、むしろごくごく当たり前のことがらに属する。流祖と型とが修行者の外にあるのでなくては、稽古の道がはじまらないのである。徂徠と親交のあった細井広沢は、和様の御家《おいえ》流（青蓮院流）が幅をきかせる近世日本の書道界を厳しく批判して大陸の本来の書法に学ぶことを高唱し、所謂唐様《からよう》書道の実質的な開祖となった書の大家である。[17]徂徠が序を寄せた『紫薇字様』にて、広沢は次のように述べている。

我が執法、其の始めの人に、安からざることを覚へしむ。蓋し旧習に厄するためなり。然れども数日の後安きに就き、数月にして之れを為すを楽しむ。年を歴《へ》て而《しか》る後、天成と一般にして、八体自在、手腕滞り無く、流るゝ水の如く「手の之れを舞ひ、足の之れを踏むを知らざる」（「毛詩大序」）者有り。是《こゝ》に於て先師の正法正伝、愈《いよいよ》貴く愈信ず。[18]（『紫薇字様』享保九年〈一七二四〉刊。原漢文）

広沢が提唱した唐様の「執法」は、従来の和様とは書法としての根本的な術理、すなわち筆の持ち方（巴筆法）からして、まったく異なるものであった。和様は筆の上側に人差指だけを乗せる単鉤であるのに対し、唐様は人差指・中指の二指を乗せる双鉤である。幼時の手習《てならい》から御家流の単鉤（「旧習」）に馴染んできた入門者にとって、広沢の教授する双鉤はあまりに異質で「安からざる」ものに感じられる。しかしこの「不安」をのみこみ、数日・数月・数年の稽古を重ねてゆくと、次第に不審・不安は氷解し、運筆は流暢になりゆき、ついには闊達自在の境地に至る。ここに至ってはじめて唐様を継承してきた代々の「先師」の有り難さと、それが書の道の「正法正伝」であることが「愈」身にしみてわかると広沢はいう。双鉤・撥鐙法・実指虚掌・八字訣云々といった唐様の型の体系は、入門者の前に見慣れぬものとして現れるからこそ、そこに稽古の階梯が始まるのである。

こうした把握は、享保期の一流行である唐様趣味を牽引した徂徠の盟友であり、また並走者でもあった広沢一人のものではない。同時代の武道書『天狗芸術論』にもいう。

師は始め事を伝へて其の含む所を語らず、自ら開くるを待つのみ。此れを「引きて発せず」（『孟子』尽心上篇）といふ。吝《をし》みて語らざるにはあらず、此間に心を用て修行熟せんことを欲するのみ。弟子心を尽くして工夫し、自得する所あれば猶《なほ》往きて師に問ふ。師其の心に叶ふときはこれを許すのみ、師より発して教ゆることなし。唯芸術のみにあらず、孔子曰「一隅を挙て三隅を以て反さざる者には復せず」（『論語』述而篇）と。(19)（佚斎樗山『天狗芸術論』享保十四年〈一七二九〉刊）

師の伝える「事」とは「古人の迹《あと》」「古人の押形[20]」のことである。師ははじめその意味（「其の含む所」）を説明せずにいきなり「押形」を弟子に課す。弟子はその謎めいた「押形」の前で首をひねり、長い時間をかけてそれに習熟して、はじめてその「押形」の意味を「自得」する。徂徠のいう「格物」の果ての「徳慧術知」である。型の意味をあらかじめ説明しないこと、わけのわからぬ型をいきなり押しつけること自体が、師の術策のうちなのである。そしてこの過程は「唯《たゞ》芸術のみにあらず」、『論語』の孔子もすでに同じであった。徂徠が儒学の学びを「小道小芸」の稽古に擬《なぞら》えるのと逆の論理であり、帰するところは同一である。また古くは、広沢の仮想敵であった和様書道の泰斗・尊円法親王も「我器量をばいかに存じて、みだりに其の法を定めて分際を置くべきぞや、一切の事、稽古の道の更にその際限なき事なり」と芸の上での増上慢を叱っている[21]（『入木抄』延文元年〈一三五六〉）。際限のない「稽古の道」を前にして、能うかぎり己を小さくして、こちらからの「分際」立てを控えること。「窮理」と「格物」とを切り離す徂徠の経学上の操作は、こうした芸道のごく当たり前の現場感覚を、儒教の中に再興しようとしたものだったといえるのである。

さらにいえば、古典を手繰りながら徂徠がつかまえていたのは教育一般にひそむ消息であるとも揚言できよう。つまり、教師（聖人）がなんらかの内容を習得させようとして発した指示（「物」や礼）が、それが何のためのものであるのか生徒（後代の人）に十全に了解されるならば、その時はそもそも、生徒はそのことを態《わざ》と学ぶ必要がないのである。その指示を通じて学ぶべき内容がすでに生徒のうちにあればこそ、指示の妥当性が了解されたのだから。とすれば、およそ教育的な意義のある指示はすべて、生徒にはどこか意味のわからないものとして現れるはずである。これはたとえば管弦の古伝書『残夜抄』（嘉禄三年〈一二二七〉）が「物習ふ事は、教ふるにこもりぬれば、はじめて習はむ人のいかにと心得べきにあらず[22]」と戒めるように、およそ「物習ふ事」の場面では、ごく普通に了解されている消息である。能のシテ方の稽古が七歳の謡の声出しからはじまるのはなぜか、板前が大根の桂剝きをまず叩きこまれるのはなぜか、門に入る時閾《しきい》を踏んではならないのはなぜか（『礼記』曲礼上篇）、それらは芸の道に熟した後で、つねに事後的にのみわかることである。そしてなぜそうしないといけないのか、心の底からは納得できない指示に生徒がしたがうのは、ついには教師が学ぶに値する内容をもっていると〝信じる〟からにほかならない。教師が勝《すぐ》れた意味で教師であると、あらかじめ〝知る〟ことは、ことの本性からして不可能である。教育の根底には必ず「信」があるというのは、まさに徂徠が繰り返し強調するところであった。

蓋し教へなる者は、我を信ずる者に施す。先王の民は、先王を信ずる者なり。孔子の門人は、孔子を信ずる者なり。故にその教へは入《い》るを得《う》。（『弁道』二五頁）

生徒の「信」があって「教へ」ははじめて成立する。堯舜を彼らの民が「信」じ、孔子をその門人が「信」じ、聖人を徂徠が「信」じ、この狷介な師を徂徠の門人たちがおそらくは「信」じたように。およそいかなる儒門の教育の層位にあっても「信」に基づいてはじめて「教へ」の受け渡しが可能となる。[23]このありようは、議論を基本的なスタイルとする孟子や朱子ら後代の儒者の態度と対比される。自分を「信」じない論争相手をあの手この手で説き伏せようとする時、その場の「権は彼に在」る（同前）。対して本来の儒教の「人を教ふるの道」は、まず教わる側の帰依、一種の自己放棄から始まるから、「権は我に在」る（同前）。生徒が「権」を教師に委ねるという「信」の跳躍がなくては、教育は始まらないのである。そしてこのような幾重にも輻輳した儒門の「信」の根本はむろん、聖人への「信」である。「学者は聖人を信ずるを以て本となす」（『弁名』天命帝鬼神、一二九頁）と徂徠は断言するが、その「信」の内実はべったりした盲従ではなく、「愚老抔《など》が心は、只深く聖人を信じて、たとひかく有間敷《あるまじき》事と我心には思ふとも、聖人之道なれば定めて悪敷《あしき》事にてはあるまじと思ひ取りて、是《これ》を行ふ」（『徂来先生答問書』二〇八頁）もの、すなわち不断の懐疑と絡まりあったものなのである。

そして徂徠は「古は道・芸を以て並べ称す、大小の分のみ」（『弁名』道、四七頁）と、小道小芸と「先王の道」とをつねに相似的に、前者の卑近な現場感覚のもとに後者を捉えようとするが、そこには決定的な相違点も同時に看取されている。すなわち前節で見たとおり、限定された範囲と輪郭とをもって画されたあらゆる道・芸はみな、徂徠にとって進化の系統樹のごとく「先王の道」が「裂け」て発生したものであるが、「先王の道」自体はあらゆる限定を受けず、輪郭をもたないのである。「先王の道」とは人間を「禽獣」から分ける、人間的な文明あるいは文化の総体の謂なのである。それが万人に生得的な理性の働きや生活の必要に導かれて、あちこちの地域で、それぞれ自然発生的に生じたものだとは徂徠は考えない。それは特定の時代・地域に一回的に現れた天才によって一回的に制作され、以降の全人類へといわば贈与されたものである。徂徠が「物」を言い「信」を言うのは、ついにはこの原‐贈与の感覚を言い表さんとしてのことなのである。あらゆる尊敬すべき人間の技術は、とても私自身の有限な理知に出発してはここまで辿り着けないであろう巧みでまったき結構を備えて、つねにすでに私に先んじて、私の外にある。個々人の「分際」を超えた「稽古の道」の「際限な」さである。ここに、己の内面の「理」を磨ぎ澄まして外界を厳格に正すのではなく、己の外に確固とした形を備えてある技術の体系に身を置き入れ、その型を定めた道の元祖を信じ、また時に感謝し、その中での熟達に質朴ながらも充実した生の手ごたえを見出してゆくという人生観が登場した。人生は内なる「理」を発現しゆく過程ではなく、不断の稽古である。それは決して新しい見方ではなかった。むしろそれは、職分社会たる近世日本の多くの人の実感を[24]、儒学の語彙をもって表現したものだったのである。

# 第五節　超越と詩――『易経』と『詩経』――

徂徠の見立てでは「衆美の会・精粋の極にして、天下の善を挙ぐるもこれに尚《くは》ふるはな」き（『蘐園十筆』六二二頁）人事社会に対する過不足ない型の体系であるはずの六経だが、その内訳をみると、社会の運営のためにさしあたりは無用に思われる文書が多分に含まれていることに気づく。占いの書『易経』と、詩集『詩経』である。また今は散逸したとされる『楽経』も怪しいところである。多く見積もった場合、六経中で優に三経が、占いや詩や音楽に関する、統治に対する直接の寄与をもたらさない無用な書物である。

しかし、徂徠の理解では、六経が『書経』・『春秋』・三礼（『周礼』『儀礼』『礼記』）に収蔵された狭義の統治技術の体系に終始せず、かかる無用な領域を抱えこんでいるからこそ、逆説的に、「聖人の道」は全備せる完全な統治技術たりえているのである。易・詩・楽は「人情」にかかわると古来言い慣わされている。「人情」にいかに対処するか。じつはこの一見瑣末な問題が、後に興った国学との論争の根本争点を形成してゆくのである。

まず占いの書『易経』である。徂徠は、何か重大な決断にあたって、その未定の行く末を知らんと、超越（神仏や「天」）に向かって問いかけ、あるいはその成就を祈ってしまうのは、万古不易の「人情」だという。ゆえに、超越への働きかけとしての占いや祈禱も「人情」のなせるところであり、人間のあるかぎり、なくなることはない。

大氏、民の事を為すや、天の知るべからざるに疑沮するは、人情しかりとなす。故に卜筮禱請、万古に亘《わた》りて廃すること能はざるも、また人情しかりとなす。（『弁名』天命帝鬼神、一三五頁）

ここで観念されている「為」される「事」、つまり決断を要するような事業とは、和睦か開戦かといった国家レベルの「事」から、政治社会での進退といった個人レベルでの「事」にまで及ぶ。そして六経の中では、「万古に亘りて」どこにでもあるこの超越への問いかけは、『易経』に基づく卜筮によって行なわれるのが基本である。たとえば魯の文公十三年（紀元前六一四年）、邾の文公は遷都にあたってその吉凶を卜し（『春秋左氏伝』）、またそれからはるか一八〇九年後、宰相韓侂冑に疎まれ、政治生命を危うくした晩年の朱子は、死を賭しての皇帝への直諫か、それとも口を緘しての退隠かの間で逡巡し、「筮以てこれを決し」、「遯」の卦を得て退隠を選んだ[1]。先の引用に続けて徂徠は次のように述べる。

聖人は能く人の性を尽くす。故に人の性に率《したが》ひて、立てて以て道となす。（同前）

ここでいう「人の性」とはもちろん、重大な決断にあたって、泰然自若とばかりはしておれず、ついつい疑い・ゆらぎ（「疑沮」し）、人を超えた何ものか――儒教的には「天」と名指される――へとその決断の可否を詮なくも問い尋ねてしまう、抜きがたい人の性《さが》である。弱さというならば弱さであるところの「人の性」を知悉していた（「尽く」していた）聖人は、その性に対応する（「率〔ふ〕」）道として、占いの「道」、つまり『易経』を制作した。

そしてあくまで聖人の制作による『易経』の占いの道は、たとえば日本古代の誓約《うけい》・盟神探湯《くがたち》や近世に盛行した元三《がんざん》大師百籤(2)などの他の占いとは違って、聖人の「聡明叡智」のもとに戦略的に仕組まれた「ワザノ仕掛ケ」（『太平策』四七三頁）のひとつである。『易経』の卜筮の体系の何処に、聖人の深い智慧を窺うことができるか。

是《こ》の卜筮の道は、本《も》と人をして能く其の事に勤めて怠らざらしむるに在るなり。凡そ天下の事は、人力其の半ばに居りて、天意其の半ばに居る。人力の能くする所は、人能く之れを知る。而るに天意の在る所は、則ち之れを知ること能はず。知らざれば則ち疑ふ。疑へば則ち怠りて勤めず。怠りて勤めざれば、則ち其の人力を併せて之れを用ひず。事の壊《やぶ》るゝ所以なり。故に聖人は卜筮を作りて、以て其の疑ひを稽《かむが》へ、是れに籍《か》りて、人夫《か》の天意の在る所を知るを得、亹亹《びび》として之れを為して已まず。事の成る所以なり。（『弁名』元亨利貞、一一八頁）

人間の行なうあらゆる事業（「天下の事」）には、人力ではいかんともしがたい不決定性がつきまとう。その不決定性の領域は、儒教の語彙では「天意」といわれる。この先の見えなさは、当事者を無気力状態（「疑へば則ち怠りて勤めず」）に陥れかねない。そこで聖人は「天意」を人が窺う方途として、卜筮を「作」った。この発明によって、人はアパシーに陥ることなく、それぞれの事業に邁進できるようになった。だから、卜筮の本質は、人を「疑沮」の前に立ち止まらせず、それぞれの事業に邁進させること（「其の事に勤めて怠らざらしむる」）にある、と徂徠はいうのである。

以上の議論が、『易経』の卦辞に頻出する「貞」を論ずる条に置かれていることに注目せねばならない。『易』の占いの体系は、その時々の天意を基本的に乾・坤・屯……未済の六四種類の卦とその下位分類である三八四の爻とによって示すが、その六四の卦に付された説明である卦辞のうち、実に三五卦の辞に、この「貞」は登場する。「元亨利貞」（「元《はぢ》めに亨《とほ》りて貞《たゞ》しきに利《よ》ろし」）・「利貞」[3]（「貞しきに利ろし」）などという「貞」である。そして「貞」とは、徂徠によれば「中《うち》に在る者変ぜざる」（『弁名』元亨利貞、一一八頁）ことにほかならない。つまり事業の成否に「疑沮」し、超越に向かってそれを問う者は、この占いのシステムを用いるかぎり、実に六四分の三五の確率で〝挫けるな、今のまま頑張れ〟という天意を受け取ることになるのである。さらに「亨」（「亨る」）を含む卦辞は、別に二〇を数える。徂徠の考えでは、事業が失敗する原因（「事の壊るゝ所以」）は、大抵の場合、どうしようもない運命によるというよりは、むしろその運命を疑い、人が十全にその事業に打ち込まないことによる。それゆえ六四分の五五の確率で〝初心を貫徹せよ〟（「貞」）ないし〝うまくいく〟（「亨」）という結果が出るよう仕組まれた占いの型を通じて、その疑いを解消すれば、人はその事業に全力投球できるようになる。そして大体の場合、全力投球しさえすれば、ことは成るのである。「志挫けざれば、則ち百事みな成るべし」（『弁名』元亨利貞、一一九頁）。また「成敗を呼吸の間に決す」るため、とかく迅速な決断が必要な戦の際はなおさらである（『蘐園十筆』五六八頁）。「疑へば斯《こゝ》に沮《はゞ》む、沮めば斯に撓《たゆ》む。敗るゝの道なり。故に古へは多く鬼神を仮《かり》て以て之れを行ひ、卜筮を以て疑ひを稽《かむが》ふ」（同前）。命のかかった戦場でこそ、人々の「疑沮」は最大に露呈する。だから卜筮は特に戦場で用いられると徂徠は考える。確かに日本の戦国大名も競って卜者を雇用し、「鬼神」（八幡神・諏訪明神・摩利支天など）の験《げん》を担いだ。そして「務めは疑はざるに成るなり」（同前）。客観的情勢がどうであれ、疑い躊躇う時間を最小限にして、先に腹をくくったほうが勝つ。朱子が術数の秘儀を通じて神秘的な「法象自然の妙」がそこに開示されると考えた[4]（『周易本義』伏犠六十四卦次序）のとは対照的に、徂徠は卜筮を行なったところで、そこに何か神がかった啓示がひらめくとは考えていない。それは迷う人に腹をくくらせるための、よく練られた経験的な技法なのである。[5]

より公共的な決断の場面においても、この易の仕掛けは有用である。重要な政策決定の最終段階で、卜筮によってその案件についての天意を問うた際も、大抵の場合、辞に「貞」「亨」を含む卦が出ることになる。つまり〝為政者によって詰められた最終案のまま、邁進せよ〟と、「天意」が開示されるわけである。しかも卜筮を通したことで、その政策決定は為政者の恣意的処断のイメージを薄め、天意の存するところとして、迷う民心をこの決定のもとに糾合することができる。聖人はおのれの「嘉謀嘉猷」、つまり為政に関する深謀遠慮を、それが自分の意志であることは隠して、民に対しては「鬼神の命なり」と表明するのだと徂徠はいう（『弁名』元亨利貞、一三二頁）。こうして「鬼神、謀を決すれば、「吉」「利」ならざるはなし」（同前）。為政者でなく鬼神が案件を「決」したということにしておけば、動員された民も「疑沮」なく、安んじて事業に注力できるようになる。鬼神は大抵「吉《めで》たし」[6]「利ろし」とその「命」を示すものだし、そうなれば自己成就的にその予言は実現するだろう。徂徠は『易』がもつこうした人の性《さが》（の弱さ）を知り尽したうまさ・巧みさに、「其の知は至れるかな」（同前）と舌を巻いている。

　なお、「貞」ないし「亨」がつかない残り九の卦（そのうちには「井」卦のように、はっきり「凶」といわれる卦も含まれる）が出た場合も、そのときはそのときでまた別の智慧がある。卦辞は、人の言葉ならぬ「奇奇怪怪」なる「鬼神の辞」（『蘐園十筆』八八六頁）として故意に晦渋に書かれている。たとえば「密雲雨ふらず、我が西郊よりす」（小畜）、「小狐汔《ほと》んど済《わた》らんとして、其の尾を濡らす」（未済）といった「奇奇怪怪」さである。それゆえ、そこで問われた和睦か開戦か、諫言か致仕かといういきわめて現実的な状況と、謎めいた卦辞のあいだには、ほぼ無限の解釈可能性が残されている。「卜筮の道、人筮して卦を得れば、則ち必ず先《ま》づ如何に之れを行ひて而る後善と為《な》るかを見て、乃ち各《をのをの》其の心を以て之れを行ふ」（同前）。易は決断を要する状況に対して、断定的に天意を下すのではなく、つねに多義的に現れるため、そこには得られた卦の解釈の過程が必ず介在する。つまり卦辞は、故意にどうとでもとれるようにしてあるのである。またそもそも「世俗の占術」は「是《こ》れ吉是れ凶」と案件の成否を断定するのに対し、聖人の作った卜筮は「此《か》くの如くせば吉、此くの如くせば凶」という形で、ことの成否自体は語らず、人間がその状況下でいかに行動するべきかを語るものである（『蘐園随筆』巻二、六七頁）。閣議・廟議レベルでの決定事項を、民心統合のための最終プロセスにすぎない卜筮がひっくりかえすことは原理的にありえないのである。

寿永二年（一一八三）の秋、平家一門は都を逐われ、太宰府からも追い落とされ、よるべなく西海に浮かんでいた。当年二十一歳の平清経は、かつて一門の運命を宇佐八幡に問うた際に下された〝衰運復しがたし〟との神託を想い起こし、一門と運命をともにせず、ひとり入水して生命を断った（『平家物語』太宰府落・謡曲「清経」）。ふと人を襲う運命への問いは、人を共同体の価値観から剝離させる。占いや宗教が管掌しているところの、万古不易の「人の性」としての運命への「疑沮」である。これは為政者の観点からすれば、民を共同の労働・共同の価値観・共同の行動様式から剝離させかねない危険なものである。「淫祠邪教」の弾圧は儒教的為政の一定型であったし、「牛鬼蛇神」の放逐はそう昔の話ではない。こうした運命への問いに処する型として制作された『易経』は、しかしかかる危険から免れている。徂徠は「卜筮は今の神祠探籤と、其の理殊《こと》なること有ること莫《な》し」（『蘐園随筆』巻四、一五一頁）という。確かにいくつか準備されたパターンの中から、籤引きや揲蓍のランダムな過程を経てその一つを選び、そこに運命が啓示されたとみなす論理は同じである。では普通の寺社のおみくじと易とはどこが違うか。所謂「術数易」が後代に展開したように、両儀・四象・八卦・三八四爻・天数二五・地数三〇云々と展開するその数の体系の「広大・詳密」さも違うが、なにより違うのは「伝《つ》くるに道義を以てし、誨《をし》ふるに孝悌を以てす」ること、つまり天意がつねに道徳的に示されることである（同前）。徂徠が「聖人の易を作るは、道徳と相悖《もと》らず」（『蘐園十筆』八〇九頁）というのはこのことである。余の占いや宗教といった超越への問い方は、人を共同体の外部へと剝離させてしまうか、またはその危険を潜在させているかであるのに対して、聖人の定めた型である卜筮という問い方は、以上で見た巧妙な仕掛けによって、共同体の外部へと逸脱しかねない民の「疑沮」を、共同体の内部へと回収し、逸脱させてしまわないように巧まれているのである。『易』に拠ってこの問いを問うた人は、出家遁世、あるいは自死などの仕方で共同体から離脱してしまうことはなく、それどころかますます共同体内での自分の持ち場で尽力することになる。同じことを否定的に言い直せば、徂徠の考える理想社会では、人を個体化させるはずの超越への問いの領域が、世俗の為政者によって収奪されている。『易経』はその収奪の具なのである。(7)

かくて徂徠にとって占いはまったく六経の中の無用な部門ではない。むしろ、行政区分や経済システムといった〝堅い〟領域とは異質な、人の内面的な信念や生きがいに関わる〝柔らかい〟領域にも抜け目なく周到な型が準備されていることこそが、六経という統治技術体系の完全性の証左なのである。

『詩経』も同じく、こうした〝柔らかい〟領域に対処するための型である。『易経』が超越領域を管掌するのに対して、『詩経』が管掌するのは、『詩経』解釈史と和漢の詩歌論との出発点である漢代の「毛詩大序」以来、民の「情」であると言い慣わされている。

徂徠によれば、先王の用語系における「情」とは、「欲する所」「性の殊なる所」「其の内実を匿《かく》さざる所」などをさす多義的な言葉である（『弁名』性情才、一四二頁）。要するに喜・怒・哀・懼・哀・悪・欲（「七情」）にわたる人の多様な情念と、個人・組織の「情実」との謂である。確かに今日の日本語の用法においても、「情」は、個人の内的な情念（「感情」）と、個人ないし一定の人間集団の、外からは見えない内実（組織の「実情」）との、重なりつつも微妙に区別される二義を有している。古典的な『詩経』論も、「情」のこの二義性を核に成り立つものである。制度を作り、税率を決め、風俗を取り締まり、飢饉の年には公庫を開放し、可能なかぎりの術策を尽くして民生を安定に導こうとするのが儒教的為政者であるが、その努力にもかかわらず、その施行された制度の中で民がいかなる生活実感のもとに生きているか、つまり民生の実態を、直接に知ることはできない。民に直接訊こうにも、為政者の怒りを恐れる民はありのままを語ろうとはしないだろうし、現場の担当官に報告させようにも、その報告に粉飾・虚偽が混入する可能性はいつまでもなくならないからである。それがより具体的な暮らし向きの意であれ、より内面的な、社会生活に纏綿する情調の意であれ、為政者にとって民の「情」は謎である。「民を治め難き所以《ゆゑん》は、其の情の識《し》るべからざるを以てなり」と徂徠はいう（『論語徴』、四巻五一二頁）。しかも「民情大いに見るべし」（『書経』康誥篇）と訓戒されるように、この知りがたい民の「情」は、為政者の重大な関心のかかるところである。行政文書上の辻褄さえあっていればよいと考える仁義の「賊《ぬすびと》」（『孟子』離婁上篇）は論外として、仁政への志をもったほんものの治者が、自分に見える範囲の形式や建前だけでなく、この「情」の次元での民生の実態に関心をよせないはずはないし、また「天の視《み》るは我が民の視るに自《よ》り、天の聴くは我が民の聴くに自る」（『書経』泰誓中篇）と周の文王が宣言したように、民の「情」の向背はまさに「天」の意思そのものであって、政権の存続に直結するところでもあるからである。

「毛詩大序」は、こうした謎めいた民の「情」を知るための特権的な用具として詩を位置づける。

心に在るを志と為し、言に発するを詩となす。情中《うち》に動き、言に形《あら》はる。之れを言ひて足らざる故に、之れを嗟嘆す。之れを嗟嘆して足らざる故に、之れを永歌す。之れを永歌して足らずんば、手の之れを舞ひ、足の之れを踏むを知らざるなり。[8]（「毛詩大序」）

ことば、それも特に実用言語ではなく、歌謡（＝永歌）や舞踏（＝手之舞之、足之踏之）へと展開する詩的言語（＝嗟嘆）は、「情」の偽らざる表現である。だからこそ、詩を通じて為政者は民の「情」を知ることができる。現に先王の治下では、詩の採集による民情の察知が制度的に行われていた。専門官が巷で歌われている詩歌を定期的に採集して王に奏上することで、王が巷の「風俗」を知り、為政の「得失」を反省する「采詩の官」の制度である（『礼記』王制篇ほか）。[9]采詩官制は周代の実際の制度ではなく、後代の儒者が盛周に理想を仮託したものと推定されているが、徂徠はその制が現実に施行されたことを疑っていない（『譲園十筆』七九一頁）。また逆に、『易』によって民の超越に関する観念領域を統制するのとパラレルに、特定の歌を流行させたりすることで、為政者が民の「情」を意図的に操作することも可能である。たとえば模範的な詩歌とされる二南（周南・召南）を郷里での祭礼の式楽に指定する（『儀礼』郷飲酒礼・郷射礼）ことで、民風の「王化」「風化」（＝毛詩大序）を、つまり風俗の善導を期待することができる。「下、以て上を風刺し、上、以て下を風化す」（同前）。面と向かっては言いにくい不満を、「下」たる民が詩歌に託して「風刺」し、為政者の反省を促すとともに、逆に詩歌を巷で流行らせることで、「上」たる為政者が民の風俗をさりげなくよい方向へ「風化」する。下から上へであれ、上から下へであれ、詩によって、余の仕方では実現しがたい「情」の次元での交流が可能になる。為政者の視線に即せば、詩は余の方策では触れがたい民の「情」にアクセスするための特権的な媒体《メディア》なのである。「毛詩大序」のこの詩論は、『古今和歌集』真名・仮名両序に基底的な発想を与えて以来《このかた》、日本でも詩歌とは何か、また詩と国家とはいかなる関わりをもつべきか等々を考える際の基本的な準拠枠をなした。

『詩経』は、それぞれのお国柄の色濃い俗謡を地域ごとに並べた「風」（十五の国風）、周の朝廷での儀礼歌である「雅」（小雅・大雅）、周王室の祖霊廟での宗教歌である「頌」（周頌・魯頌、および殷王室の商頌）から成り、周（東周）という一国家の詩歌の総覧の体《てい》を成している。そこに収蔵されているのは、荘厳な魂祭りの歌（周頌・清廟）や、官吏としての綱紀粛正をよびかける歌（小雅・雨無正）のような堅苦しい歌のみでない。農村のおおどかな春の菜摘みの歌（周南・芣苢）があり、別に嫁した女への男の未練節（斉風・南山）があり、夫の不義に憔悴した女の悲痛な嘆き（衛風・氓）があり、国家の腐敗への士人の怨嗟の声（少雅・正月）があり、およそ喜・楽から怒・哀に至る、また清らかな敬《つつ》しみの心からまごうかたなき劣情に至る、人間の生《なま》な「情」の全振幅にわたる表現が、収められている。そこにあるのは「古の人の憂きにつけ嬉しきにつけうめきだしたる言《コト》の葉《ハ》」（『徂来先生答問書』一九六頁）だと徂徠はいう。

朱子の新注（『詩集伝』）を採らない徂徠の『詩経』観は、基本的には古注（毛伝・鄭箋）に、つまりは以上で通観してきた「毛詩大序」風の詩論に、接近する。[10]

大抵、『詩』の言たる、上は廟堂より、下は委巷に至り、以て諸侯の邦に及ぶ。貴賤男女、賢愚美悪、何の有らざる所ぞ。世変邦俗、人情物態、得て観るべし。其の辞は婉柔にして情に近く、諷詠は感ぜしめ易し。而れども其の事は皆零細猥雑にして、自然に矜持の心を生ぜず。是を以て君子は以て宵人を知るべく、丈夫は婦人を知るべく、朝廷は民間を知るべく、盛世は以て衰俗を知るべき者は、此《こゝ》に於いて在り。（『弁道』三一頁）

『詩経』には、周という一つの共同体における、あらゆる階級のあらゆる「情」が、「零細猥雑」なそれも含めて、洩らさずすべて集められている（「何の有らざる所ぞ」）。それゆえ、『詩経』は人情（「人情物態」）ないし風俗（「世変邦俗」）の一覧表・百科事典となりえている。だからこそ、『詩経』を読むことを通じて、「君子」（為政者）は「宵人」（細民）の、「丈夫」は「婦人」の、「朝廷」は「民間」の、階級や生理的条件を異にしているために自分の生活実感からの類推では捉えることのできない別の人間集団の、実情を知ることができるというのである。

ここで『詩』を通じて他の人間集団の「情」を観る視線が、つねに治者から被治者へのものであって、その逆でないことに注意しなくてはならない。つまり、『詩』を通じて「君子」「丈夫」「朝廷」が、「宵人」「婦人」「民間」の「情」を、観るのである。ここに徂徠の詩論・文学論について往々に指摘される政治性[11]が露わになっている。確かに『詩経』は、共同体の成員たちのありのままの「情」の表現を、非道徳的・反社会的なものも厭わず、そのまままるごと収蔵している。この理解自体は、非道徳的な詩を賢人の時勢への韜晦しつつの風刺と解する古注よりも、「淫奔者の辞」[12]と明確に断定する朱子の新注に接近する。しかし、だからといって『詩経』は情念のアナーキーを志向するのではない。むしろだからこそ、為政者に——為政に批判的なものも含めて——ありのままの世態人情を知らしめ、以降の統治構想に用立てるという意味で、為政に資するのである。『詩経』は為政者が民の「情」を学ぶための型なのである。

徂徠が好んで引く経文に、「『詩』・『書』は義の府」（『春秋左氏伝』僖公二七年）がある。「義」とは、『儀礼』や『礼記』に定められた礼の墨守だけでは対応しきれず、為政者の臨機応変な「裁割決断」（『弁名』義、七六頁）が必要になる非常事態——実際の為政の現場ではむしろそちらが〝常態〟であろう——のために、その判断基準として聖人が遺した命題群である。[13] それは、第一には『書経』に収められた古の先王やその宰相たちの政治的ステートメントを指している。その一々の言葉は「万世の法」として奉ずるべき「先王の大訓」である（『論語徴』、三巻六六〇頁）。統治権を治者に委任した「天」への欽《つつ》しみや、為政の場に立つ者が保つべき緊張感や、民生への細やかな配慮を繰り返し説く『書経』が、右の意味での「義」の収蔵庫（「府」）であるというのは、見やすい消息である。「『書』の義の府なるは、章章として著明なるのみ」（『蘐園十筆』八二七頁）。しかし徂徠は、

『詩』の義の府たるに至りては、則ち亦聖人の知巧の極に非ずんば、及ぶべからざるなり」（同前）と続ける。徂徠は『書経』に含まれた政治哲学テーゼそのものによりもむしろ、『書経』を独行させず、『詩経』をその不可欠な補佐として伴わせたことにこそ、聖人の「知巧の極」を見出すわけである。「執中」といい、「懿徳」といい、「安民」といい、『書経』で反復される概念・命題群は、それ自体は高邁であるとはいえ、それだけに形式性をまぬかれない。ただでさえ育ちがよく、民情に疎くなりがちな為政者が、この『書経』の命題のみによって政治的決断を下すとき、そこには民の実情からかけ離れた空転に終わる危うさがつねにつきまとう。「苟《いや》しくも人情を知らずんば、安《いづ》くんぞ天下を通行するに、窒碍する所有ること莫《な》からんや」（『弁名』義、八〇頁）。世間知らずの為政者が、頭につめこんだ形式的な政治テーゼのみに拠って政策を立案・施行するところに必ず出来する「窒碍」。この危険を回避するために、「上」にいながら「人情」を知りうる特権的な具としての『詩経』が、『書経』に伴われているのである。

学者能く人情を知りて、而る後『書』の義は神明変化す。（同前）

『詩経』を通じて「人情」を知ることで、「天命」「懿徳」「安民」といった『書経』の文言が、以前のような抽象的概念としてではなく、生々しい社会的現実のただ中から醸し出され、その中で鍛えられてきた智慧のことばとして、まったく違う姿で（「神明変化」して）、政治家修行中の「学者」の前に現れてくる。政治家のポリシーをかたちづくる「義」は、頭につめこまれた『書経』単独の「義」ではなく、血のかよった「義」でなくてはならない。それゆえ『書経』のみでなく、『詩』『書』の「二経を合して之れを「義の府」と謂ふ」（『弁道』三二頁）のが「聖人の知巧の極」（『蘐園十筆』八二七頁）だと、また「浅智の能く知る所」（『弁名』義、八〇頁）でない「先王の教への妙たる所以《ゆゑん》」（同前）だと、徂徠は感嘆すること頻《しき》りである。

以上のように、統治技術体系としての六経の中にあって、一見無くもがなの剰余に見える『詩経』は、じつは民の「情」に対するための型なのであって、その存在はむしろ、六経の高度な合理性を証明するのである。

「言いつのる時ぬれぬれと口腔みえ指令といえど服し難きかも」(14)（岡井隆『斉唱』）。「党」が示す社会変革のプログラムと、その変革の果てに到来が予期されている共同体の理想性には心から賛同して、そのために奔走する詠歌主体だが、しかしふと、他愛無いといえば他愛無いことがらに心がざわつき、そしてそのざわつきはぽつりと口に出されてしまう。激した口調で命令を伝える「党」幹部の「口腔」が、唾液で「ぬれぬれ」と光っていることへの生理的嫌悪感（と、そこに透けて見える動物的な権力意志への嫌悪感と）の表白は、反逆というほどもない他愛無いものだが、しかし明瞭に「党」の価値観からの一定の隔たりを示している。「協同体《アソシエーション》」であれ、「堯舜の世」であれ――両者は幸徳秋水や北一輝の思想において実際に重ね見られた――、政治的および経済的次元での最大限の正義が実現されている理想の共同体にあっても、人間の内面の「情」と、その表現とは、共同体の価値観との微妙な距離を保ち、微妙な緊張をはらむものであろう。少なくとも六経中に『詩経』を設け、采詩官制によって民情を畏れた聖人は、そう考えたのである。治者の視線から見るかぎり、「情」とその表現（詩）とは、先に見た超越への問いとならんで、共同体の構成員をその共同体の外部へと連れ出して個体化する危険な点である。春秋時代の鄭の子産が税制改革を強行した時、鄭の巷では「孰《た》れか子産を殺さん、吾れ之れに与《くみ》せん」との歌が誰からともなく歌われた（『春秋左氏伝』襄公三十年）。かかる危険に処するために、超越への問いに対する『易経』と照応して、「情」と詩とに対しても、『詩経』という型が準備されているのである。

以上『易経』と『詩経』とに即して通覧してきたように、徂徠の見立てでは、六経の統治技術としての完全性（「全備」性）とは、その狭義における政治・経済システムが高度に合理的だというだけでなく、同時に、すぐれて人間の内面を構成するところの超越や情念の領域にまで周到な型が準備されている点に見出されている。六経という統治技術体系は、その〝堅い〟領域だけでなく、〝柔らかい〟「人情」の領域までも、人間をつかまえて洩らさないのである。ふと人を襲う運命への「疑沮」、あるいはふと口をついて出る自己の境遇への「嗟歎」。それらは抜きがたい「人の性」として、人の歴史の終わりまでなくなることはないと徂徠は認めている。ただし理想の共同体においては、それらが個体としての人を共同体内の任意の一人としてのありようから抜け出させ、共同体の価値観から醒めさせてしまう前に、『易』と『詩』という巧みな仕掛けが、その人を群れの中に連れ戻す。析出しようとする外部を、共同体の内部へと回収し続けることが、この理想社会の秘密なのである。

# 第六節　治者の自己

これまで徂徠による儒教古典の読み直し作業の大要を確認してきた。それはつまるところ、封建社会からブルジョワ社会への移行がさまざまな歪み・矛盾を各所に噴出させていた享保期の現実のただ中に、その危機的な現実に対処しうるだけの周到な合理性・包括性を備えた社会構想が現出したという事態にほかならない。とすれば、あとは現実に構想を適用するだけである。それだけで、少なくとも救時策としての徂徠学の能事は畢《おわ》るはずであった。しかし、困難は構想を組み立てることよりも、むしろ適用することのうちに存したといわれるべきである。近世中・後期以降、より諸藩の財政が逼迫の度を加えるにつれて、徂徠系の経世論は財政再建策として諸藩で続々と採用された。米沢藩の財政改革を牽引した莅戸《のぞき》太華、弘前藩の勘定奉行として救荒に活躍した乳井貢《みつぎ》、所謂「近思録崩れ」でむしろ保守側に回った薩摩藩の山本正誼らはみな、徂徠学系の経世家であった。しかし彼らの活躍は、あくまでその骨子を練り上げた徂徠自身や、その構想を継承した太宰春台の、没後の話である。いまだ経済の危機が全面的には露呈せず、鋭敏な人だけが察知しうる予兆に留まっていた享保期に、彼らの経世論に耳を傾ける人は少数派であった。またその構想が含む大胆な制度改革（特に能力主義に基づく弾力的な人材登用と、それと表裏する世襲制への掣肘）の提言が、政柄を握る既得権益層に不快感・警戒感を与えもした。それゆえ、徂徠学派の人々は、それが適用されさえすれば今日の社会問題のいっさいが、快刀の乱麻を断つごとくに解決されるはずの共同体構想を筐底に籠めたまま、しかしそれがどこにも容れられないという憔悴・鬱屈をかかえこむこととなった。徂徠学派通有のエートスとしてしばしば指摘される「不遇」[1]意識である。

徂徠を浪々の身から取り立てたのは徳川綱吉と、その寵臣の柳沢吉保であるが、徂徠は綱吉・吉保周辺の文化サロンに一定の愛着を感じながらも、綱吉を自分の提言を実行するべき英明な為政主体とはみなしていなかった。学問好きな綱吉は、しかしその侍医であった徂徠の父を勘気によって追放し、彼に南総への十数年の逼塞を強いた張本人でもあった。自分の学問が成ったのは「憲廟」(綱吉)様がつまらぬ御小姓衆の家庭教師役を押し付けてくださったおかげだというきわどい冗談(『徂来先生答問書』二〇七頁)に滲みでているように、この旦那芸好きで気まぐれな御大尽は、徂徠にとって終生アンビヴァレントな愛憎の対象であり、そして決してそれ以上ではなかったようである。徂徠の精魂こめた政策提言である『政談』が宛てられたのは、徳川吉宗であった。しかしひとたびは「中興此時ナリ」[2](『文会雑記』)と期待した吉宗にも、一年余で「サテサテ中興気性ナシ」[3](同前)と裏切られた徂徠は、その早い晩年に「国脈大ニチヾマリ、程ナク甲冑ノ要ルコトアルベシ」(同前、一五六頁)と、徳川体制の崩壊さえほのめかすに至った。

体系的な所謂「徂徠学」ではなく、生身《なまみ》の徂徠その人の自己了解や実存感覚を窺いうるテクストとして、次の七言律詩が挙げられる。

偶作
長安無処不風塵
況復新年車馬頻
自臥蕭条三径宅

偶《たまたま》作る
長安処《ところ》として風塵ならざるは無し
況《いはん》や復《ま》た新年　車馬　頻《しき》りなるにおいてをや
自ら蕭条《せうでう》に臥《ふ》す　三径の宅

相看意気五陵春
寧無鮑叔能知我
即有元規欲汚人
千載誰憐孺子唱
濯纓濯足滄浪浜

意気を相看《み》る　五陵の春
寧ろ鮑叔の能《よ》く我を知るは無《の》うして
即ち元規の人を汚さんと欲するは有り
千載　誰《たれ》か憐れむ　孺子の唱
纓を濯《そゝ》ぎ足を濯ぐ　滄浪の浜

（「偶作」、『徂徠集』巻之四、三九頁）

明の擬古派に学んだ徂徠の詩は、感情も修辞も盛唐の詩に「擬《なぞら》」え、古人に一体化せんとするものであり、そこで表現される「悲」や「愁」を一元的に徂徠自身のものとすることには問題が残る。しかし他の作品のように「和」したわけでも「擬」したわけでも「探字」したわけでもなく、偶《たま》さかに作《な》ったこの詩は、徂徠自身の実存的な構えを表白したものとみてよいように思われる。ここでは江戸は長安に擬えられている。その人事多端な繁華と喧騒とは、正月ともなればなおさらである。しかし徂徠は喧騒を背にして、隠逸の住まいにもの寂しく臥せっている。今ごろ町の賑わいを見下ろす千代田の御城や桜田門の諸藩の上屋敷の中では、気鋭の政治家たちが意気を吐いていることだろう。しかしそこに自分を推挙してくれる知己の友はおらず、人をおしのける小賢しい出頭人ばかりが幅をきかせている。数千年来、隠士の絶唱に誰が同情の涙を注いだというのか。失意の徂徠は隠逸の漁人と同じく、ただ滄浪の水に身を洗うばかりである。徂徠がここで求めているのは、確たる存在感をもって流動し続ける江戸の政治・経済社会のただ中へと、それを御しうる力量と技術とをもちながら孤立している自分を導き入れてくれる存在である。しかし肝胆相照らす友はどこにもいない。

讒言にあって楚王の信任を失い、失意のうちに漂泊する屈原に対して、隠逸の漁夫は「滄浪の水清まば、以て吾が纓を濯ぐべく、滄浪の水濁らば、以て吾が足を濯ぐべし」と、世の変転に凝滞しない自在な境地を説いた（『楚辞』漁父）。清き世には仕官すればよく、濁れる世には韜晦すればよい。この古詩を踏まえる徂徠の「偶作」の最後の一聯が、しかし「漁父」と大きく隔たるのは、徂徠が眼前の世を「濁」れる世と断定できない点にある。「滄浪の浜」に擬された茅場町近くの日本橋河岸《かし》で、徂徠は纓も足もともに濯《あら》うのである。その水は清んでいるとも濁っているともいえない。「五陵の春」も前漢の盛時であろうから、ここで徂徠の隠宅の外に広がっているのも、やはり乱世・濁世ではなく、駘蕩たる泰平の世であると考えられる。「世挙げて濁れり、我独り清めり」（漁父）という英雄的な悲壮感のもと憤死した戦国乱世の屈原と、空前の泰平と繁栄とを謳歌する社会を目の前にして自身の経世策を寓居にながめる徂徠と、果たしてどちらの失意がいっそう深かったのであろう。少なくとも両者の「不遇」意識の質は別物なのである。即自的に充足した眼前の泰平の世から自分だけが余っている・はみ出しているというこの実存感覚が、屈原や陶淵明のような伝統的な隠逸の詩人のエートス（彼らの背景は基本的に乱世である）から徂徠の「不遇」意識を分け、そこに個性的な陰影を与えている。

徂徠の高弟・太宰春台も、政策提言の「上書」を行なっている。しかも春台は師とは違って、大名家の禄を食《は》まない「草茅」（「上書」の署名）の身であった。浪士たちの「処士横議」が時代の風となり、「草莽の臣」「草茅処士」とむしろ誇らしげに署名された政策提言が政府の意思決定に実効を及ぼしえた幕末までは、まだ早すぎた。詳しい経緯は不明であるが、春台の意見封事は最終的に「焼捨」にされた[4]（『蘐園雑話』一五七頁）。その主著『経済録』は、いわば師の『政談』の続編であり、随所に春台自身の知見と、時代の趨勢をにらんでのプランの改良とを加え、理想の共同体像を描き出した全一〇巻の浩瀚な本であるが、その最後の第十巻に至って、野口武彦が指摘するように、急に転調を迎える[5]。「無為」と題されたその最終巻には、次のように述べられる。

> 初メヨリ正シキ制度モナク、堅キ法令モナク、古ヲ稽タル政モナク、只因循苟且ノ政ヲ行テ、数百年ヲ経

テ、士大夫ハ世禄ニテ驕奢淫秩ノ行ヲナシ、民ハ本業ヲ棄テ末利ヲ事トシ、風俗頽廃シ、上下困窮シタル時節ニ、真ノ経済ニアラズシテ、彼此ト旧政ヲ変ズルハ大ニ不可ナルコト也。此時ニ当テハ、大概国ヲ治ムル政事ヲ止テ、只無為ノ道ヲ行フニシクハナシ。無為トイフハ、何事モナサザル也。(6)（『経済録』易道篇）

先を見越したヴィジョンもなく急場しのぎ（「苟且《かりそめ》」）に施行された制度が固定化・先例化（「因循」）して数百年、指導層は世襲（「世禄」）によって能力と責任感とを失い、民は本業をおろそかにして市場での利殖にはげみ、風俗頽廃・上下困窮した「時節」。それはもちろん議論上仮定された任意の「時節」ではない。春台は、それは「海内ノ士民困窮シテ、国家ノ元気衰ヘ」た「元禄以来」の「当代」のことだと明言する。この「時節」にあっては、末期患者に、患者の体力を要求する抜本的治療が逆効果であるごとく、結局は「何事モナサザル」「無為」が最良策である。ここまでの九巻で述べてきた社会技術は、実際にはもはや現実に適用するには手遅れなのである。あとは、抜本的な改革はかえって国の残り寿命を縮めるだけだから、基本的には「無為」のまま放置し、時には微温的な介入を通じて、少しでも崩壊の日を先送りしつつ、しかしそれでもいつかは必ず来るその日を、式微《しょくび》の中で待ち続けるほかはない。

「東都処士」の署名のあるその自序にも、すでにこの絶望は表れている。

昔人千金ヲ費シテ、龍ヲ屠ル術ヲ学シガ、屠ルベキ龍ナクテ、空ク一生ヲ終シトカヤ、純〔春台〕ガゴトキ者、コレニ似タリ。然レドモ此身此儘ニテ終ラバ、学ビ得タル屠龍ノ芸、徒《イタヅラ》ニ土中ノ物トナルベキモ惜ケレバ、拙キ筆ニテ記録シテ、筐中ニ蔵置キ、広キ世間ニ、若シ龍ヲ得ント思ン人アラバ、潜カニ是ヲ授ケテ、其ノ謀ヲ賛《タスケ》ント思フ、是純ガ平生ノ微志ナリ。……今純ハ草莽ノ民也、何ゾ敢テ賈生ガ為《ワザ》ニ倣ンヤ、

唯憤懣ニ堪ズシテ、聊胸中ノ蘊ヲ吐クノミナリ。(7)（『経済録』序）

自分が学問遍歴の果てに師とよびうる人・徂徠と出会い、そのもとで——師の冷遇に耐えつつ——長年刻苦勉励を重ね、ここにその精華を開陳する共同体運営の技術は、しかし、「屠龍ノ芸」にすぎなかった。龍殺しの武技はすぐれたわざに違いない。しかし龍は数百年に一度の維新回天の秋《とき》にしか現れないのだから、その機を逸《のが》せば「其の功を用ゆる所無し」(8)（『荘子』列禦寇篇）。しかも無用のわざとは自覚しながら、しかしその全容を記し遺して後世を俟たねば、死んでも死にきれない。その「憤懣」「胸中ノ蘊」を晴らすためだけに書き残すのだ。春台は随筆『独語』で、中世を代表する或る偏屈者の述懐を踏まえて「云ひたきこと云はぬは、腹膨るゝわざ」(9)ゆえ、言わずもがなの繰り言と知りつつあえて言うのだと前置きして当代の風俗を辛辣に風刺するが、この『経済録』自序に見えるのも、同質の屈折である。その後に続く『経済録』本文は、近世の社会工学の一水準を示す経済書としてではなく、二重三重の屈折を抱えた春台という人の「孤独」な自意識の表白として読まれるべきだと野口武彦は指摘している。(10)そこで語られる共同体構想は、徂徠がかつて六経に型の美を見出した時の知的興奮と経世への志とを失い、内攻し鬱屈する自意識のコレラートと化している。その一々の制度設計に関する提言はすべて〝言っても詮無きことだが〟という慨嘆によって裏打ちされているのである。

その春台に、「自嘲」と題する七言律詩がある。

自嘲　　　　　　　　自《みづか》ら嘲《わら》ふ
傑然清世一遺民　　　傑然たり 清世の一遺民
浪跡江湖似隠淪　　　江湖を浪跡すること 隠淪に似たり

冉冉頽齢同犬馬
翩翩才調逐風塵
居恒簡傲思狂者
遅暮寒微背故人
扣角康衢夜歌罷
可憐英気鬱経綸

冉冉たる頽齢は犬馬に同じく
翩翩たる才調は風塵を逐ふ
恒に簡に居りて　傲りて狂者を思ふも
遅暮寒うして　微かに故人に背く
扣角《こうかく》　康衢《かうく》の夜歌　罷みて
憐れむべし　英気の経綸に鬱するを[11]

（「自嘲」、『紫芝園前稿』巻三）

春台がなげこまれたのは、屈原のおかれた「濁」れる世でも、また杜甫が生きた「烽火三月に連なる」乱世（「春望」）でもなく、長い泰平を謳歌する「清世」である。だからこそなお、乱世よりもかえって自分の営為に根本的な空転の感がある。六経に就いて聖人の智慧を学ぶ自分にだけは、迫りつつある危機が見えているが、一見したところ、周囲はすべて事もなく、いかにも長閑《のどか》に静まりかえった世にしか見えないからである。しかもその中でいたずらに齢を重ね、もともと才能わずかでありながら、活躍の途《みち》を求めている。天下国家の「経綸」に志した少壮の頃の「英気」が次第に「鬱」してくるにつれて、無聊の中でのせめてものわざとしていた反骨の歌さえも、歌う気力は失われた。「傑然たり　清世の一遺民」――なんと立派な姿ではないか、四海静謐の泰平の世にあって経世にひとり意気盛んな、世に忘れ果てられたこの「遺民」は。それは内攻してわれとわが身とを傷つける「自嘲」である。もはや指摘するまでもないが、「滄浪の浜」に泣き濡れる徂徠と「清世の一遺民」と自嘲する春台とは、現実にはしこりの残り続けた間柄でありながら、詩の上では韻を同じくしている。

さらに、春台が経世の志を捨てて詩文に溺れる徂徠門の面汚しと罵るもう一人の徂徠の高弟・服部南郭にも、じつは同様の屈折があった。南郭もまた「公儀」に経世に関する上書を行なったと伝えられている[12]（『蘐園雑話』）。

その結果「殊の外難儀」があり、その後の南郭は「是より一向経済を云はず」（同前）、自分の営為を詩文のみに自己限定した。南郭の詩業は、春台がそう見たごとくの気楽な文弱の営為ではなく、そこにもやはり、徂徠門通有の「不遇」意識と韜晦とが折りたたまれているのであった。彼は詩中で「流離の子」[13]（「詠懐」一）であり、「違世の情」[14]（「春艸」）を抱き、「楚狂に似」ていた[15]（「秋懐」二）。また武家としての家柄を誇る徂徠や春台とは違い、町人出身の南郭には、もともと「御政道」に口出しできる身分ではないという階級的な屈折も存した。その南郭は「今ハ太平ナレバ礼楽ニモ及バヌコトナルベシ」[16]（『文会雑記』）、あるいは「吾徒の学を為す、固《もと》より已《すで》に世に贅疣なり」[17]（「送田大心序」）とさえ口走る。「贅疣」はいぼである。われわれの「礼楽」の学は泰平の世のできものにすぎなかった。おそらく最も鬱すること深かった詩人は、徂徠や春台は言外にほのめかすのみであった、惨憺たる徂徠学の自己総括を表白しているのである。

こうして『蘐園雑話』『文会雑記』など文壇ゴシップの類が口々に伝え、当人たちの著述の随所にも透けて見える蘐園の人々の妙に生々しい人間臭さは、思想史上の一挿話にとどまるものではない。それはじつは、哲学的人間学にして社会システムの学であるところの徂徠学の根本的な発想法や問題編成自体から必然的に出来する、存外に根の深い思想的事態なのである。

徂徠学も儒学である以上、朱子学・古義学など他の諸学派との論争は、その争点がたとえ思弁的な見解の相違にある場合でも、あくまで経書の読みの精度を争う形で行われる。そして他学派の経書の読み方に対する徂徠の根本的な批判点は、彼らがあまりにも自己の問題として経文を読みすぎるという点にあった。前節で見たように、徂徠学においては、制度職人の元祖にほかならない聖人が定め遺した経文は、どこまでも制度の問題として読まれなくてはならないのであった。

この構えは、『易経』観をめぐって特に顕著である。宋明理学の祖の一人である程伊川は、『程氏易伝』で卜筮という実践を一旦括弧にいれ、『易経』を「天地万物の情」[18]（『程氏易伝』易序）あるいは「万物の理」[19]（『伊川経説』易説・繫辞）を象徴的に示した一種の自然哲学の書として解釈した。所謂「義理の易」である。しかし朱子は、伊川が『易』の「一理を説き得た」のみでそれを「人の如何に用ふるか」を軽視した[20]（『朱子語類』巻六十七）ことに飽き足らず、「易は本《もと》卜筮の書」[21]（『朱子語類』巻六十六）と明言し、卜筮の具体的な「儀」を定めた（『周易本義』明筮・筮儀）。それは蓍《めどぎ》を揲《かぞ》えつつ「未だ可否を知らざる」案件について「神・霊に疑ふ所を質《ただ》す」ものであった[22]。朱子自身がその進退を最終的に卜筮に委ねたのは前述のとおり。この流れを受けた伊藤仁斎は、しかし結論としては卜筮を君子には不要のものとして退ける[23]（『童子問』下・第五章）。まさに晩年の朱子が逡巡した「君子の去就進退、用舎行蔵」の判断の根本的な基準は、卜筮によって示される「命」（天命）ではなく、「義」であるべきだからである（同前）。つまり、測りがたい運命によって事は成らないかもしれないが、それでも君子であるならば、正義にかなうと信じた行為は行ない、正義にそむく行為は行なわないのが当然だと、この一徹な人は考えたのである。だから占いは原理的に必要がない。ゆえに仁斎は朱子の「卜筮の易」を退け、『程氏易伝』を是とする（同前）。こうした論脈上に現れた徂徠は、しかしそれぞれに実存の重みをかけられたこれら先行の『易』論の問題系から体《たい》を躱《かわ》す。徂徠が批判するのは、伊川ほかの後儒が「先王・孔子の道の民を安んずるの道たるを忘れて」、『易』の議論が「専ら己れを以て之れを言ふ」ことである（『弁名』天命帝鬼神、一三五頁）。前節で見たように、そもそも『易経』の占いの道とは、宗教行政の観点から作為された民心統合のための巧みな仕掛けなのであった。ゆえに、君子たる「己れ」が「命」と「義」とのどちらを重んじるべきかなどといった問いを、この『易経』にぶつけるのはナンセンスなのである。徂徠の『易』論の中で、「疑沮」を抱き、占いを通じて天意を問う主体が、つねに権力の視線によって客体として囲い込まれた民であり、決して治者ではなかったことに注意せねばならない。逆にいえば、徂徠学においては治者が天意・天命を窺うべき最も手近で具体的な回路としての卜筮は放棄されているのである。

『詩経』の場合も同一軌である。『詩経』の中には道徳的に正しい詩だけではなく、伝統的には鄭・衛の民謡に比定される「淫詩」、すなわちその情念が中正を淫《す》ぎて過剰に逸脱した詩も明らかに含まれているが、朱子はそれら「淫詩」も、君子たる者がそれを読んで自己の性情の歪みを戒め正すために、あえて経中に置かれていると考えた。[24] 朱子は『易経』と同じく『詩経』も、自己を焦点として読むのである。対して徂徠の『詩経』の読みで問題になるのは、自己の「情」ではなかった。あくまで、治者たる自己とは截然と区別された民の「情」を知るための型として、『詩経』は六経中に置かれているのであった。治者である私の「情」は、そこでは問題にならない。

古代のテクストである六経を朱子や仁斎があまりにも自己の問題にひきつけて読みすぎているのか、それとも、後に揶揄されたように先人を凌がんとするに急なるあまり、徂徠がテクストの原意以上にその制度的観点を強調しすぎているのかは、暫く措く。ここで確認すべきは、以上のようにして徂徠学が、六経から、ひいては儒教の基幹部分から、治者の自己の問題系を追放したことなのである。そもそも「己れの為の学」(為己之学)を標榜した宋学の主眼は、治者の心身のケアや自己把持をめぐる思想として当時の知識人層に広く支持されていた禅学や神仙道との競合状況の中で、治者たる自己への気遣いを語っているものとして儒教の経書を徹底的に再解釈し直すという点に存した。朱子は「聖人の千言万語、只《た》だ是れ人をして人と做《な》らしむるを要《もと》むるのみ」と断じている[25](『朱子語類』巻一二一)。陽明や仁斎らその批判者たちも、人格の陶冶(「人と做《な》る」)という根本関心自体は共有する。しかしそうした朱子や仁斎の注釈を取り外し、制度の問題を語るものとして経書の全体をまた新たに解釈し直したところに、徂徠学は成立したのであった。ゆえにその問題編成において、治者の自己の問題は構造的な盲点と化したのである。

修養の成った者の、位の有無に左右されず、世間の褒貶にも動かされず、天地とともに楽しむ「胸中灑落《さいらく》」（「胸中洒落」）の境地が説かれる(26)（『延平答問』）ように、自己の問題として経文を読む宋学者たちは、為政を行ないうる立場から滑り落ちた後でも、その後の自分に工夫を加えることができた。むしろ「諫臣を優容し、言職に当たる者、必ず詆訐せられて去るを以て賢となし、習《なら》ひ以て風とな(27)」（『二程遺書』）っていた――すなわち志ある士大夫は任期をまっとうせず、直諫とともに中途で致仕するのが一種の慣習となっていた宋代の官僚社会にあっては、その後こそが、宋学の主要な関心の場面であったとさえ言いえよう。尹和靖は立身のために心にもない答案を書くことを拒んで科挙の試験場を途中退去し(28)（母は子の義気を許した）、朱子は後進の教育と述作とに没頭し、李延平はいっさいの政治的見解を緘して「頽然たる一田夫野老」のごとく隠遁した(29)（『延平集』巻三）。また徂徠のすぐそばでも、その論敵であった新井白石は、吉宗の将軍職就任により役職を解かれて事実上失脚した後、次のように人に書き送っている――人には「失意」とも見えようがとんでもない、「当代〔吉宗〕の御恩は前世〔家宣・家継〕に倍々し候事にありがたき仕合」であり、先日も子どもたちと紅葉狩りに「終日逍遥」した。「老拙今日の楽意」を汲みとって欲しいと(30)（享保七年〈一七二二〉佐久間洞巌宛書簡）。篤実な朱子学者であった白石の「楽意」は、宋学者たちが重視した顔淵の「楽」（『論語』雍也篇）をなぞるものである。

ひるがえって経書の全体をあくまで制度の議論として読み切る徂徠学は、一度為政の現場から滑り落ちた自己に対しては、加えるべき工夫をもたない。尾藤二洲は、徂徠学派を「其志ハ蘇張ニ過ギズ、或ハ嵇阮ガ放蕩ニナラヒテ一世ヲ傲睨セントス」るものだと批判している(31)（『正学指掌』附録）。朱子学を奉ずる二州からすれば儒家ならぬ法家・縦横家のものとしか見えない政策を言葉巧みに為政者に売りこみ、それがかなわぬと知ると、身を修めることもなく、嵇康や阮籍のような駄々っ子めいた「放蕩」に走り、また詩作に沈湎するばかりである。徂徠たちの行状への二洲の冷ややかな視線がおそらく正確に捉えているのは、孔子以来、あらゆる儒教的主体にとっていわば〝正念場〟である失脚後に、彼らからは修身や安分の発想が出てこないこと――正確にいえばその手の発想が原理的に封鎖されてしまっていることなのである。

# 第七節　経世論の外部

庶民ならぬ士人が天へと参ずる回路としては卜筮を排除した徂徠であるが、よく指摘されるように[1]、天は「鬼神」「陰陽」などとともに教えのための「名」へと片付けられてしまったわけではなく、徂徠にとってそれはいまだきわめて重い。しかし徂徠にとっての天は、卜筮や祥瑞奇瑞などの神秘的な啓示においてではなく、次のような卑近な場面に感得されるものであった。或る家の親爺が自分の「埒《らち》もなき家内」を見渡した時、そこには「火車《きやしや》なる姥《ばゞ》」「引ずり〔着道楽の浪費家〕なる女房」「うかといたしたる太郎子《たらうご》」「いたづらなる三男」「うゐうゐしき息婦《よめ》」「年より用に立たざる……下部《しもべ》」らが雁首揃えていることだろう。身を修めた宋学風の立派な君子・貞女などどこにもいない。しかしそれでも見捨てずに、苦労に苦労を重ねて皆を引っ張ってゆくのが「其家之旦那」の務めである（『徂来先生答問書』一七四頁）。愛おしくも凸凹な彼・彼女らは「其家の眷属に天より授かり候者共」（同前）だからである。「民之父母」たる治者も同じことである。だから将軍吉宗が『六諭衍義大意』を頒布して庶民一人ひとりを道徳的主体に仕立てようと計り、徂徠を失望させたのとは違って、彼・彼女らの埒もなさをそのまま認めた上で、時に「しかり打擲も致」（同前）して、あの手この手で皆を引っ張ってゆくほかはない。何よりその埒もなさはそのまま、徂徠が感歎の目をみはる近世の職分社会にあって、一人ひとりをその人ならではの仕事に就かしめている個性の多様さにほかならないのである。たとえば吉宗が新しく組織したいろは四十八組の町火消の気風は「火丁《ひけし》最も客気有り[2]」（寺門静軒『江戸繁盛記』三篇、天保五年〈一八三四〉）

と評された。或る若衆の雀蜂のような喧嘩っ早さ（「客気」）と、いざ出火となればいの一番に飛んでゆく火消の心意気とは同じものである。それはより固い経学上の表現でいえば、「相親しみ相愛し相生じ相成し相輔《たす》け相養ひ相匡《たゞ》し相救ふ」のが「人の性」だということになる（『弁道』一七頁）。人々の多様な個性は（とりわけ職分という形を通じて）人の役に立ちたがっており、共同性を志向している。そして「能く億万人を合して、其の親愛生養の性を遂げしむる者は、先王の道なり」（同前）。徂徠の眼前で自然発生的な分業体制が結局は商人の台頭によって真面目な農民や職人の生業を破壊しつつあるように、周到に作為された「先王の道」のもとでしか、彼・彼女らはその「性《むまれつき》」をまっとうできない。こうして民のそれぞれに相異なり、凸凹の同じからざる相貌を眺めていると、彼・彼女らを「先王の道」を運用して導いて行かねばならない治者は、彼に彼・彼女らを託した天を思い、粛然と畏れるのである。このように、民を目の前にした治者としての責任感が、徂徠の体系の中で人が天に触れる最も具体的な場面をなす。しかしならば、「先王の道」に熟しながら、天に民を託されなかったときは？――ここからが徂徠たち自身の問題なのであった。

　前節で見たように、徂徠とその周辺の人々とは、彼らを苛む切実な問題としてあるにもかかわらず、政策と制度設計をめぐる一種の技術書として捉え直した経書のうちに、自己への気遣いの問題を読みこめなくなっていた。その学の体系の中では、経世の志をもちながら、その所を得なかった自己をいかに保つかという儒教的主体に普遍的な問題は、経書解釈の範囲では、六経とならぶ正典である『論語』に、その中の孔子の生き様のみに、辛うじてその問いと思いとを投げかけうる形象を見出している。せばめられた隘路であるだけに、徂徠学の人々の孔子への思いの闌《た》けは、尋常なものではない。それがしばしば指摘される徂徠学派の孔子への「信」である。

　徂徠の「信」の対象となった古典古代の聖人たちの中で、その最後に連なる孔子は特異な存在である。堯・

舜・湯・武・周公ら他の聖人はみな王や摂政として実際の統治を行なったのに対して、孔子は為政を行なうる位を得られず、諸国への遊説や子弟の教育、そして六経の編纂に、その生のほとんどの時間を費やしたためである。この違いは、『論語』の中でも「作者」（憲問篇）たるそれまでの聖人たちに対する「述《の》べて作らず」（述而篇）という孔子独自の立場として、そして後の宋学でも諸聖人における「治統」と「道統」との一体から孔子における両者の分裂（「道統」のみを承けた孔子）として、意識されてきた。孔子は徂徠学派のみならず過半の儒教思想家に共有される「不遇」意識の原型をなしている。[3]『孝経』、『孔子家語』、『礼記』中の数篇、『史記』孔子世家など、この「不遇」な聖人の言行は古典の随所に伝えられるが、孔子の言行を伝えるテクストとして最重要視されたのはもちろん『論語』である。

　朱子の『論語集注』が、その「不遇」の中で従容と不動心を保った道徳的完全人としての孔子を読み出そうとするのに対して、徂徠の『論語』の読み方は、その未練で鬱屈した内面を剔抉しようとする読みである。たとえば『論語』開巻第一章、「人知らずして慍《うら》みず、亦君子ならずや」（学而篇）とは、朱子の解するごとくの「成徳者」の「悶ひ無き」境地（『論語集注』）を語っているのではない。それは、人君に知られず、位を得られなかった「怫鬱」を、学問への精励によって「籍《か》りて以て憂ひを忘る」君子の姿を指している（『論語徴』、三巻三七四—七五頁）と徂徠は解する。孔子の心には「怫鬱」「憂ひ」があった。ただ、その確かに胸中に存するネガティヴな情念を、「学」「習」におのずから生じる「楽」しさ（「学而時習之、亦不楽乎」）によって相殺しているにすぎない。

　さらに内向きの「怫鬱」が、外向きの矯激な「革命」への志へと転化してゆくさまも読み出されている。ある日の弟子たちとの歓談中、三人の高弟がそれぞれに述べた血気盛んな経国の志にではなく、曾点の「沂に浴し、舞雩に風じ、詠じて帰らん」という一見長閑《のどか》な志に、孔子は与《くみ》した（先進篇）。それは、朱子が解するごとく、孔子がその言葉に「人欲の尽きる所、天理流行し」て、「直《じか》に天地万物と上下同流し、各《をのをの》其の所を得るの妙」[4]（『論語集注』）を、つまりは程明道が語るような涼やかな「万物自得」の境地[5]を、見たからではない。「狂者」曾点の志は「革命」にあり、言挙げするのが諱まれたから、「微言」したのだと徂徠は解する（『論語徴』、四巻四七六頁）。そして孔子は曾点の韜晦を見抜き、深くそれに嘆息しつつ、同意した。そこには孔子の秘められた「革命」への志もまた、読み取られている。また最愛の弟子・顔回が夭折した際の孔子の身も世もない悲泣（先進篇）も、やはり潜勢し伏流する革命への志との関わりから解釈されている。つまり、殷の湯王に伊尹が、周の武王に太公望がいたように、革命の際には、「毘輔《ひほ》」（『論語徴』、四巻四五八頁）、すなわち王を佐《たす》ける臣が必ずそばにいた。もしも孔子が命を革めるべき主体だとしたら、その王佐の臣は顔回以外に考えられない。しかるに、その顔回はいま、取り返しようがなく喪われた。ということは、「顔氏の死、天意知るべし」（同前）。天は自分に革命を行なわせる意思はないのだ、と孔子はあらためて痛感し、嘆いたのだと徂徠は解する。

　太宰春台も同じように『論語』を読んでいる。春台は「鳳鳥至らず、河、図を出ださず。吾已《や》んぬるかな」（子罕篇）を、孔子の「絶望の辞」と断定する[6]（『論語古訓外伝』巻九）。「絶望」は春台の孔子観の基調をなしている。「仲尼既に当世に絶望すといへども、然れどもなほ斯《こ》の民を忘れず、一に康《よ》くこれを済《すく》はんと欲す」[7]（『老子特解』序）。「当世」への「絶望」と、それゆえにもどかしく内攻する「済民」への思いとは、先に見た『経済録』において春台自身が表白するところにほかならなかった。

　以上のように、『論語集注』風の超然たる孔子ではなく、人間臭く未練な孔子を読み出そうとするのが、徂徠学派の『論語』の読み方の特色である。そして、このように『論語』を読んでゆくことが、単に中立的な読解作業ではなく、徂徠学派の人々の自己への気遣いと連動しているということの証左は、孔子のこの未練というならば未練な生き様が、彼らの自己の語りに一定の型を提供しているという点にある。孔子は「五十にして天命を知」った（為政篇）。それは徂徠の解では、周の制度における任官のおおよその年齢上限が五十歳（「五十乃爵、命為大夫」、『礼記』内則）なので、その年齢になってもなお官位を得なかった孔子は、自分への天の「命」が、治者として「先王の道」を実践することにではなく、学者として「先王の道を後に伝ふる」ことにあると悟った、という意味である（『論語徴』、三巻四一四頁）。「先王の道を世に行ふは、命なり。先王の道を人に伝ふるは、命なり。唯《た》だ命の同じからざるのみ」（『論語徴』、三巻三七四頁）。技術を実践する為政者たることだけでなく、技術を後世に伝える教育者・研究者たることも、「君子」の重要な役割の一つであり、後者もまた卑下することはない天の「命」、胸を張るべき重要な任務である。とはいえ、そうした「天命」の自覚にはやはり苦い断念が存する。『弁道』自序(8)で徂徠が印象的に述べる「五十の年」という自らの年齢への述懐は、この孔子の「五十知命」を踏まえたものである。

予、五十の年既に過ぎたり。此《こゝ》にして自《みづか》ら力《つと》めず、宛として其れ死せば、則ち天命其れ何と謂はん。故に暇日輒《もつぱ》ら論著する所ありて、以て天の寵霊に答ふ。（『弁道』一二頁）

『弁道』執筆当時五十二歳の徂徠に、「五十の年」がひとつの区切りとして意識されるのは、孔子の「五十知命」が念頭にあるためである。そして徂徠自身の「知命」もまた、孔子と同じく、治者ではなく学者としてのそれであった。六経の整備補訂と、後進の教育というそれなりにやりがいのある仕事にうちこんで、「籍《か》りて以て憂ひを忘」（前掲『論語徴』）れつつ「五十」以降の生を送るのは、孔子であり、同時に徂徠である。極言すれば、『論語徴』に孔子の生き様を読み出してゆくのは、そこに徂徠自身の生の形をなぞってゆく過程であったとさえいえよう。かくて自己自身のこととして徂徠が『論語』を読んでいるのが最も明瞭なのが、有名な

「川上の歎」の章（子罕篇）である。徂徠が明瞭に朱子学から訣《わか》れ、所謂「徂徠学」に開眼したのは、最も早く見積もっても、四十代の後半のことであった。前掲の『弁道』の述懐にも揺曳するように、徂徠にはつねに〃遅すぎた〃という焦りがあった。「逝く者はかくのごときかな、昼夜を舎《を》かず」という孔子の「川上の歎」は、徂徠によれば、朱子のいうごとく行く川の流れに「道体」を、すなわち世界の流行の神秘的な実相を透見したというのではない。それは「年歳の返すべからざる」ことへの、つまり去った年月は帰ってこないという平凡な事実への、しかし深い深い「歎き」である（『論語徴』、四巻三九四頁）。それは誰にでもある「常人の情」（同前）なのであって、朱子の解のごとくの、聖人のみに許された神秘的な啓示や法悦ではない。このように解することは、聖人をわれわれ「常人」の水準へと引きずり下ろす不遜にはあたらない。「吁《あゝ》、聖人も亦《また》人なるのみ、豈《あ》に人に遠からんや」（同前）。このように徂徠はその述懐の或る意味での平凡さと、それゆえの普遍性をしきりに強調する。ここで「聖人」孔子とともに、平凡でありながら残酷なその事実に「歎」じている「常人」とは、徂徠自身にほかならない。

春台の自己語りもまた、治者たりえなかった学者としての孔子の姿をなぞる。

惟《た》だ士　苟《いやし》くも先王の道を学びて、しかも時に遇はずんば、則ちまさに命に安んずるべきなるのみ。……故に純、日夜孳孳《じじ》として聖人の書を読み、先王の道を求め、得る所有れば、則ちこれを識《しる》して人の問ふを待つ。然れどもなほ時に紕繆有りて以て後生を誤《あやま》つを恐る。純、敢て道を以て自任せず。(9)（「与会夫兄弟書」）

「先王の道」を学んでしかし時に遇わず、「命」に安んずる「士」の生き様のモデルを作っているのは孔子の生き様である。「故に」人君に用いられなかった春台は、それに倣って「先王の道」を孳孳として参究し、その精華を書き残して、後世の知己を待っている。つまり、学者として生きている。そこにはもちろん含蓄深い「先王の道」に「遊漫」し、その蘊奥に分け入ってゆくという学問それ自体の楽しさはあるものの、当世に知己をもたぬことの寂しさはぬぐえない境涯である。ただし、孔子に倣いつつも、孔子が窮地にあって「文茲《こゝ》に在らざらんや」（『論語』子罕篇）と絶叫したような「道を以て自任する」不遜を、誤り多い凡人である自分はあえてしないと春台はいう。春台には『聖学問答』『経済録』『弁道書』といった経世に関わるその主要な著作群とは性格を異にする、『論語古訓』『論語古訓外伝』『古文孝経』『孔子家語増注』といった孔子の肉声を伝える「孔子之遺文」[10]（『孔子家語増注』）の保存・顕彰を目指す一連の著作群がある。その仕事を貫いているのは、「愚、仲尼を信ぜり」[11]という孔子への信である。

経世の志と技術とを十分にもった自己と、しかしそれを活かしうる「革命の秋《とき》」（『論語徴』、四巻四七七頁）ではなかった、彼を取り巻くその時勢。これが徂徠学派の『論語』の読み方を導く根本原理であり、同時に彼ら自身の実存感情の構えでもあった。不遇な君子の慷慨という、儒教的主体にとってはむしろありふれたこの構えのもう一つの対応物は、徂徠が「偶作」詩で屈原の『楚辞』を踏まえ、南郭が陶淵明に憧れたように、伝統的に詩――、それも『詩経』の匿名の民衆詩ではなく、その後の、君子の固有名とその「不遇」な人生とともに記憶され、吟詠され、鑑賞される詩である。

徂徠門下で、最も自覚的に、そして最も徹底的に詩へと自分の仕事を自己限定したのは服部南郭である。南郭の詩は、日野龍夫が分析するように、江戸の眼前の現実には目を向けずに、漢魏六朝の古詩の語彙と詩趣とを用いて、想像の中で古詩中の人物になりきることを原理としている。[12]日野がその詩境の象徴として「壺中天」を挙げるように、せわしない江戸の現実の中で、それらとはいっさいの交渉をもたない自閉した小さな一世界を空想の中に作り上げ、そこに逃避することが南郭詩の根本的な構えをなす。しかし、のどかな田園を賛え「桃源郷」を夢みた陶淵明が、時に「馳《は》するを得」なかった志への「悲悽」に間睡《まんじり》ともせず明かす夜をもったように、[13]南郭の自閉した「壺中天」の外部も、折に触れてその著述に露見する。すでに南郭にも師譲りの経世の志が存したことを前節で触れたが、こうした伝記的な水準のみでなく、南郭自身の行論中にも、或る慷慨を看取することができる。

三百篇〔『詩経』〕を始めて、漢魏六朝の古詩楽府など、皆一例に風雅の情と申すものにて候。風雅の情とは、我が身に罪もなきが、君親などに思ひ捨てられたるを、何ほど苦にいたし候ひても益無く候はんに、孟子の所謂恝なると申す様に、君親のいたらざるは是非なし、我が身さへ誤りなくばそれまでよと思ひとり、さらさらと明らめ苦にもせざる者あらんに、後世理屈の上にては、愚痴にもなきよき合点よと申すべきことなれども、詩人の情はさにはあらず。益なきことは我も知りて思ひかへし思ひかへしすれども、ひたと心にかかり、悲しみ憤りも出で候余り、其の情を詠歌して、せめて君親の万一も思ひかへし、人もあはれと感ずるように、諷諫にも用ひ候こと、是れ則ち風雅の情にて候。[14]（『燈下書』享保十九年刊〈一七三五〉）

南郭が『詩経』から、まさに晋末の陶淵明も含む「漢魏六朝の古詩楽府」までのあらゆる詩の根本情念としている「風雅の情」とは、「君親などに思ひ捨てられたる」君子の「悲しみ憤り」である。たとえ上位者の不興を買って位を逐われた場合でも、自己自身を顧みて非がないならば、「さらさらと明らめ苦にもせざる」涼やかなありようこそが、士君子としての最高の理想である。まさに「後世理屈」の塊である宋学者たちは、とりわけ「一簞の食、一瓢の飲、陋巷に在」った顔回の「楽」（『論語』雍也篇）をその理想の一つの体現と捉え、[15]自らその理想に向かって修養を重ねたのであった。しかし、「詩人」はそれではすまない。あるいは、それではすまない者が「詩人」なのである。布衣《ほい》貧中に処《お》るも、吾が身を省みて咎《とが》無ければ、従容と命に安んじ貧を楽しむのみ――それが人間の生き方の無欠の理想であること、それゆえそこからはみ出す〝なぜ〟という「愚痴」など「益なき」もの、口に発するを待たずのみこんでしまうべきものであることなどは、わかっている。しかし、その理想の清らかな生に対する膿のごとき「愚痴」あるいは「悲しみ憤り」が、「思ひかへし思ひかへしすれども」、「ひたと心にかかり」、それを表出せずにはいられないのが「詩人」なのである。言うならば、士君子が士君子であるために拭い捨てるべき残余を拭いきれぬ者が「詩人」であり、また「風雅の情」「詩人の情」とは、膿のごとく鬱積した君子の生の残余をこそ指すのである。南郭は「喜怒色にあらはさ」[16]ぬ温厚な人柄であったと伝えられるが、その詩の根本である「風雅の情」「詩人の情」とは何かと反省したとき、答えとして得られたのは、無辜の不遇に発する「ひたと」心を離れない「悲しみ憤り」という、平生の温厚さには似つかない慷慨であった。南郭の「壺中天」もまた、「桃源郷」と同じく切実な慷慨に縁どられているのである。

その遺稿の編纂を徂徠自らに命じられ、毎年の束脩（謝礼）が一五〇両にのぼる[17]（『先哲叢談』）ほどに多くの門弟をもち、広く読まれた『徂来先生答問書』に序を付した南郭は、実質的に徂徠の後継者であった。逆に太宰春台は、南郭を中心に詩文に流れる徂徠門下の気風に危機感を覚え、自身が徂徠学の真髄と信じた経世第一主義の立場から、師にも直諫を行なった。その直諫は、門下の個性の多様さや、また「風雅文才之のびやかなる」（『答問書』二一二頁）を好む徂徠の容れるところとならず、かえって春台自身が疎まれる結果に終わった。もともと朱子学を学び、京都堀河の伊藤東涯の講筵にも列し、学問遍歴を重ねてきた春台が、正しい「道」を保持するただ一人の師と信じた徂徠に冷遇されたことは、その屈折をいよいよ深めた。南郭に宛てた書簡の中で、君が先生に愛され、詩文を称えられること多かった同門の「翹楚」（俊英）であるのにくらべて、先生の自分を見る目はいつも「碌碌」たるもので、「鶏肋」（捨てるには惜しい厄介者）視されていたと春台は語っている[18]（「与子遷書」第三書)。もちろんそこには、同門の朋友への手放しの脱帽ではなく、これまで見てきた春台のテクストに纏綿していたのと同質のとげとげしい敵愾心と自嘲とがある。

その春台の詩論は、基本線は徂徠に忠実なものであるが、詩文派、すなわち南郭一派を駁そうと、独自な見解を表明する場合が散見する。春台は六経の詩、つまり『詩経』および他の五経中に含まれるいくつかの詩(『書経』の「撃壌」「元首股肱」など)と、『楚辞』以降の後代の詩とを截然と区別する。要するにそれは、明確に共同体運営のための役割(風刺・風化)を果たす六経中の質朴な詩と、個的な述懐と技巧とに流れる後代の詩との区別である。そして前者の六経中の詩のみが、「天下の中正に極まる」あるべき詩であり、それ以降の後者に属する詩は、基本的にみな詩の頽落と見る[19](「詩論」)。君子たらんとする者は、もちろん孔子が「経」とした『詩経』は必ず学ばねばならないが、「滑稽優辞」にすぎない「騒賦」[20](「文論」七)、つまり過剰なレトリックに溺れた後代の詩賦は「学ばずして可なり」(同前)。それどころか、「ただに学ばずして可なるのみならず、また読まずして可なり」(同前)。なんとなれば、『詩経』はみな別に「事業」(「詩論」)あるアマチュアの作であって、それゆえに「天性」(同前)に出た質朴さをもっており、同時に治者の民情察知にも有用な〝健全〟な詩であったが、屈原以降、特に白居易や李白が出た唐代をひとつの分岐点として、ほかに「事業」をもたない専門詩人＝「文人」が簇出し、プロであるだけにその「技を粥《う》らん」(同前)として技巧はますます巧みになったが、表現は華美に流れ、風俗の頽廃に資するばかりとなったためである。この詩の頽落とともに生じた専門詩人、「文人」とは何者か。それは畢竟、共同体にとって有為な事業に従事せぬ「国の蠹《と》」、つまり国家に寄生する木喰い虫・紙魚《しみ》の類いではないか[21](「文論」一)。以上の反・文人論はもちろん、近世最初の文人・南郭を仮想敵としたものである。南郭の詩観が、基本的に個的な悲憤の表白とみるものであり、『詩経』三百篇をも君子の鬱屈した内面の表現と捉えていたのと対照的に、南郭を駁せんとする春台は、明確に制度としての詩をあるべき詩と見、ゆえに『詩経』を民情察知の具として、制度的観点から捉えている。春台にとっては、制度と不可分であるかぎりにおいてのみ、詩はあるべき詩としてありうるのであった。国家の用に立たない詩人の析出を許さない春台の立場は、民の「情」を共同体の内部に回収し続ける徂徠学の制度的な『詩経』観（前節）に忠実である。

かくて、南郭への対抗意識から、詩はあくまで政治制度のコレラートでなくてはならないと主張する春台であるが、その実、春台ほどに、個としての内攻する情念のはけ口が必要な人物もまた、いなかったであろう。人君に用いられないという徂徠と通有の歎き（「我の如く、徂徠先生も其の術を一験するを得ず。豈に天に非ずや[22]」、「復備前湯浅之祥書」第二書）に加えて、その徂徠自身にも「鶏肋」視されるという二重の鬱屈が春台には存した。そして春台は、ほんとうに自身の詩論に忠実だっただろうか。

前節に見た「自嘲」詩のみでなく、長大な「序」の付された「悼亡詩[23]」も注目される。その序にいう。

余生まれて人に過ぐるの才能無し。是を以て年四十に垂《なんなんとす》るに、いまだ嘗て人に知られざるなり。（「悼亡詩」序）

春台という人につきまとう不遇・孤独の感覚である。ただその中で、「謬《あやま》りて」、つまり買い被りだが、「我を知る」人が三人だけいた。一人は幼年の頃からの儒学の師、中野撝謙。次は、浪速の僧侶岱兆。そして三人目は、友人の義母で、春台を「非常の人」と褒めちぎり、彼を「子の如く」愛した「浅見氏」である。もちろんここで、徂徠先生を「知己」の一人に数えこめないことそのものが、春台の鬱屈である。しかるに、この得がたい「知己」の三人が、相続いて没した。

享保丙申〔享保元年〈一七一六〉〕に、浅見氏の歿するより、その明年、兆公浪華に歿す。又三年して、完翁〔撝謙〕歿す。五年の内に、我を知る者殲《つ》きて遺《のこ》ること無し。哀しきかな。純の碌碌の資を以て、而るに国士を以てこれを待する者の三人あるは、不遇と謂ふべからざるなり。然れどもその人皆、久しくは世に在らず。純、いまだ老いずして尽《ことごと》くこれを喪ふ。則ちこれ不幸なり。嗚呼、伯牙絃を絶ち、匠石斤《をの》を釈く。誠なるかな、知己の得難くして失ひ易きや。ここにおいて「悼亡詩」三章を作る。（同前）

三人の「知己」がいるあいだは、師をはじめほとんどの人に認められなかったとはいえ、自分は「不遇」ではなかった。しかし今、その三人は立て続けに喪われた。自分はいま、紛うかたなく「不遇」であり、また「不幸」である。なぜか。その問いを投げかけうる対象は、天のみである。五言古詩の形式によるその詩本文では、まさに知己の喪失と天への慨嘆とが、章末ごとにリフレインされる。

知己難再遇　慷慨乎蒼旻　　知己　再び遇ふこと難し。蒼旻に慷慨す。

……

知己難再遇　歔欷涙縦横　　知己　再び遇ふこと難し。歔欷するに涙　縦横す。

……

知己難再遇　揮涙仰穹旻　　知己　再び遇ふこと難し。涙を揮《ふる》ひ穹旻を仰ぐ。

「蒼旻」「穹旻」はともに天の意である。春台はここで、「歔欷」（すすり泣き）しながら天を「仰」ぎ「慷慨」している。ここで、春台が民の超越への訴えを『易経』によって封じ込め、その個的な情念を『詩経』によって統御する徂徠学の共同体構想の最も忠実で、また最も戦闘的な護持者（「蘐園の禦侮」）であったことを想起しなくてはならない。春台は『経済録』で、鉱山開発のための卜筮の活用策を説いている。すなわち、鉱産資源の豊富な山は大抵霊山として地元で崇敬されているため、祟りを恐れる地元民をその開発に動員しがたい場合が多い。そこでまずは卜筮によって山神の意を問い、「民人ノ心ヲ易ク」したうえで開発を進めよというのである。[24]この卜筮の手続きを踏めば、国君は秩父の金峰山のみならず、「何《いづ》レノ山ニモ入ラルベシ」。要するに、根強い土着信仰によって開発が阻まれている地方の自然に対して、卜筮の仕掛けを通じて治者がその信仰の流路を統握することで、安んじてその資源を全体のために徴発できるようになるというのである。これはもちろん、卜筮を通じて民の超越に対する観念領域を統握するという徂徠の『易経』論の、具体的場面への忠実な適用である。この手の行論において、徹底的に政策的観点から見られている（ゆえにその実在については括弧入れされている）超越と、「悼亡詩」において春台自身が涙を揮って仰ぐ「蒼旻」「穹昊」とは、明らかに別のものである。あるいはまた、春台自身の天への慷慨を表白したこの「悼亡詩」と、『六経略説』で「サレバ政ヲスル者ハ、民情ヲ知ルコトヲ務ムベキナリ、今天下ノ尊位ニ居テ、万民ノ情ヲ知ント思ハバ、詩ヲ学ブヨリ善キコトナシ、詩ニハ天下ノ人情ヲ尽セレバナリ[25]」と、明確に治者が民情を察知するための具として捉えられた詩とは、明らかに質を異にしている。民の詩と祈りとを操作対象としてのみ見る治者としての怜悧な言論とは別のところにひそやかに表白された、春台自身の深い内奥に関わる詩と祈りとは、むしろあれだけの徹底的な批判を加えた南郭の詩論に同じてしまっている。

　以上に存する問題は、最も俯瞰的に見れば、次のようなものである。すなわち、朱子学や仁斎学における自己への関心の集中を批判する徂徠や春台らは、経文解釈にせよ、時務策にせよ、あらゆる問題を現実と制度とのシンプルな二項関係へと収束させようとした。朱子学・仁斎学が重視した自己への気遣いや個人的修養の問題圏は、元来の儒教にはなく、宋代における禅学や道教の密輸入にすぎないものとみられた。しかるに、そこにはことの必然として、その二項におさまらない第三項の問題、すなわち制度を現実に適用し、運用するところの治者の自己の問題が再噴出したのだった。その第三項たる治者の自己の問題とは、純粋に技術的な問題へと還元してしまうことのできない（民情を純粋に技術的な問題に還元するその構え自体の是非はここでは措く）、生きがいや詩や宗教に関わる〝繊細の精神〟の問題である。この治者の自己の問題が、徂徠学派の思想テクストにおいては、もてあまされたままで投げ出されているのである。

# 第八節　国儒論争の発端

以上五節にわたって、徂徠学派の経世論と、その外部とのありようを通観してきた。本書の次の課題となるのは、人的交流のうえでも思想内容のうえでも〝影の徂徠学派〟とよばれるべき国学者・賀茂真淵の思想において、かかる構えがどのように引き継がれ、どのように一定の解決を果たされたかである。ただし、真淵の思想に立ち入る前に、国学が党派性を帯びた思想運動として近世中後期の思想界に立ちあがってくる決定的な契機となった太宰春台の『弁道書』（享保二十年〈一七三五〉刊）の意義について、一瞥を与えておかなくてはならない。

大抵の近世日本思想史の通史的記述で、徂徠学派の次に置かれる国学は、基本的に反・儒教を旗印とする思想党派である。中でも太宰春台の『弁道書』に対する国学者たちの反発は激烈なものである。名指しで『弁道書』の「妄」を「呵《しか》」る平田篤胤の『呵妄書』（享和三年〈一八〇三〉）のみでなく、小笠原春夫によれば[1]、賀茂真淵の『国意考』と本居宣長の『直毘霊』という前期国学の二大最重要文献までもが、『弁道書』への反駁を目していている。世は、師弟間の伝授・筆写によって思想テクストが授受され、門外漢にはその内容を窺うすべもなかった中世ではない。木版印刷技術と商業出版の発展により、さまざまな思想テクストに相対的に自由に触れられるようになっていた近世の、それも中・後期である。この一種の思想の開放状況の中で、他の儒者・他の儒教文献ではなく、とりわけて春台の『弁道書』が、国学者たちに目の敵にされるのは、いったい何故か。激昂した神道人たちは『弁道書』の公刊の後、その「板本〔版木〕ヲ打チ破リ度由《たきよし》」を寺社奉行に訴え出さえしたのである[2]（『文会雑記』）。それは最も端的には、春台の『弁道書』が神道の真理性をきっぱりと否定したためである。そしてこの否定は、春台が先に見た徂徠学の問題機制に忠実であることから、必然的に出来する否定であった。儒教の立場からの神道の否定という春台の主張が国学者たちからの集中砲火を受けたのは、春台以前の近世日本の儒者は、基本的に神道を否定しなかった――あるいは少なくとも表だってその否定を口にしなかったからにほかならない。ノスコが「十七世紀の中国学と日本学とはより巨《おお》きな一つの「学問」の世界の構成要素にすぎず、それゆえ儒教研究は日本史の研究、それどころか神道神学の研究のような、一見かけ離れた主題とも問題なく共存しえた[3]」と述べるのはきわめて的確な概観である。それが十八世紀に入ると「中国研究からの日本研究の分化」と中国思想との「思想市場での競合」、さらにいえば「日本研究の漸時の狭小化」が生じると彼はいう（同前）。まさにその火付け役が春台の『弁道書』だったのである。そこで「弁道書の波紋[4]」を正確に測定するためには、まず『弁道書』までの近世日本の儒者の平均的な神道観を通覧しておく必要がある。

近世儒教と神道との関係は、基本的に古代・中世における仏教と神道との関係に擬えて捉えることができる。それは所謂普遍思想と基層信仰との関係、すなわち大陸由来の普遍的・合理的・包括的な思想体系と、日本の風土・歴史に密着し、思想教説というよりは生活習俗として生きている信仰との関係である。古代・中世の僧侶がおおむね神道に肯定的で、積極的に融合をはかった（神仏習合）のと同様、徂徠までの近世日本の儒者は、基本的に神道に対して肯定的であり、やはり融合をはかった（神儒習合）。儒者たちが両部神道のような中世的な神仏習合神道を妄説として批判するのは、神道を長い仏教との融合状態から引きはがし、それを自陣営へと取り込もうとする意図に基づいている。

なにゆえ、神道がかくも近世儒者たちに好意的に見られたのか。そこにはいくつかの理由が想定される。その一つは、日本朱子学における実践・儀礼面の貧弱さである。近世日本の儒者は、朱子学の理論については「泰平の世」を説明し正当化する論理として旺盛に学び、摂取したが、その儀礼を導入することはできなかった。政庁での儀礼は戦国時代以来の武家の軍制に基づいて行なわれていたし、また家庭における儀礼についても、その核心をなす葬礼について、仏式で行なうべきことが、切支丹の跋扈を恐れる幕府に厳命されていた。前者の公的儀礼について朱子学的儀礼を導入しようとした代表的人物は新井白石であり、後者の儒葬の代表的な実行者は野中兼山であるが、ともに公儀・世間双方からの強い反発により、その朱子学的儀礼の導入は失敗に終わっている。[5] 仏式ではない朱子学の「礼」は、折々に「邪宗門」すなわち切支丹ではないかという嫌疑の目で見られた。しかし中江藤樹や山崎闇斎のような宋明理学の熱心な研究者ほど、その根本問題が理屈にではなく実践にあることがわかってきて、いわば実践への渇きが生じてくる。そして藤樹が「持敬」の実践として伊勢神宮の参拝を行ない、闇斎が実践体系としての垂加神道を作り上げたように、神道は、実践に渇いた日本の道学者に対して、格好の対応物として現れた。[6] 確かに禊祓・清浄・物忌《ものいみ》など、神道は儀礼を、しかも日本の社会に十分に定着し、践《ふ》み行なったとしても周囲からの白眼視をまぬかれうる儀礼体系を、提供していた。

さらにいっそう根本的なもう一つの理由は、朱子学そのものの思想的特質としての普遍包摂性である。その包摂的な感覚から、朱子学の形而上学的な体系と、日本神話とが、結局は同じことを語っていると捉えられたのである。山崎闇斎は「易は唐の神代巻、神代巻は日本の易ぢや」[7] と述べたと伝えられる。『易経』が含む形而上学的・自然哲学的思惟をより体系的に敷衍したものが、宋学の根本的な理論枠組を形成する『太極図説』（と、朱子によるその『解』と）であるが、この『易経』—『太極図説』という「唐」での世界の普遍構造の表現と、世界のはじまりについての古代日本の思惟を伝える『日本書紀』神代巻とは、闇斎にとっては、同一の構造の二様の表現と捉えられたのである。このように近世の朱子学者たちに『易経』ないし『太極図説』と、日本神話とが同一視されるのは、神道の側にも原因があった。『日本書紀』神代巻自体が、その冒頭から「古天地未剖、陰陽不分、混沌如鶏子」と「陰陽」「混沌」等の「唐」の自然哲学的範疇を援用することに明白なように、日本の古代神話が（少なくともその語りが）もとより「唐」の思想の影響下に成立しているうえに、中世後期以降神道界の（神話解釈上も、制度上も）主導権を握った吉田神道は、朱子学的要素を取り入れた神道であった。近世の儒者たちは、この吉田神道の解釈枠組みを通じて古代神話を読んだのである。こうした背景から、朱子学の諸範疇や概念操作を学んだ近世日本の儒者たちの眼に、日本神話がそれと同一の構造を別様に語っているだけだと見えたのは、きわめて自然なことであった。『日本書紀』神代巻における最初の神である国常立神は、『太極図説』にいう世界の起源の「太極」あるいは「無極」に相当し、「太極」が分化した「両儀」すなわち「陰陽」は、伊奘諾《イザナギ》尊・伊奘冉《イザナミ》尊の男女二神に相当する。さらに、男女二神が交合して山神、水神、風神、木神、火神ほかの自然神を産んだのは、ちょうど「陰陽」が木・火・土・金・水の「五行」に分化するのに相当する。こうした読み方である。

では、なぜ海を隔てた二地域の開闢説や自然哲学が一致するのか。林羅山や熊沢蕃山のように、日本は『論語』中で「至徳」（泰伯篇）と讃えられる呉の泰伯（周の文王の叔父）が渡海してきて建国されたとの説（呉泰伯説）をとり、実体的に大陸から日本へ伝播したのだと考える立場もあれば、山崎闇斎のように、世界の真理構造は一つであるから、大陸の開闢説も、日本の開闢説も、ことがらを正しく言い当てればおのずとそこに神秘的な「妙契」が現れるのだという立場もある。どちらの立場をとるにせよ重要なのは、春台までの儒者たちにとって、日本神話が含む思惟の、儒教の思惟に対する異質さが意識されなかったことである。もとより朱子学の概念枠は、基本的にあらゆる対象に適用可能な、きわめて強い包摂力をもったものである。彼らにとっては、日本神話は朱子学の枠組みにすっぽりとくるまれて、いささかもはみだすところがない。同一の構造とはいえ、闇斎が神代巻の語りは「嬰児」のようだと言い[8]、蕃山が「神書」は「寓言の様よろしからず」と言うように[9]、実質的には「近世」的な透徹した論理性をもった朱子学に、古代的な晦渋さ・幼稚さのままの日本神話が包摂されるのであって、その逆ではない。こうして羅山が「神道と儒道と」は「理一なるのみ」と述べるように[10]、実質的には儒主神従の非対称な力関係のもとに、儒教が説く「道」と神道の「道」とは同一ということになる。

儒家神道を唱える朱子学者の中には、本音としては朝廷・幕府双方の公的制度下に組み入れられた宗教であるうえに、地域社会に根強い支持基盤をも有する基層信仰との積極的な対決・摩擦を避けたかっただけの者も、中にはいたことであろう。またあるいは山崎闇斎のように、旺盛な知的関心と求道者的な情熱とをもって神道に深入りしてゆく者も、一部にはいた。ともあれ曖昧な妥協のゆえであれ、日本の古えのうちに自ら真理と信じた朱子学と同質のものを発見したという知的昂揚のゆえであれ、彼らの口から神道の否定が語られることはなかった。

春台の『弁道書』の新しさは、近世中期にはすでに思想界の常識と化していたこの儒教と神道との曖昧な融合状態を、原理の上から潔癖に否認した点にある。

春台が神道を明確に否定したのは、ひとつにはその「直言を好む」[11]個人的な生質のゆえであるが、より根底的には、徂徠学そのものの思想的構えのゆえである。すでに徂徠が「神道ト云コトハ、卜部兼倶ガ作レル事ニテ、上代ニ其沙汰ナキコトナリ」(『太平策』四五一頁)と指摘していたが、春台もこの師説を敷衍して、当時思想的にも制度的にも支配的な神道教説であった吉田神道の虚構性を衝く。

此〔神道の〕建立は真言宗の仏法渡りて後の事と見え候。吉田家の先代卜部兼倶より世に弘まり候と見え候。兼倶は神職の家にて仏道に種種の事あるを見て羨しく思ひ、本朝の巫祝の道の浅まなるを恥ぢて、七八分の仏法に、二三分の儒道を配剤して一種の道を造り出し候。いはゆる牽強付会と申物にて候。[12]（『弁道書』）

「七八分の仏法に、二三分の儒道」の合揉とは、吉田神道の思想的内実についての、それなりに当を得た分析であるといえよう。後に春台と敵対した国学者たちも、この点については春台に同ずる。吉田神道の、個々のテクストの歴史的来歴や固有性を度外視し、儒・仏・神三教が共有する世界の普遍構造の存在を前提として神話を解釈するきわめて中世風な知的態度は、彼らのともに退けるところであった。春台と国学者たちとが袂を分かつのは、神話から吉田神道の三教一致的・習合的な解釈を排した、その後である。国学者たちが付会的解釈を排した後に、つまり後代の解釈を排した神話そのものに、たしかな「道」が存すると考えたのと対照的に、春台は「七八分の仏法に、二三分の儒道」という言い方にすでに明らかなように、中世風の諸思想のごった煮を取り去った後には、神道独自のものなど「一分」も残らないと考えたのである。

『古事記』や『日本書紀』神代巻の神話が語っているのは、儒教渡来――『日本書紀』では応神天皇十六年、博士・王仁の百済からの招致を機とする――以前の日本の原始の姿である。国学者たちにとっては、「漢意《からごころ》」によって汚されていないだけになおさら、そこには日本の純粋な「道」が存したということになる。また儒家神道家たちにとっても、呉の泰伯による周の文物の輸入によってか、あるいは「妙契」によってか、儒教の思想教説ほどにはその表現は洗練されていないとはいえ、そこには確かに人倫の「道」が存したということになる。しかるに、ひとり春台にとっては、儒教渡来以前の日本は、いかなる意味でも「道」など見当たらない、「禽獣」の世界にすぎない。

礼義といふこと無かりし故に、神代より人皇四十代〔天武天皇〕の比までは、天子も兄弟・叔姪、夫婦になり給ひ候。其間に異国と通路して、中華の聖人の道此国に行はれて、天下の万事皆中華を学び候。それより此国の人礼義を知り、人倫の道を覚悟して禽獣の行をなさず、今の世の賤き事までも、礼義に背く者を見ては畜類の如くに思候は、聖人の教の及べるにて候。[13]（『弁道書』）

国学者のみならず、一部の儒教的人士をも憤慨させたのは、実に右の一節であった。要するに、原始日本には婚姻秩序すらなく、近親婚を含む野蛮な乱婚が行なわれており、その「禽獣」「畜類」に等しい野蛮状態は、「中華」の「聖人の道」の導入によってはじめてまともな人間世界へと引き上げられたというのである。真淵や宣長が上代日本の婚姻制について熱心に研究するのは、この春台の見解を駁して〝古代日本に明確な婚姻秩序はあった、ただそれが大陸の婚姻制とは別の論理によって編成されていただけだ〟ということを証明せんとしてである。たとえば春台の『聖学問答』での挙例に従えば、日本武尊が大叔母の両道入姫《ふたじのいりひめ》を妻とし、敏達天皇が妹の豊御食炊屋姫《とよみけかしきやひめ》（後の推古天皇）を妻としたのは『書紀』記載の事実であるが、それは原始日本における性の無秩序を証拠だてるのではなく、異母兄弟間の婚姻を制限しない（逆に、同母兄弟の婚姻は厳しく禁止し、処罰する）という秩序の所在をこそ、証拠立てる。真淵や宣長はこのように反駁したのだった。

世の趨勢としての儒教と神道との曖昧な馴れ合いに同調することができず、相当な波紋を及ぼすことがもとより自明な右の発言を、春台があえてしたのは、それによって師に疎まれもした、彼自身の「直言を好む」性分のゆえである。本居宣長は、その主張内容に対しては激烈に反駁しつつも、「予が心には、太宰こそ真の儒者とは思はるゝ也」[14]（『講後談』）と、その妥協を許さない姿勢自体は高く買っている。曖昧な妥協に泥むことなく、自分が正しいと信じたことはあえて直言する、またその結果としての孤立を甘んじて受け入れるというのは、春台という人の美質であっただろう。宣長はその不器用なまでの知的誠実さ自体は、それとして認めるのである。同時にそれは、宣長自身がみずからを律した知的態度でもあった。

とはいえ、春台に至って儒教と神道との蜜月状態が破れ、儒教の立場からの明確な反‐神道の主張が出てきてしまうのは、春台の個人的性向よりも、むしろその儒教の内実の変質にこそより多くを負っている。すなわち儒教思想の当体である「道」が、それまでのように人がそれを意識するかせぬかには本質的に関わりなくおのずと存在する抽象的な「理」ではなく、徂徠学に至って、あくまで聖人たちが試行錯誤の果てに制作した具体的な型として把握され直していたことこそが、この事態の根本原因なのである。「道」が具体物ならぬ「理」、すなわち人倫の理法であれば、それは人間が倫《なかま》として生活するいかなる地域においても存するものであり、影響関係を抜きにして異なる地域で別々に自覚されることも可能であろう。現に闇斎の「妙契」論はそのように考えたのであった。しかし徂徠学の「道」はあくまで具体物である。春台の言い方に即せば、それは最も直感的な形としては「万事ノ作法儀式」[15]（『経済録』礼楽篇）として存在する。「道」が具体物である以上、その実体的伝播までは、そこにはなかったと考えるほかはない。しかも徂徠の考えでは、小笠原流についての議論に見られたように、ある人間集団の中で生活の必要に迫られて自生的に発生してきた経験的な規範は、いかなる水準においても「聖人の道」と同一視されてはならないのだった。およそ人間のいる処にはどこにでもある自生的な規範は、誰が言いだしたともなしに生じたものであって、共同体への仁愛と責任感とをもった聖人の、百年二百年先の趨勢を見越したヴィジョンや、マクロな生産収支の計算に伴われてはいない。ゆえに、真淵や宣長が試みたように原始日本のありようの中になんらかの秩序が見出されたとしても、それはあくまで「聖人の道」とは別物の、春台からすれば価値のない規範なのである。

以上の経緯を近世儒教の流れの中で俯瞰的にみれば、それは「道」が抽象的理法から実定的規範として捉え直されることで、その普遍包摂性を失い、それまではなあなあのままに包み込んでいた基層信仰としての神道を、異物として吐き出したということを意味する。「道」は正しく解された儒教の専有物であって、神道にはい。日本の神話は個々人の欲望が放恣に跳梁し、「人の婦女を盗み、人倫を乱り、禽獣の行を恥ぢ」（『弁道書』）ない、一種の原始的な自然状態のありようを伝えているのみであって、儒教とは別の「道」ですらなく、端的に「道」の欠如態にすぎない。その差異を原理的に詰めないままの儒教と神道との曖昧な同一視が大勢を占める中での、春台のかかる潔癖な弁別姿勢は一時代を画した。そして春台に反対した国学者たちも復古学派として、神典に対する中世以降の付会的な解釈は退けるところである。かかる付会的解釈を取り去った古代神話そのものは、「中華の聖人の道」を奉ずる春台の視線からは単なる「道」の欠如態、野蛮そのものなのであった。国学者たちの思想的営為は、この後世の付会を排した神話そのものを、春台のごとく野蛮な混沌としてではなく、ある調和的な秩序をもった理想世界（「道」ある世）として捉え返すという作業を核心としている。それは、従来の神話解釈のように仏教や朱子学の線の勁《つよ》い概念枠に依拠することができないために、なおさら困難な作業である。しかし国学者たちのこの構えは、畢竟春台の挑発に乗り、春台の定めた土俵の上で雌雄を決するということを意味した[16]。すなわち、あらゆる白でも黒と言いくるめられるような仏教や朱子学の抽象的な論理は措いて、日本の古代のテクストそのものの中に、果たして「道」はあるか否か。もしあるとして、それはそのうちに明らかに透徹した文明的な思惟の所在が看取される「中華の聖人の道」（こちらも同時に朱子学の概念枠が取り外されていた）よりもすぐれたものなのか。かかる春台の戦闘的な問いかけが、以後の国学者たちの思想的営為を牽引したのである。しかもこの問いを喧嘩腰で問う春台自身が、国学者たちがそうみなしたごとくの血も涙もない「中華」の礼教の化け物になりきることができず、強面《こわもて》のかげに、柔らかく傷つきやすい部分を隠していたのは、すでに前節で見たところであった。

こうして、ことの経緯はそう単純なものではない。この錯綜した事情の中で、春台に対してまず鋭く声を発したのが、隠士・賀茂真淵である。

# 第二章　賀茂真淵の思想

# 第一節　「畸人」真淵

賀茂真淵は一般にはむろん国学者として知られるが（ただし「国学」は後人の称で、彼自身は「古学《いにしへまなび》」や「皇朝学《みくにまなび》」を自称した）、じつは徂徠門人との密接な交流のもと、蘐園の文雅の圏域のすぐ側で活動していた人物であった。[1]そもそも近世中期の文運東漸の潮流中に徂徠が現れ、次いで真淵が現れるのは、将軍家の交代という一つの政治的な地殻変動の影響が、やや時を隔てて二様に発現したものにほかならない。徂徠は後年徳川吉宗に重用されたが、真淵が仕えたのは吉宗の子で、御三卿・田安徳川家の祖となった田安宗武である。

徂徠の前半生の事実上のパトロンであった五代将軍綱吉は、『論語』や『易経』を自ら講じ、その「御講釈」に際しては、日本一国の武家の棟梁でありながら大小の刀を外し遠ざけた[2]（『徳川実紀』）。それに続いた新井白石の所謂「正徳の治」は、朝鮮通信使を迎えるための威儀をつくした江戸城中の門の造営に象徴されるように、近世武家社会に蔓延《はびこ》った特殊な慣習の体系を、北東アジアのデファクト・スタンダード化していた朱子学的礼秩序に近づけようと努力するものであった。[3]しかし二代秀忠以降の流れの断絶後に紀州藩から入った吉宗は、従来の一連の文治政策を「文飾多きもの」と嫌い[4]（室鳩巣『兼山秘策』）、旗本の武芸奨励や軍事演習としての鷹野（鷹狩）の再興など、尚武的・復古的な別路線を打ち出した。この気質も体軀もマッチョな父が、嫡子の家重よりも庶子の宗武を愛したのは、宗武が若年より「古雅」なる武家故実への強い関心を抱いていたためである。[5]延享二年（一七四五）三月、江戸城内紅葉山での法華八講の予講に連なった宗武は「樋螺鈿《ひらでん》の剣、麝香《じやかう》の野太刀」

を帯しており、父はそのさまを「ことに古風に見えし」と激賞した。[6] こうしたことが折々重なって吉宗は宗武に有職故実の研究を命じたほか、伏見稲荷神官の荷田春満に故実を尋ね、その養子である在満を「和学者」として江戸に呼び、田安家付《づき》とした。春満の弟子の真淵は、在満の後任として田安家に出仕したのである。宗武と真淵とは歌を通じて意気投合した主従ではあったが、真淵が浪々の身から御三卿・田安家の和学御用へと栄進したのは、最終的には吉宗の意向に帰せられる出来事なのである。近世半ばに新しく柳営入りした紀州系新政権の父子は、宋学的な文華とは異なる質朴な「武」のエートスの復興を模索しており、そこで江戸っ子の徂徠と、遠州武士の裔で「益荒男《ますらを》ぶり」を鼓吹した真淵とが重用されたわけである。

またいっそう具体的な人脈の上でも、真淵のかつての儒教の師・渡辺蒙庵は「一生偏《ひとへ》に純を信」（『県居書簡』一五六頁）じた、春台門下の儒医であった。蒙庵は春台の『朱子詩伝膏肓』に序を付している。蒙庵を「愚人」（同前）と罵倒してやまない真淵であるが、逆に詩文派の南郭とは幸福な関係を結びえた。真淵は東下以来「南郭先生といと親しく睦びかはされつゝ、詩を先生に学ばれつゝ、先生は国学を翁に問はれて」、「互によき学びがたき」の間柄であったと伝えられる[7]（清水浜臣『泊洦筆話』文化年間〈一八〇四～一八〉頃）。真淵によれば、南郭は「からの道は無益なる空談にて世の治れることなき」ものであり、「故にたゞ詩文をのみ作りて心をやるようすがとして、経書のことをすべて言はざるなり」[8]（「龍のきみへ問答」宝暦十年〈一七六〇〉跋）と、かつて「贅疣」（前掲「送田大心序」）と自嘲した最もデリケートな内面の消息までも、この詩友に伝えていたようである。真淵がのちに自らの奥津城《おくつき》（墓所）を品川東海寺に定めたのも、そこに先に眠る南郭を慕ってのことであった。

「違世の情」（前掲「春艸」）を抱いて隠遁した南郭と相似て、真淵もどこか周りから芒《ぼう》と浮き上がったところのある人物であったらしい。真淵の高弟であった加藤千蔭は次のように師を回顧している。

大人《うし》〔真淵〕は今の世の人とはことにして、うち見にはあかしきかたはおくれて、心おそきさまに思はれしかど、たまさかに言ひ出で給へることに、敷島の大和心をあらはし、一言として雅びならざるはなかりき。（『賀茂翁家集』序、七頁）

加藤千蔭は、「大岡裁き」で知られる大岡越前守忠相《ただすけ》の麾下で辣腕をふるった加藤枝直《えなお》の子であり、のち父の職を襲った。その職は江戸南町奉行所の与力である。彼がいう「あかしきかた」（現実的・実務的な方面）とは、徂徠が『政談』で苦々しく語った、生き馬の目を抜くがごとくの当世の風であると考えてよいだろう。隠者・真淵のすぐそばまで、銅臭のする浮世の風は吹きこんでいた。否応なくそうした世風の中で生きている人々の目から見れば、真淵は「おくれ」・「心おそ」い人物に、一種の鈍間《のろま》にしか見えない。しかし、町奉行所勤めの身として浮世の風が誰よりも身にしみている加藤又左衛門は、同時に所謂「江戸歌文派」を代表する歌人・橘千蔭でもある。後者の立場から見れば、師の何気ない一言一言がどれも悠揚迫らぬ古えの「雅び」から発されていることが、それゆえ師は一見したところのごとくの愚才《ぬけさく》などではなく、当世の喧騒から超然として、駘蕩たる古えに息をひそめている稀有な人であることが、ありありとわかるというのである。

そして赤羽の芙蕖館に隠棲した南郭と同じく、真淵も隠逸の志の深い人であった。[9] 遠江の田舎から江戸に出てきた真淵は、ある時次のように歌った。

市郭公

しのび音をあらぬ名乗りにまがへとや市路に鳴きてゆくほとゝぎす[10]（『賀茂翁家集』一九頁）

大中臣輔親の本歌（「あしひきの山郭公里なれて黄昏時に名乗りすらしも」、『拾遺集』十六、一〇七六番）では里になじんだ郭公《ほととぎす》は、ここでは市のさ中で「しのび音」に泣いている。郷里を出奔して江戸で古学の研鑽を続ける真淵のことゆえ、ここでの郭公は「古へに恋ふる鳥」（『万葉集』二、一一一番）として「世々の古声」[11]を鳴くものなのであろう。貞享三年（一六八六）には『近代艶隠者《やさいんじゃ》』が筑前の露路に菊を愛でる「市中の至隠」を描き（巻五「菊の翁」）、元禄年間には松尾芭蕉が深川に、また戸田茂睡が浅草に、それぞれ庵を結んで「市隠」の姿を示した。真淵がようよう市隠の一人となり得たのは、六十八の齢を数えた明和元年（一七六四）のことであった。真淵は日本橋浜町に「こほろぎの鳴く」野辺をことさらにしつらえ、「県居《あがたゐ》」と号する純田舎風の庵を結んで隠棲した。その庭には堅香子《かたかご》（カタクリ）や野蒜《のびる》が植えられ、青菜なども細々と作られた[12]。「あがたゐ」とは賀茂氏の姓《かばね》が県主《あがたぬし》であることと、遠州の郷里を望んでの「ゐ中の心」[13]（「ふゞくろ」）との、ダブルミーニングである。対岸に両国を望む日本橋浜町は真淵の没後には繁華な巷となり、現在では首都高六号線が大きく弯曲する下の、銀座のはずれの街区となっているが、真淵の頃にはまだ隅田川の支流（大川）べりで豊かに自然を残し、「現今の鎌倉・逗子等の別荘的気分」[14]が漂う有閑の地であった。真淵が隠棲の地を日本橋浜町に卜したのは、さほど奇矯なことではなかったのである。

　とはいえ伴蒿蹊の『近世畸人伝』（寛政二年〈一七九〇〉）に稀代の変人である円空や中江藤樹とならんで「加茂真淵」の伝が見え、「賀茂真淵翁閑居地」が江戸の「名所」の一つとなったように[15]（『江戸名所図絵』天保七年〈一八三六〉）、真淵が矯激な人物として江戸の衆目を引いたことに疑いはなかった。中野三敏によれば、「畸人」とは儒家の伝統的概念である「狂者」と相重なる概念である[16]。『論語』の狂接与や晋の阮籍ら「狂者」たちは気質的な異常者ではない。彼らの振る舞いが周囲の人の眼に矯激なものと映ってしまうのは、彼らが内に秘めた高邁な理想が世の惰性に泥《なず》むことを許さないためである。すでに弟子が見抜いていたように、真淵もまた茫とした恍惚の人ではなく、内面になにか硬質な信念を抱いた勝義の「狂者」、あるいは「畸人」であった。千蔭が伝えるのは、日本橋・両国の繁華のさ中の県居の草庵と同じく、そのあるじ自身も外の「セハシナキ風俗」（徂徠『太平策』）の論理や速度とは別の論理や速度で動いていたということにほかならない。ならば外界に十分に均《なら》されず、その固有の論理と速度とを終生保った真淵の内面とは、いかなるものだったのであろうか。

南郭の門人湯浅常山の『文会雑記』は、近世中期の蘐園周辺の思想家たちの行状やその同時代の評判を伝える書であり、本書もたびたび参照してきたが、その中に「岡部衛士《ゑじ》」なる人物についての一条がある。岡部衛士とは、真淵その人である。

> 岡部衛士幼名三四《さうし》ト云、遠州伊場郡岡部邑〔正しくは敷智郡伊場村〕ノ人ナリ。浜松ノ本陣梅谷市右衛門ノ養子トナリシガ、諸侯ノ家臣僕隷ナドニ俯伏スルコトヲキラヒテ、養父ト順ナラズシテ彼家ヲ去ル。[17]（『文会雑記』）

要するに真淵は、婿養子に入った先の家業である本陣業を継げなかったので、出奔したというのである。その後、真淵ははじめ京で、続いて江戸で和学に出精し、田安家に禄を得る。四年ぶりの帰郷の折でさえ、真淵は妻、すなわち梅谷市右衛門の娘には「たはやすく来べからざる故」があって対面することを憚った（『岡部日記』、『賀茂翁家集』一三五―一三六頁）ので、やはりそれは不幸な出奔だったと考えざるをえない。真淵の孫弟子にあたる上田秋成も、例の辛辣な口ぶりで、真淵は「故郷の遠つ淡海《あふみ》なる家を遁れ出で」たものと明言している[18]（『あがた居の歌集』序、寛政三年〈一七九一〉刊）。

真淵が馴染めずに飛び出したのが本陣業であったのは、きわめて示唆的な事態である。諸国にまたがる街道は、所謂「徳川の平和《パクス・トクガワーナ》」の「四海静謐」を可視的に実証する当体であった。代替わりごとの将軍宣下の行列、朝鮮通信使・琉球慶賀使の往来、将軍の御鷹・御茶壺の往来、そして参勤交代の行列など、個々の「国」＝藩＝地域を超越した幕府の「御威光」を示し、再確認する儀礼の場として、街道は機能していた。真淵は、その街道中でも最大の、近世日本の物流と往来との大動脈である東海道の一宿で本陣を経営する家に婿に入ったのだった。もちろんその客層の中心は参勤交代に随伴する「諸侯ノ家臣僕隷」たちである。その主人には、庶民向けの旅籠（往々に曖昧宿も兼ねた）とは違う武家流の威儀格式（「俯伏スルコト」）が要求される。しかもこの時代、それぞれの宿は幕府からの給付金だけでは経営が成り立たなくなっており、その経営者には金融や問屋などの副業を営んで独自の利殖をはかる才覚も要求された[19]。徂徠は当世を格式や世襲制によって堅苦しく固定された武家社会から、流動的な市場社会への過渡期と見ていたが、徳川幕府の儀礼的な支配秩序の末端機構でありながら、地域社会の中で最も早く貨幣の論理にも浸透されたこの本陣業は、ちょうど古い社会と新しい社会との軋《きし》み・歪《ひず》みを、もろにかぶる位置にあった。高田岩男によれば、若き日に実際にその矛盾に呻吟したことが、後年の真淵の出奔の遠因をなしたようである[20]（以下、「浜松時代の賀茂真淵」）。それは助郷制をめぐる一つの紛擾であった。徳川幕府がその初期に軍事的な必要から強力に整備を推進した伝馬制度は、沿道農村に人馬を供出させる助郷《すけごう》制に支えられていたが、真淵二十四歳の享保四年（一七一九）、東海道浜松宿とその近隣の助郷農村との間で、馬の供出を巡って諍いが持ち上がった。真淵はこのとき助郷農民の一人として村方の勝訴を喜んだのだが、六年後に本陣の梅谷家に婿養子に入って宿方の人となってからは一転して、吉宗政権下で進む助郷制の強化（とりもなおさず助郷農村の負担の強化）を推進せねばならない立場に置かれたのである。要するに真淵は、徂徠が工夫を加えようとした近世社会の縮図のような場所に置かれ、そしてそこから脱落したのである。真淵の世間とのずれとは、ひとつには、こうした特殊に近世的な政治・経済社会からのずれである。真淵は、偃武の後の格式ばった近世武家社会（の従僕であること）にも、せわしない「銀《かね》の世の中」にも、馴染めない人であった。またこうした社会からのずれと重なりつつも、より内面的で切実なもうひとつのずれが、真淵にはあった。そのずれの起因は、後世の真淵伝が特記する、最初の妻の死である。

安右衛門政長の養子となりて、其の女に娶《アヒ》給ひしが、此女、享保九年九月歿《ミマカ》られぬ。此年大人《うし》〔真淵〕、二十八歳になり給へり。さて大人は、真言宗の僧にならむと、父母に願はれしに許容《ユルシ》なく、其後また浜松駅の本陣、梅谷甚三郎方良が聟養子となり、一男児を生ましめ給ふ。[21]（平田篤胤『玉襷』九之巻）

享保八年（一七二三）十一月、真淵二十七歳、岡部政長の女《むすめ》十六歳での結婚であり、その死はわずか十カ月後のことであった。婚儀の前の日付をもった真淵の恋歌が数首残ることから、当時としては珍しい恋愛結婚だったと推定されている。真淵はこのとき悲嘆のあまり出家を願い出たが、両親が「許容」しなかったと、三十一歳で同じく最初の妻を亡くした篤胤は伝えている。岡部衛士（ないし岡部三四《そうし》）が郷里を出奔し、江戸の風変りな隠者・賀茂真淵となり、その後半生を送ったのは、一面では、出家の代わりに選び取られた長い服喪の期間であった。現に元文五年（一七四〇）の帰郷の際、四十四歳の真淵は次のようであった。

思ひのほかに留まりて、九月四日にもなりぬ。此の日は先の妻の亡《う》せにし日なれば、はやく住ける家にて跡尋ひなどして、墓にも詣でたるに、いつしか十七年にこそなりにたりけれ。哀れなること、その折ばかり覚えて、しほたれをるに、雁の鳴きければ、
旧《ふ》りにける常世を慕ふ雁《かり》のみは巡り来てこそ鳴わたりけれ（『岡部日記』、『賀茂翁家集』一四〇頁）

一七年の歳月もその悲哀を風化させず、一時は出家までも考えた離別の「その折」と同じ生々しさでもって、真淵の胸を疼かせたのである。亡妻のいる「常世」に憧れ、再びその墓前に「巡り来て」悲泣（鳴《な》く—泣《な》く）する「かりのみ（雁のみ—仮の身）」である四十四歳の真淵。その姿は、真淵に連なる後の国学者たちが「黄泉国」「幽世《かくりよ》」の消息を強い衝迫とともに問い、また折々に「現世《うつしよ》に寓居《かりずまゐ》の修行(22)」（平田篤胤『仙境異聞』文政三～五年〈一八二〇～二二〉）などと彼岸への或る近しさ・親しさを表白するのを先取りしている。

ときは「婦人に七去とて、悪しきこと七つあり。……二には、子なき女は去るべし。是妻を娶《めとる》は、子孫相続の為なれば也(23)」と説く『女大学』が広く読まれた近世である。息子の出家を許さず、すぐさま後妻に娶わせた真淵の両親の処置は、家の持続と繁栄とを願って生きている近世の人としては、きわめて自然なものであるというべきであろう。そして真淵が、愛しい人の喪失を契機として、外界の論理と速度とから決定的に「をくれ」た彼の内面の論理と速度とにあくまで徹したいというならば、それはあらゆる反対を振り切って家を出るという仕方でなされるほかはなかった。万葉の人麻呂挽歌にその照応物が見出された「我妹《わぎも》」の喪失に悲しみ嘆き「叫《をら》ぶ」自己と、悲しみの前に立ち止まることを許さない浮世の速い流れ。このずれこそが、隠士としての真淵のありよう(24)を決定づけた、より深いずれであったと考えられるのである。

ただ真淵は、隠者としての後半生において、ひたすらに過去の喪失の傷をねぶり続けることに終始したわけではない。「益荒男ぶり」で知られる真淵には、一面で強い上昇志向があった。真淵の生まれた岡部の家は、遠江国の土豪として代々土着して地盤を築き、その五世の祖・岡部政定が徳川家康の麾下に参じて三方原合戦に功を立てた名家である。その際に神君・家康より拝領した来国光の太刀と円竜の具足とが伝わっている。土豪の常として岡部家は地域の神社（賀茂県居神社）の神職を世襲し、このことが真淵を和歌・神道など和学系統の学問に親しませる機縁をなした。真淵は、草々の身からの田安家の和学御用への抜擢を「御三家・御両家に例《ため》し無き事」「手柄之筋」（植田喜右衛門宛書簡、延享三年〈一七四六〉二月廿八日、『県居書簡』三〇頁）と語り、また宗武から葵の紋付の裃《かみしも》を拝領したことを「子孫迄之面目」と郷里に書き送っている（同前、宝暦五年〈一七五五〉正月十二日、二十三巻四二頁）。確かにそれはほとんど例のない異例の抜擢には違いない。しかしそこに纏綿する真淵の喜びは、上昇というより回復のそれである。真淵は、家康の玄孫である宗武からの裃拝領を、祖・政定が三方原の軍功によって「二荒《ふたら》の宮」（徳川家康）から「おほん太刀」を拝領したことの反復として、あるいは岡部の賀茂の氏《うじ》人《びと》と「葵《あふひ》」の御家との関係の結び直しとして、うけとめている（『賀茂翁家集』四〇頁傍注）。ここで真淵は出奔者ではなく、明らかに岡部の家の一員として、家の悲願である士籍回復を喜んでいる。後半生の真淵の生き方であった——そして真淵に続く国学者たちの生の形の原型をもなした——故郷からの離脱と、都市での学問への精励とは、一面では明白に出奔・隠遁でありながら、もう一面では自分の才能に合った立身のための方針転換でもあるという、両義性を帯びた人生の選択であった。

　そしてじつは〝もとを辿れば戦国時代の勇士〟というのは、徂徠や春台にも共通した自己把握の構えである。その先祖が戦国時代には「参州〔三河〕の城主」であったことを徂徠は誇り（『鈐録』、六巻二一七頁）、また春台は「平手政秀五世孫」[25]（『経済録』序、二四九頁）であった。平手政秀は織田信長の「うつけ」を諫めて自刃した尾張武士である。直言を憚らず信長に煙たがられた爺《じい》に、その五世の孫はよく似ていた[26]。そして奇しくも三方原合戦で政秀の子（一伝では孫）汎秀《ひろひで》が討死後に一族が「流離播遷」の身となり、ついに織田家への帰参の機会を与えられなかったことは、春台にとって痛恨の極みであった[27]。春台と真淵との論争は、約二百年前の三方原でともに轡《くつわ》を並べた平手汎秀と岡部政定との、五世の孫同士の諍いだったのである。とまれ徂徠らのこうした意識はもちろん、前章で見た彼らの「不遇」意識と連動している。すぐれた器量と知見とをもちながら、幕初から百数十年を経過し、慣例や姻戚関係によってすでに固定された世襲制に阻まれて、その力を十分に発揮できない現在の自己と、その才覚と武力とによって立身も領地の切り取りも思いのままの一種のイノベーション状況にあった戦国時代の先祖とが、対照的に思われるのである。そこに存するのは、才覚が十分に発揮できる動乱の世――孔子が庶幾した「革命の秋《とき》」――に〝遅れてきた〟という感覚である。

まさに真淵も、『国意考』の中でこの〝遅れてきた〟という感覚を表明している。

もの丶ふの猛《たけき》を専らとして、世の治るてふことにつけて、或人云、「今見るに、軍の法まねぶは、「いかで軍あれかし、あはれ元帥と成なむ」、又兵《つはもの》の道を得たる者思へらく、「あはれ世乱れよかし、一方を防ぎ、いかなる強きものにても、我向かひて殺してむ」と。か丶れば世の治りの為悪《わろ》し」と。おのれいふ、「しからず、こは人の心を知らぬものなり。自らの心をかへり見よ。大平に生れて、させることもなきには、太平に倦めり。さる時には、かくてのみやは有べき。古へ我おや／＼の事をも思ひ、時しあらば、良き品になりなむを、今いかにせんと思ひて、成ぬべきわざをして、命を終るのみなり。心の内に思ふことあれど、時のいきほひに随ひて、過《すぐ》すのみ。……」（『国意考』二〇―二一頁）

この問答において、「或人」は武芸者や軍学者たちの戦乱を庶幾する構えを、きなくさいもの、泰平の世の異物と見ている。このイメージは、大坂の両陣や由井正雪の乱など浪人たちの騒擾以来、近世社会中での軍学・武芸一般にしみついているものである。[28] 軍学者・山鹿素行が江戸を逐われ、また春台が徂徠の軍学への傾倒を諫めた所以である。しかるに真淵は「或人」とは逆に、「いかで軍《いくさ》あれかし」「あはれ世乱れよかし」という思いこそが、泰平の世の「人の心」のぎりぎりの本音と見る。誰もが、永すぎる泰平に多かれ少なかれ倦んでいる。戦乱の中では、「元帥と成なむ」「良き品になりなむ」と、能力に見合うだけの身分の上昇を望みえた。その風通しのよい戦乱の世への慕わしさは、「古へ」の「我おや〳〵の事をも思」ぅ時に、つまり戦国の英雄たちに扈従して戦場を馳駆した先祖たちを想起する時に、いや増しに増す。しかし、起こりもしないその「時」を泰平の最中の「今」夢想して、何になろう。分相応のわざ（「成ぬべきわざ」）をなし、「時のいきほひ」に従って、生をまっとうするしかない。ここで真淵は、政治信条上では真っ向から対立する徂徠・春台と、変革期に〝遅れてきた〟という実存感覚自体は共有している。

「諸侯ノ家臣僕隷ナドニ俯伏スルコトヲキラ」って梅谷家を辞した（前掲『文会雑記』）という、一見あまりにも傲慢な真淵の身の処し方は、以上の経緯から、一定の内的必然性を有していたものと了解されよう。要するに、自分は本来武士であり、世が世なら今現在「俯伏」を余儀なくされている連中とも肩を並べていたかもしれない。それがたまたま〝遅れてきた〟だけなのだ。そう思うと、甘んじて「俯伏」していられなくなる。「時しあれば」という思いが、本陣の主人という真淵に準備された（客観的には相当条件の良い）境涯に、真淵を安住させなくするのである。

以上のような「もの丶ふの猛《たけき》」の強調、すなわち尚武性は、確かに歌風の上でも、思想的主張の上でも、真淵の一特徴をなしている。有名な「益荒男ぶり」の主張であり、まさにその尚武性が吉宗や宗武ら紀州系の新幕閣の人々の好尚にかなったのである。しかしこのとき、「あはれ世乱れよかし」とうそぶき、「人を殺《ころす》も虫を殺《ころす》も同じこと」（『国意考』、十九巻二〇頁）と揚言する遠州土着の武士の裔・岡部衛士と、妻の死の前に佇立し、『万葉集』中の人麻呂挽歌に「身もふるはる丶ばかり」の感動を覚える（『続万葉論』別記、十巻三二頁）江戸の市隠・賀茂真淵とは、どのように一人の人の内面として統一を保っているのであろうか。

自分の実力を十全に発揮して土地や位階を思うままに切り取ることと、切実な情念を「をらび」「をたけび」

として表出すること。この二つのありようは、真淵にとって実人生の不如意から醸し出された切実な生の悲願であった。伝説上、和歌は「あらがねの地《つち》にしては素戔嗚尊《すさのをのみこと》よりぞをこりける」ものであった（『古今和歌集』仮名序）。八岐大蛇討伐の果ての新室祝ぎ（≒婚姻）に歌われた八雲の神詠である。こうしてすでに神話の素戔嗚尊から歌と武とは表裏一体であり、中古以降の武家は「文武両道」を理想として掲げた。真淵の新しさは、この二道を統括する特質として「直」さを見出した点にある。真淵の思想的鍵語であり、その理想社会の人々の徴表でもあるこの「直」さとは、この後詳述するように、内なる自己をそのままに外に表現する構えの謂である。武力の発動という形であれ、「叫《をら》び」という形であれ、自己をまるごと・ありのままに外界に表現できる生、それが真淵の根本的な理想であった。そのまるごとさ・ありのままさにおいて、武力の発動と悲泣とは統一されるのである。それはもちろん、武力によって開かれたにもかかわらず、武力の発動がすでに禁忌の感覚とともに忌まれ、かつ或る個的で切実な喪失の前に悲しみの「叫び」をあげることも許されない、当世の現実を反照板として形成された理想である。かかる「直」さの理想が実現している世界として見出されたのが日本の「古へ」であった。かくて日本の「古へ」は「道」なき乱倫状態以外の何ものだったというのか、という春台の喧嘩腰の問いへの、同じくらい中っ腹に発した真淵の答えは、其処には「直」さがあった、というものとなる。

冊封された夷《えびす》の朝貢が、その「中華」性を可視化し証示する儀礼として歴代の中国王朝に重視されたことに象徴的であるが、じつは礼楽世界は不断にその外部を必要としている。あらゆる形の文明／野蛮の観念対と等しく、「直情径行」なる「戎狄の道」（『礼記』檀弓下篇）からの差異化によってしか、「文」なる礼楽世界の卓越性は示されないからである。真淵は「中華」から見た「東夷」の「直情径行」なるエートスに開き直り、それを「直き」まことの道として正の価値を与え直したうえで、それまでの過半の日本の知識人が無謬で自明なものとみなしていた「中華」の卓越性自体へ切り込んだのである。

## 第二節　「わりなきねがひ」――『国歌八論』論争からの水脈――

まとまった形で真淵の思想を窺いうる最も早い著作は、所謂五意考（『国意考』『歌意考』『語意考』『文意考』『書意考』）や『にひまなび』にほぼ二十年先立つ、『国歌八論』論争関連の著述である。

『国歌八論』論争とは、和歌を「政務」や「日用常行」に益無きものとみなして道徳的価値から切り離し、一種の唯美主義のもとに歌の表現美を追求しようとした荷田在満の『国歌八論』（寛保二年〈一七四二〉八月）に対して、その主である田安宗武が、歌のもつ道徳的・政教的な意義を強調して反論して以降、何人かの論者を巻きこんで「近世文学史上最大ともいえる論争(1)」へと展開したものである。真淵は基本的に宗武の側について『国歌八論余言拾遺』（寛保二年〈一七四二〉十一月）や『国歌論臆説』（延享元年〈一七四四〉六月）を著している。『新古今集』風の繊細優美な歌風を理想とする在満に対して、宗武・真淵がともに万葉歌人として素朴・豪放な歌ぶりによって後世に名を残しているように、この論争は一面で歌風の対立という性格をもっている。在満が田安家を辞し、真淵がその後任に入ったのは、論争中の三者の立ち位置によるところが大きかったといわれている。とはいえ、ここで真淵は宗武とまったく一枚岩に、その代弁者として語っているわけではない。気鋭の歌人でもあるこの青年政治家に最大限の敬意を払いつつも、真淵が自身の見解をはっきりと陳べる箇所も随所に見られる。その中で注目したいのは、次の論である。

亦〔宗武は〕「額田王《ぬかたのおほきみ》の春秋を判ぜられし歌は、春は物みなのびさかえ、秋は衰ふれば、春を楽しみ秋を悲しむは人の常なるを、春に増りて秋をよしと詠まれしは、人の情にたがひてぞ聞ゆ」とのたまふ。僕も、春をおきて秋を好むらん人をいかなる心にかと疑ひ侍れど、甘きを嫌ひ辛きを好む人もあるめれば、人の心かばかりのたがひは多かりなん。さて此王の御歌は、かへりてやさしくよませ給ふとぞ覚え侍る。……歌は人情をいひ出す物なれば、凡のことわりには違ふもあれど、其の一人の上にて見れば、かへりてまことにさりけりと思ひやられてなつかしきも侍り。[2]（『再奉答書』延享元年〈一七四四〉十月）

これは伝統的な〝春秋争い〟の場面で額田王が「秋山ぞ吾は」と秋に与《くみ》した歌（『万葉集』一、一六番）に対して、宗武が与えた「人の情にたがひてぞ聞ゆ」という否定的な評（『臆説剰言』）への、真淵の再評である。自然が衰え枯れる秋よりも、万物が生成し始める春をこそ好むべきだという宗武の議論は、見かけほどに乱暴なものではない。宋学の範疇上では「春夏秋冬」のうちの「春」は、天地の四徳たる「元亨利貞」の「元」に、人間の四徳たる「仁義礼智」の「仁」に相当する。「春」は、天地自然と万民とを生々させ発展させゆく「仁」の徳と、その生々の「元《はじめ》」のイメージを帯びている。「生意」と言いなされるイメージである。[3]宋学の始祖・周濂渓は「春を以て万物を生じ、之れを止《とゞ》むるに秋を以てす」[4]（『通書』）と述べている。また勅撰集の部立《ぶだて》が「春」からはじまり、それ以前の『万葉集』も春の菜摘の歌にはじまるのも、すでに鎌倉時代から「春ハ万物ヲ生ズル時」であるゆえと考えられていた[5]（仙覚『万葉集註釈』文永六年〈一二六九〉）。近世に入っても、室鳩巣はこの万葉の春秋争いについて、宗武と同一の宋学的な理路から春に軍配を挙げている[6]（『駿台雑話』巻二）。宋学を宗とする宗武[7]が、かかる「生意」に溢れた「春」に与する歌こそがあるべき歌だというのは無理もない。今日の感覚からは奇異に聞こえこそすれ、宋学が自然科学を代替していた近世にあっては、春を好むことこそあるべき人情という宗武の主張は〝科学的〟であり、真淵のいう「凡のことわり」に相当するのである。

近世的な「ことわり」を踏まえた宗武の議論に対して、真淵は慎重に言葉を選びつつ反駁している。真淵の反論の骨子は、和歌に表現される情念とは、そうしたもっともらしい「ことわり」にはおさまらないものだということにある。春を好むのが「凡のことわり」とはいえ、「甘きを嫌ひ辛きを好む人」もいるように人の嗜好や情念は多様で、現実には秋を好む人もいる。人間の現実の情念は、あるべき一般的な規範へと収束することはなく、むしろかかる規範からの無数の偏差として、多様に、個性的に存在している（「人の心かばかりのたがひは多かりなん」）。そして「ことわり」に外れて秋に与する額田王の歌も、その身になって感情移入しつつ深く味わってみれば、その「ことわり」からの逸脱に道徳的反発を覚えるよりも、むしろ「かへりて」、かかる表現を析出させた詠歌主体の内的な必然性に「まことにさりけり」と深い共感こそが覚えられてくると真淵はいうのである。

ここで、「歌の道」を「風紀を助くる物」[8]（『臆説剰言』）と捉える宗武が、歌のよしあしの基準とする「ことわり」とは、「教へとすべき歌」と「たはれたる歌」とを弁別するための[9]、治者の視点に浸透されたきわめて政教的な「ことわり」であることに注目しなくてはならない。一般的な感覚からは罪のない個人的嗜好の表白にしか見えない額田王の歌は、儒教的治者である宗武の価値観からすれば、自然・社会の健全な生々発展をではなく、その頽廃と衰亡とを憧憬する不健全なデカダンスに見えてしまうのである。この宗武を駁する真淵が主張しているのは、国家社会を円滑に運営してゆくために個々の人はかく感じ、かく思い、かく欲するべきだという情念の規範・理法がかりに存在するとしても、個々の人間の情念は、かかる一元的な規範にはとても収束しきらない多様さを帯びて現実に存在するということである。そして『万葉集』の歌に表現されているのは、規範のもとに陶治・訓育された優等生的な情念ではなく、歌人の数だけ多様な、生《なま》の情念であった。責任感と民への慈愛に満ちた高邁な為政者が、まったく良心的な意図のもとに、文句のつけようのない「ことわり」をもって、被治者の内的な情念を統御しようとしたとしても、個々の被治者の内面でそうした公共的な統制にいつまでも抵抗し続ける私的な核。その所在に真淵はこだわるのである。かかる私的な核は、真淵の行論上は「わりなきねがひ」と名指されている。

詩は人のまことをのべ出すに、その思ふごとくの実情みな理あらんや。ただ理は理にして、それが上に堪へがたき思ひをいふを、和の語にわりなきねがひといふ。[10]（『再奉答書』）

「理」は「理」として認めるとしても、そのうえでどうしても堪えがたく、その公共的な規範からはみだしてしまう個的な「わりなきねがひ」。それはちょうど、真淵の友・南郭が『燈下書』で説く「後世理屈」の上ではさらりと諦めきられるべきではあるけれども、現実にはとても拭いきれない自己の境遇への「悲しみ憤り」としての「風雅の情」と同じものである。そして真淵は『万葉集』を読むとき、まさにこの「わりなきねがひ」に着目している。

天武天皇四年（六七五）四月、麻続王《おみ》は罪を得て二人の子とともに流刑に処された。配流先は『日本書紀』には因幡国、『常陸国風土記』には常陸国行方郡、そして『万葉集』には「伊良虞島」と伝え、文献ごとにまちまちである。「伊良虞島」を三河国の伊良湖崎ではなく、その先から滴るように伊勢湾に浮かぶ志摩の神島とする説もある。とまれ、流された麻続王は次のように歌った。

空蝉《うつせみ》の命を惜しみ浪にぬれ射良虞《いらご》の島の玉藻苅り食《を》す（『万葉集』巻一、二四番）

麻続王は、流罪の身ではあってもなお生命は惜しく、浜辺の海藻を刈って食べ、辛うじて生をつないでいる。そこには官の定めた罰に従容と服するという、流罪人としての「理」にかなった態度もなければ、逆に、咎なくして自分を配流に処した国家の腐敗に対する公憤などもない。そこにあるのは、ただひたすらに生き残りたい・死にたくないという動物的なまでの「わりなきねがひ」のみである。しかるに真淵はこの歌を、「古のまこと有歌《ある》にて悲しみ余りあり」と、深い共感とともに高く評価する（『万葉考』巻一、一巻五〇頁）。麻続王のみでなく、大化の改新から壬申の乱に至る政治的混乱と皇位継承をめぐる骨肉の争いとの中で、多くの皇子がはかない乱を企てては刑死した。その際の悲痛な歌々が、万葉の古層には深い同情とともに記録されている。有馬皇子の「浜松枝」・「笥《け》に盛る飯」の歌（一四一番・一四二番）であり、大津皇子への石川郎女の「山のしづく」の歌（一〇八番）である。すでに奈良時代の『懐風藻』（天平勝宝三年〈七五一〉序）の撰者は、才に傲って「忠孝を以て身を保たず、……卒に戮辱を以て自ら終ふる」ものと、大津皇子に儒教的見地から筆誅を加えている[11]。しかし『万葉考』での真淵の評には、皇子たちの行動の政治的な当否への言及はみられない。真淵はただひたすらに「あるがまゝによみ給へれば、今唱ふるにすら思ひはかられて哀なり」（一巻一二四頁）、「ひたむきにあはれなる心こそ妙なれ」（一巻一〇六頁）と、彼らの歌に深い「あはれ」を覚えて共感するのみである。翌日には紀国の藤白の坂で絞殺される有間皇子が「真幸く有らば亦還り見む」と歌ったのを、「とりなだめらるゝよしもありなんやと思《おぼ》せしが悲しき」（一巻一二四頁）という真淵の評には心からの同情が溢れており、皇子が蘇我赤兄と謀って反逆を企てたことへの道徳的な批判は見られない。

このように真淵は『万葉集』の個々の歌に、それぞれの「ねがひ」の「わりな」さを検出してゆく。そこでは個々の情念が道徳的か、「ことわり」に合致しているかということは問題にならない。むしろ真淵が目を凝らしているのは、それぞれの歌に表出された、「ことわり」からの個性的な偏差なのである。

以上のように、人の情念はもっともらしく公共的な「ことわり」にはおさまりがたく、本質的に多様なものだというのが、同時代の歌をめぐる議論の中での真淵の立ち位置を決める基本了解であった。この了解は『国歌八論』論争の中で宗武の宋学的な和歌観に対する本質的な批判点を形づくったのみならず、その約二十年後に、今度は徂徠学系の経世論者たちの神道批判に対する再批判のために、ほぼそのままの形で動員された。治者の操作にしたがわない個々の人の内的情念の多様さは、『国意考』における儒教批判の根本論点として、きわめて重要な位置を占めているのである。

真淵最晩年の著作である『国意考』は、小笠原春夫によれば、「古学派―蘐園学派の批判の論を受けて立」ち、春台らの「儒教万能主義的な観点に立ち、神道を小道に過ぎないと軽視する、その不当な謬見」を「匡《ただ》す為に書かれた」本である(12)（「国意考とその論争について」）。この短い本には、個々の人の心の偽りを説く条が散見する。

〔中国では〕是くの如く世々に乱れて治まることもなきに、儒てふ道ありとて天が下の理りを解《トキ》ぬ。げに打聞たるには、いふべきこともならざるべう覚ゆれど、いと小さく理りたるものなれば、人のとく聞得るにぞ侍る。先もの丶の専《モハ》らとするは、世の治り人の代々伝ふるをこそ貴《たふと》め。さる理りありとて、生てある天が下の同じきに似て異なる心なれば、うはべは聞しやうにて心にきかぬことしるべし。（『国意考』九頁）

心の偽りは人毎《ごと》に有ものなり。少しも人の上なる人、随ふものはいかにも成べしとおもふにや、暫くやむべからずしてしたがふなり。（同前、二一頁）

さらに真淵は「凡そ人の心は、私ある物」（同前、二三頁）とも断言する。短い『国意考』の中で印象的に繰り返され、しかも全般に悠揚とした「天地のまゝ」をよしとする行論の中で、突然その人間把握の鋭さ・仮借なさがひらめくため、多くの読者の注意を惹く件《くだり》である。(13) これはもちろん、延享元年（一七四四）の『再奉答書』以来の人心の多様さ・非道徳性の主張であるが、明和二年（一七六五）の『国意考』でその攻撃正面となっているのは、もはや「いとゞ狭き儒の道をまた〳〵狭く、理りもて言ひ募れる」（二四頁）、「宋てふ代」（同前）の儒教、すなわち朱子学ではない。それは「むかし此の国には、やから・うからを妻として、鳥けものと同じかりし」（二一頁）ことを説く経世論者——すなわち太宰春台その人にこそ、さしむけられている。思い返せば、為政者によって巧みに仕組まれた礼楽が社会の隅々まで行き渡ることで、（特に『易』『詩』『楽』といった〝柔らかい〟方面へのそれを通じて）被治者の個々の内面が道徳的に陶冶され、一共同体としての麗しい情的共同が成立するのが、徂徠学における理想社会の姿であった。しかしそうした上からのお仕着せの風俗善導策（「毛詩大序」にいう「風化」「王化」）が届くのは、所詮被治者の「うはべ」までだと真淵はいうのである。「人の上なる人」に「随ふものはいかにも成べし」と思わせるような被治者たちの忠良さ・従順さは「うはべ」をつくろっているだけのことで、個々の人は、かかるお気楽な治者には想像もつかない心の「私」を、それぞれ内奥に潜めて生きている。朱子学の「理」による道徳教化に対してだけでなく、経世論のテクニカルな礼楽による教化に対しても、真淵は個的情念の多様さという二十年来の基本発想のもとに駁するのである。(14)

朱子学的な「理」であれ、あるいは徂徠学の「礼楽」であれ、治者はさまざまな意匠を動員して被治者の心の内に道徳的・公共的な均一性を作り出そうと図るけれども、そうした企図はついに挫折するべく、人の内奥の情念は実にさまざまである。この平凡というならば平凡な手応えが、真淵の思考の終生変わらぬ出発点であった。そして重要なのは、『国意考』での反‐儒言説の基盤をなすこの論理が、もともとは『国歌八論』論争の中で、歌という具体物に即して練り上げられてきたものだったということである。『国歌八論』のコンテクストの中で真淵が「人情」や「実情」を語るとき、そこで念頭に置かれているのは人間の情念一般ではなく、あくまでも歌に表われた情念であった。人の心が政教的な「ことわり」におさまらず多様だという真淵の論は、一般的な水準で人心を論じているのではなく、あくまでもその心を表現した歌が、そこに均一な「ことわり」など看取するべくもなく多様だという事実に即していわれている。それから二十年を経た『国意考』では、この議論が、歌という基体から切り離されて、天下国家の運営や人間の生き方の問題――すなわち近世的な「道」の問題として、より一般的な形で提出し直されるに至った。しかるに、真淵の人心の議論が、もともと歌というその表現の場面に即して形成されたものであったという来歴は、じつは『国意考』の中でも隠微な――しかし決定的な――影響力を持ち続けているように思われる。要するに『国意考』での「人の心」は、大抵の場合、それがいいわれる場面を予期しつつ語られているのである。

『県居集言録』所載のテクストには、刊本の『国意考』にはない次のような条が挿入されている。

人の心をつくさせて後こそ、事のわかちも知らるれ。上なる者は、下のことしひ終らぬさきに怒りなどして、「下なる者の言のいひ様なめし、司を軽しむる」などみづから腹立つより、事の筋をよそにして怒れるは、下の者はいひなすことも知らねば、心ならず黙《もだ》しぬ。さればことの心ゆかねば、いつまでも済侍らず。こゝに坊をあづかる司《つかさ》ありて、それが中に、久しくその事にかゝれる橘の枝直てふ人あり。それがいふに、「先訴へあらんに、よくその事を聞てことわるに、ふさはずは其のかたきの人をかたわけて召して、其の訴の心を残らずいはしめ、かたへに物書人いふに従ひてとゝめさせ、さてその訴へに猶足らはぬ事あらんを教へて、足らはしめて心を尽さしめ、後むかふかたきをもよび合せて、左右のいへる事をしるしたるを読みあげて、こゝはこゝがよし、こゝがあし、てふ事を明らかに説き聞かせぬれば、さすがに人の情あれば、よしあし明らかにおもひ得て、わがあしきはあしと知りて、あやまれりといふ也。そを司の権威にていふ時は、いつまでも果てぬものぞ」と、まことにしか也。（『国意考』二六―二七頁）

「坊をあづかる司」で久しく実務に従事している「橘の枝直」とは、南町奉行所の与力であった加藤枝直である。流布本からこの条が削られたのは、「御政道」への言及を含むため、またその任にある枝直への遠慮のためであろうが、枝直が語る公事出入《くじでいり》（民事裁判）の体験談[15]は、ちょうど「さる理りありとて、生てある天が下の同じきに似て異なる心なれば、うはべは聞しやうにて心にきかぬことしるべし」（前掲）という主張の裏付けとして機能している。枝直が語るのは目安糺《めやすただし》（訴状の修正）の作業である。「御政道」の実質的な現場である「御裁き」で大切なのは、「上なる人」が、徂徠が重視する治者としての「遠大ノ見識」（『太平策』四五八頁）を発揮して審理の場での主導権を握り、「下なる者」に対して果断に審判を下すことではない。たとえその判決が公平で理にかなっていても、「司の権威」をもって上からおしつけるように審判を下しては、訴えの当事者である被治者たちの内面には訴えが十分に汲まれなかったというしこりが残るばかりで、その案件は「いつまでも済侍らず」。大切なのは、「人の心をつくさせ」ることである。それは、具体的には原告・被告の双方に「其の訴の心を残らずいはしめ」ることを意味している。それぞれの言い分をもれなく聞き届け、それどころか当事者であるがゆえに見えにくくなっていた論点までも指摘してやり（「猶足らはぬ事あらんを教へて」）、双方の完全な目安（訴状）を作り上げたうえで、それを当事者たちの前で丁寧に吟味して是非を正すことで、誰もが心から納得してしたがう「御裁き」となるのである。出入筋（民事）の公事《くじ》にあっては強制力をともなう奉行の「裁許」（判決）に至る前に、まずは当事者間の「内済」（和解）が目指された。これは今日と変わらない事情である。徂徠学の治者が、高邁な理想と怜悧な思惟のもと、愚民に対して能動的に〝説く〟存在であるとすれば、ここで理想とされているのは、逆に民の訴えを受動的に〝聴く〟治者のありようである。[16] 治者が透徹した眼と公平さへの情熱とをもっていたとしても、訴え出た被治者にみなまでいわせず（「こといひ終らぬさきに」）、頭ごなしに〝正しい〟判決を下したりしてはならない。訴訟の当事者となった被治者たちは、正義や公平さへの要求（不当な侵害からの回復の要求）とはややずれたところに、自己の言い分が十全に聞かれ、汲まれることへの要求を併せもっているからである。これが、枝直が実務の中でつかんだ経験的な智慧であった。

その個々の訴えに懇ろに耳を傾けようとしないかぎり、治者には見えてこない個々の当事者の「訴の心」とは、まさに真淵のいう「私ある物」としての「人の心」、あるいは「うはべ」には現れない個々の人心の内奥の、端的な実例としてある。そして「訴の心」は、社会的な公平さの達成によってではなく、それがいわれ、聞き届けられることによって、充足する。「人の心」が「つくさ」れるとは、具体的にはそれが十全にいわれることを意味しているのである。かくて『国意考』にあっても、真淵が注目する多様な「人の心」とは、いわれるもの、表現されるものという含意をなお残している（「歌」と「訴へ」との語源的同一性も意味深く想起される）。さらにこのことは、『国意考』の鍵語である「直さ」が、人間の内心のありようを表す言辞でありつつ、同時にその内心の表現にもつながる言辞でもあるという事態に、より明瞭に示唆されている。

## 第三節「直き」人々

宋学系の道徳社会や徂徠学系の礼楽社会に抗しつつ、真淵が『国意考』で日本の「古へ」を一種の理想社会として提出するとき、一つの言葉がほとんど濫用とも思われるほどに多用されていることに気づく。それは「直し」という形容詞である。

(イ)古へは只詞も少く、ことも少し。こと少く心直き時には、むつかしき教は用なきことなり。教へねど、直ければことゆく也。(『国意考』一五頁)

(ロ)凡心の直ければ、万に物少し。もの少ければ、心に深くかまふることなし。(同前、一八頁)

(ハ)武の道は直ければおろそかなく、私なし。手を拱《たむだき》て、家をも治むべし、天が下をも治むべし。(同前、二二頁)

(ニ)もし上に古へを好みて、世の直からんをおぼす人出来む時は、十年・二十年を過ぎずして、世は皆直かるべし。(同前、二四頁)

(ホ)ただ何事も、もとつ心の直きにかへりみよ。(同前)

最後の(ホ)「ただ何事も、もとつ心の直きにかへりみよ」は、『国意考』全体の掉尾を飾る文言である。また(ニ)

条にて、真淵が目指す復古の内実は、要は世が「直く」なることと等置されている。『国意考』における「直し」は、理想社会としての「古へ」を一言もって蔽《おお》う特権的な形容詞なのである。それだけではない。『国意考』以外の真淵の著述にも「直し」は頻出する。

(ヘ)あはれあはれ、上つ代には、人の心ひたぶるに直くなむありける。（『歌意考』四〇頁）

(ト)これの日出る国はしも、人の心直かれば事少く、ことばもしたがひて少し。（『語意考』清書本、一四五頁）

(チ)古への歌は調をもはらとせり。うたふ物なれば也。その調べの大よそは、のどにも、あきらにも、さやにも、遠ぐらにも、おのがじし得たるまにまになる物の、つらぬくに高く直き心をもてす。且その高き中にみやびあり、直き中に雄々しき心はある也。（『にひまなび』二〇〇頁）

(リ)古へ人の心まことに言直く、いきほひ雄々しくしてみやびたることを知る。（『万葉考』巻六、二巻一五九頁）

上代の人心、「日出る国」（日本）の人心、古歌の調べ、そして「武の道」云々、およそ真淵が価値を感じるあらゆる対象が「直し」と形容される。「直し」は真淵にとって「古へ」のありようを端的に表示する特権的な言辞であり、すでに常用語彙の範疇を超えて、その思考の結び目を示す一種の思想的鍵語と化されている。

しかしなぜとりわけて「直し」なのであろうか。その由来はいくつか想定される。

まず思いつくのは、宣命の「直き心」である。天皇の和文をもってする公的な声明が宣命であり（漢文体のものは「詔勅」）、特に即位の際のそれにおいて、天皇に仕える官吏（「百官人《もゝのつかさびと》」や「国々の宰《みこともち》」）のもつべき心構えとして定型的に説かれたのが「直き心」である。真淵は広本の『文意考』に上代の雅文の一例として文武天皇即位宣命の全文を掲出しているが[1]、そこに「明支清支直支誠之心」とあるのが「直き心」の文献上の初出である。この「直き心」は「冥加は正直を以て本と為す」[2]（『宝基本紀』）と説く伊勢神道によって宗教色を強められ、また中世後期以降、天照大神が口づからに「正直」を説く三社託宣の広汎な層への流布を経て、およそ近世前期には「正直」として定着するに至った。セイチョクであれショウジキであれ、音読みの語を嫌う真淵は、この「正直」の代替語として「直し」を用いているのではないだろうか。真淵がやや見慣れないこの「直し」の語で説くのは、畢竟じて〝万事正直だったむかしへ復れ〟というごくありふれた主張だと、ひとまずは考えられるのである。

しかしもう一つ考えられるのが、儒教の議論からの脈絡である。真淵の「直し」について、澤井啓一は次のように指摘する。

> 真淵が『万葉集』を選択したのは、日本で最古の歌謡集であったからであろうが、そこから歌の原型として「なほく」「雄々しく」「みやび」という基準を取り出した。この基準は、真淵が理解した中国のイメージの対極にあるものだと想定される。[3]（澤井啓一「近世国学と歴史意識」）

「みやび」は次節で、「雄々し」は次々節で詳説するが、「直し」が「真淵が理解した中国のイメージの対極」に析出した概念だという澤井の「想定」はきわめて示唆的である。そしてここには「想定」以上の実体的な連関が見出しうるように思われる。そもそも真淵が相手取った徂徠や春台にとって、先王の道は「直」くはないことがその卓越性の証左であった。徂徠が先王の道を形容（＝「状」）する言葉は、「直」ではなく「文」である。「文」とは「文《かざ》る」ことである。

文なる者は之れを修飾して以て礼を成す者なり。仮如《たと》へば射は、其の由りて起る所は「孤矢の利、以て天下を威《をど》す」（『易経』繫辞下伝）に在り。是れ本なり。後来、聖人、礼楽を以て之れを文《かざ》る。是れ文なり。「射は皮を主とせざる」（『論語』八佾篇）は、則ち聖人の意、専ら礼楽を習ひて以て徳を成すに在ればなり。……燕饗の礼の如きも、其の始めは亦た唯だ之れを飲食するに在るのみ。後来、聖人、礼楽を以て之れを文れば、則ち「酒清《す》み人渇すれども敢て飲まざるなり。肉乾き人饑《う》られども敢て食はざるなり。」（『礼記』聘義篇）其の意専ら飲食を為すには非ざるなり。是れ所謂「文」なり。（『弁名』文質体用本末、一七三頁）

元来の弓射は戦闘であれ狩猟であれ、暴力を行使して対象を殺傷する行為であった。しかし礼楽の一環として射礼が制定されて以来、対象に矢が的中（「皮」）するか否かは問題ではなくなった。聖人の主眼は矢の的中ではなく、射礼を通じての教化にあったからである。宴会（「燕饗」）も同様である。すでにその礼が制せられて後は、卓上に供された酒を飲み肉を食い、飢渇をいやすことではなく、そうした自然的欲求を「敢て」さしとめ、「以て礼節を成し、以て君臣を正し、以て父子を親《したし》うし、以て長幼を和す」（『礼記』聘義篇）ことに主眼は移行している。弓射であれ飲食であれ、人間の自然な――あるいは〝原始的〟な――欲求そのままの行為でなく、それが作為的な文化規範によって止揚されてはじめて、人とよびうる人の社会が成り立つと徂徠は考える。礼楽は直き道ではなく、文《かざ》る道なのである。また同じく先王の道を「文」と形容する文脈で、徂徠は次のように述べている。

夫れ直情径行なる者は、戎狄の道なり。先王の道は然らず。（『弁道』二七頁）

「直情径行なる者有り、戎狄の道なり」は『礼記』檀弓下篇に見えるきわめて有名な文句である。「戎狄」は礼楽を誇る「中華」から睥睨された四囲の蛮族（北狄・西戎・東夷・南蛮）である。情を直《なお》くして径《ただ》ちに行なうのは「中華」の道ではない。文明の道は情を礼によって「品節」（『礼記』檀弓下篇、同章）するものである。「狄」はすでにえびすとともに犬をも意味するが、礼楽を欠いた自然的世界は「禽獣」の世界ともいわれる。儒者にとって――少なくとも『礼記』を著した孔門の末徒（「七十子後学者」、『漢書』芸文志）にとっては、人の人たる所以は言語の使用ではない。鸚鵡や猿も言葉を話す。「人にして礼無ければ、能く言《ものい》ふと雖も、亦《ま》た禽獣の心ならずや」[4]（『礼記』曲礼上篇）。礼によってこそ人と禽獣とが別れるのである。そして礼の渡来以前の日本のありようを再三「禽獣」と称して憚らなかったのは、まさに『弁道書』『聖学問答』での太宰春台にほかならなかった。

天地ノ中ニ生レタルマヽニテハ、禽獣ト異ナルコト無シ。[5]（『聖学問答』）

春台は礼なき自然状態は「禽獣」に同じという儒家の理解を忠実に祖述し、それを躊躇《ためら》いなく日本の上代にあてはめる。先に見たように、春台が注目するのは日本古代の皇統譜に見える近親婚規制の秩序（の非在）である。「箇様ニ人主ノ身ニテ禽獣ノ行《ヲコナヒ》ヲナシタマヘバ、其下ハ推テ知ルベシ」（同前）。そして春台は、礼の渡来によって日本人ははじめて「禽獣」の状態を脱したと考える。

この国の人礼儀を知り、人倫の道を覚悟して禽獣の行ひをなさず、今の世の賤しき事までも、礼儀に背く者を見ては畜類の如くに思ひ候は、聖人の教の及べるにて候。[6]（『弁道書』）

春台によるかぎり、日本人が自分たちを「禽獣」「畜類」と区別し始めたのは「聖人の教」の渡来後であって、しかも日本人たちは自らの文明の起源を忘却している。『国意考』での真淵の次の議論は、以上の春台の主張への直接の反駁と想定される。[7]

又人を禽獣に異なりといふは、人の方にてわればめにいひて、外をあなどるものにて、また唐人のくせなり。四方の国をえびすといやしめて、其の言の通らぬがごとし。凡そ天地の際に生きとし生けるものは、みな虫ならずや。それが中に、人のみいかで貴く、人のみいかなることあるや。(『国意考』一一―一二頁)

真淵は礼の外部を「鳥獣」「えびす」と蔑視する儒者に対して、むしろ人と禽獣とに価値的上下を見る思考法そのものを批判している。ここで真淵は「天地ノ中ニ生レタルマ、ニテハ、禽獣ト異ナルコト無シ」(同前)という春台の主張自体には同じているわけである。その上で「天地の心のまにまに治め」(『国意考』九頁)られていた古えの日本に、奈良朝以降「天地に背《そむき》て急速に佶屈」なる「唐の教」(同前、一六頁)が流入して、人と禽獣とが分かれてしまったことを一種の悲劇として捉えるのである。つまり春台と真淵とは歴史過程への認識自体は共有しており、ただその転轍点をなした礼なるものへの評価が正反対なのである。このとき、礼なき「禽獣」(「鳥獣」)ないし「戎狄」(「えびす」)のありようを表示する「直情径行」も、内実はそのまま、評価の符号を反対にして、真淵に受容されたのではあるまいか。すなわち「天地のまに〳〵」して「鳥獣」と等しかった古代日本を形容する「直し」とは、「直情径行」の和語による言い換えだと、一定の蓋然性をもって考えられるのではあるまいか。[8]この推定を裏付けるのが、『国意考』批判の先鋒となった徂徠学派の儒者・野村公台の次の行論である。

真淵動《やゝ》もすれば「直々」と曰ふ。所謂「直」とは「直情径行」の「直」にして、乃《すなは》ち戎狄の道なり。其れ聖人の道を知らざること、是に於いても亦《また》以て見るべし。(9)（野村公台『読加茂真淵国意考』天明元年〈一七八一〉）

やはり公台にとっても『国意考』での「直し」の濫用は目につくところだったのである。そして真淵の「直し」が再び『礼記』の「直情径行」へと直され、再び負の価値へと差し戻されている。徂徠学派の「文」の対極であった「直情径行」が、真淵によって和語「直し」に和らげられ、それがまた徂徠学者によって「直情径行」へと漢語化されたわけである。

ここまでの推測を阻むのが、当の春台の『聖学問答』および『弁道書』の中には「直情径行」の語の直接の引用は見えないことである。しかしながら、この推測をいっそう裏付け・強化するのが、真淵自身による「直し」の語の定義である。

直きといふ中に、邪にむかふと、思ふ心の強く雄々しきと、心に思ふ事をかくさずいふとの三つあり。そは事にしたがひてとるべし。その中に、古人は思ふ事、ひがわざにても隠さず歌によめる、此の直きにぞ、歌はあはれとおぼゆること有なる。（『にひまなび』二〇〇頁頭注）

「直し」とは、㈠「邪」の対義語、㈡内心の雄壮さ、㈢心のありのままの表現の三義に大別され、その中のどの意味かは、文脈に応じて適宜考えよと真淵は説いている。㈠の「邪にむかふ」とは、道徳的に「正」しいという意味ではない。おそらくこれは『論語』で孔子が『詩経』の詩の本質を「思無邪」（思ひ邪まなること無し）

の一言で喝破した章（為政篇）を踏まえた議論である。

「思無邪」てふは「直也」と解きて、其事はよくまれあしくまれ、思ふことを直《スグ》にいへるをたふとみたる也。
（『古今集序別考』、十一巻四〇五頁頭注）

『論語』の「思無邪」を「直也」と注解したのは伊藤仁斎であり、[10] ここにも真淵が踏まえている同時代の儒学・漢学の水準が窺える。真淵の用語系の中では、古詩に表現された思いに「邪」まがないとは、悪心・邪心がないことではなく、さかしらや作為がないことを意味するのである。このとき㈠の「邪にむかふ」は㈢の「心に思ふ事をかくさずいふ」とほとんど重なってくる。かくて真淵の「直し」は、道徳的な善悪といっさいの関連をもたないことが了解されよう。㈡の「思ふ心の強く雄々しき」も畢竟情調《モダリティ》の問題であり、「思ふ心」の善悪正邪には関わらない。盗賊も勇敢でありうる。引用に見えるように、「ひがわざ」であっても直く、表現内容が「あしく」あっても直いのである。真淵にとっての「直」さの要件は、表現主体の内面や表現内容のよしあしなどといった表現の内容は括弧に入れて、もっぱら内心をありのままに外に表しえているか否かという表現過程の手続きのみにある。[11]「直き」万葉びとたちの歌は「ふと思へることゞもをそのまゝにいひつゞくる」（『万葉考』、一巻六四頁）ものであった。その情念が悲痛で切実なものではあれ、道徳的には一様に善と言いきれないのは前節で見たところである。つまるところ真淵の「直し」とは、率直、さらにいえばあけすけということなのである。なんでもあけすけに外に表すとは、情を直くして径ちに行なうことにほかならない。

真淵が古えの日本をあけすけさにおいて捉えるのは、『万葉集』にかぎらない。『古事記』上巻の所謂国譲り神話の中で、大国主神の子・事代主神は、天津神に国を譲るか否かを問われ、「天の逆手《さかて》を青柴垣《あをふしがき》に打ち成し隠」れた。謎めいた「天の逆手」とは何かという問題は神典解釈上の一問題となり続けてきた。しかもこの動作は、所謂出雲系の国津神たちが天津神および皇室に恭順した際の態度を示すものであるから、その解釈は神話全体の意味や構造に関わる大問題である。後代の『伊勢物語』につれない女を「天の逆手を打ちてとこふ」男が出てくること（第九十六段）から、[12]「天の逆手」のひとつの有力な理解は「とこひ」（呪詛）であった。しかしたとえば視圏を真淵の周辺に限っても、万事道徳的な田安宗武は、「天の逆手」を上代の離婚の儀式と見、「葦原の中つ国を父神〔大国主神〕の私《わたくし》したまへるを常に憂へたまひし」事代主神が、悪妻をきっぱり離縁するように国を「速やかに去りて奉れ給へるたとへ」だと説いている[13]（『古事記詳説』別記）。記紀神話に同時代の朝幕関係にまで通じる日本のデリケートな政治構造を見ていた[14]徳川家の宗武にとって、武力で国土を私有《うしは》く出雲の神が、皇室に対して「のろひごと」（同前）を行なうはずがないのだった。真淵はおそらくこの主君の解釈を念頭に置きつつ、「天の逆手」をはっきりと「恨み」の「とこひ」だと断言する（『古事記頭書』、十七巻二二頁）。「古は人の心直ければ、恨みあれば恨む、とこふべきをとこへり」（同前）。またいう、「恨みをかくすは邪心なり」（同前、十七巻二二頁）。真淵にとってたとえ天津神への不服や憎悪であっても隠さぬことが「直く」、隠すのが「邪心」なのである。

　また『古事記』の中で須佐之男《すさのお》命は父・姉に対して「僕」と自称するが、真淵はこれを「ヤツガリ」ではなく、謙譲の意をこめずに「ア」または「ワレ」と訓《よ》むべきだと主張する。

「僕」ト書シハカラ人ノ書ニナラヘル也。カラ人ハ卑下ヲ甚シク書レドミナ虚言也。吾朝ノ古人ハ虚言セズ、故ニ貴人ノミヅカラ「僕」ト云《イフ》ゴトキコトハナシ。他ヲ悪《ニク》ミ詈《ノヽシル》ニハイヘドミヅカラミダリニイハザルハ直キナリ。然ルヲ此神イカデ「ヤツカリ」トノタマハン。サレバ「僕」ノ字ハ筆者ノワザトシテ「ワレ」ト

ヨムベシ。(『仮名書古事記』、十七巻八二頁頭注)

後に須佐之男神が大国主神を、また五瀬命が登美毘古《とみびこ》を「奴《やつこ》」と罵った例はあれど、謙遜・卑下した自称として「ヤツコ」や「ヤツガリ」を用いることは儒教渡来以前の日本にはなかった。むろん「孤」「愚」「僕」「妾」「寡人」等の謙称は大陸の礼体系の重要な一部である。しかしそれは「吾朝」の「直キ」道ではない。故に、須佐之男神の「僕」は太安万侶が漢字表記する際に加えた後代の文飾(「筆者ノワザ」)とみなし、「ワレ」という卑下のない須佐之男神の肉声を復元しなくてはならない。謙《へりくだ》らないことが「直」いのである。皇統に直結する天津神へも恨みをはっきり直示し、伊耶那岐《いざなき》命や天照大神にも卑下しない古代神話の神々(彼らが出雲系なのは偶然ではない)は、儒教的礼秩序の彼岸にいる。その「直」さ、すなわちあけすけな直情径行ぶりを真淵は理想社会とするのである。

そして儒教を代表とする大陸の文物と比較したとき、日本の文化伝統があけすけだというのは、真淵に限らず、近世人のごく一般的な認識に属することがらであった。和漢それぞれの文化的正典——すなわち四書五経や記紀万葉・三代集・伊勢源氏——を俯瞰的にみたとき、男性文治官僚(士大夫)の文化上のヘゲモニーが確立しなかった日本のほうが、明らかに性・恋・暴力など秩序紊乱的な諸要素に対して率直であったといえよう。業平の時代から恋は「神の禁《いさ》むる道」ではなかった(『伊勢物語』第七十一段)し、記紀神話は恋を、さらに露骨にいえば性愛を主題とするものだとごく普通に認識されていた。たとえば「天の神の七代より地の神の五代に伝へ、人の皇《きみ》の初めまで、陰陽交合《めうとまぢはり》の歴々たる物」と喝破する増穂残口は神話に「和朝の恋の元根《みなもと》」を見[15](『艶道通鑑』)、間引きの風習の防遏に奔走した宮負定雄も「男女交合は掛けまくも畏き伊邪那岐《イザナキ》命・伊邪那美《イザナミ》命二柱の大神の始め給へるより、次々に誰教ふるともなく鳥獣に至るまで自然の如く伝え来つる道にて、子孫生成の大業」だと強調している[16]（『民家要術』交合の巻、天保二年〈一八三一〉成）。また山鹿素行の『武教小学』（明暦二年〈一六五六〉序）、山崎闇斎の『大和小学』（万治三年〈一六六〇〉刊）、そして貝原益軒の『和俗童子訓』（宝永七年〈一七一〇〉序）など、近世儒者たちの著した初等教育書は、「伊勢源氏」を駆逐するべきであると異口同音に述べている[17]。それらが同時代の女子教育に広く用いられていたためである。「女子の別夫に通ずる」（『武教小学』）を描き、「淫秩の事」「悠艶の事」（同前）、「たはぶれ」（『大和小学』）に満ち満ちた王朝物語が、たとえば「后妃の徳」（『毛詩大序』）を示して民を「風化」（同前）する『詩経』関雎などの代替物として通用してしまっているのは、彼らにとって言語道断なのであった。彼らの眉を最もしかめさせたのはむろん所謂「ものゝまぎれ」、つまり帝妃の密通であったが、ほかにも道ならぬ恋は王朝物語のそこかしこに見られる。たとえば兄が妹に「うら若み寝よげに見ゆる若草の人の結ばんことをしぞ思ふ」とよみかけた『伊勢物語』第四十九段である。この段について真淵は、近親婚《はらからたわけ》の含意を回避しようと「懸想にあらず、妹を恵みて人に結べかしとよめり」と強弁する説を退け、はっきり兄から妹への「懸想」だと断定している（『伊勢物語古意』、十六巻一一一頁）。真淵の解では、人が「寝ることを想像するのではなく、兄自身が「寝よげに見」るのである（ゆえに後句は明瞭な嫉妬である）。これは「天の逆手」の解と同じ構えであるが、真淵は「我国の古人はすなほに侍れば、人情を隠さず」と続ける。この「すなほ」さとは、随所に連呼される「直」さのシノニムと考えてよいだろう。兄が妹を「寝よげに見」たことを「隠さず」表現し、その恋物語が四書五経に比される文化的正典と化してしまう日本の奔放さ・あけすけさを、真淵は「直」さ・「すなほ」さと名指したのである。

そして日本上代の天真に出た性愛への奔放さを「直し」と形容する真淵の態度は、やや尾籠なところに引き継がれた。『藐姑射秘言《はこやのひめごと》』（安政六年〈一八五九〉跋）と題する書物がある。『阿奈遠可志《あなをかし》』『逸著聞集』とともに江戸の「三大奇書」とされた艶笑本である。古今の著名な性愛譚を瀟洒な擬古文で綴るこの本の匿名の著者は、伊勢桑名の国学者・黒沢翁満にほかならない。そこでは筑波山の歌垣、道鏡事件、業平とつくも髪の老女、平中と本院侍従、義経と女院との秘事等々、日本古来の性愛のかたちが葛《つづら》折りのように語られてゆくが、どちらかというと好色な関心よりも、それらを完璧な平安朝の擬古文で表現する雅文の技量の誇示と、尾籠さと雅やかさとの取り合わせの妙とにこそ、一書の眼目がある。その「はしがき」に、藐姑射《はこや》の女神からの夢告として、日本の「誠に直々《すぐ〳〵》しき国ぶり」「此国の真直《ますぐ》なる心ばへ」が縷々説かれているのが注目される。(18) これはきわめて高い蓋然性をもって、真淵の常言「直し」を踏まえ、継受したものと考えられるのである。翁満は本居宣長の弟子（したがって真淵の孫弟子）であって直接真淵の講筵に連なったわけではない。しかし邸内に真淵の像を祀って「うまし《（美）》きみおや《（祖）》ともおやといつき《（斎）》」慕い(19)（「県居の翁の像に」）、またその主著『言霊のしるべ』が実質上真淵の『語意考』の祖述と敷衍とであることは、彼の心の師が誰であったかを問わず語りに示している。この一見何ということもない「直し」という言葉に真淵が新しく盛りこんだ内容——そしてこの表現が継受され展開したさきは、じつはきわめて〝過激〟なものだったのである。(20)

またもうひとつ「直し」と同様に真淵によって新しく〝過激〟な内容を盛り込まれた歌論上の常套句に、「まこと」がある。近世の堂上歌学は禅学・朱子学の影響を受けて、朱子学的に解された「誠」を歌詠の理想として掲げていた。(21) 真淵と同世代の堂上歌人で、位は内大臣にのぼった烏丸光栄は「歌といふものは誠の道なり」(22)（『聴玉集』寛保五年〈一七四四〉頃）と断言している。藤原北家日野流の烏丸家は堂上の「歌の家」四家（烏丸家・中院家・三条西家・冷泉家）の一つであり、光栄は三条西実条・中院通村と並んで近世前期の堂上歌壇の大立者の一人であった。光栄はまた次のようにもいう。

凡そ詠み方の教唯一つなり。一は心の真実なり。思ふ所の誠をいひのぶるより外のことなし。(23)（『内裏進上の

一巻』元文二年〈一七三七〉）

「誠」はまず内面についていわれるものである。まず「心の真実《まこと》」があり、それをそのまま外に表出するのが理想の歌詠の過程、「誠」の道行きである。光栄の祖父の光雄は朱子学よりも禅学に傾倒したが、「歌は一心の誠を肝要とす」[24]（『光雄卿口授』天和三年〈一六八三〉）と言い、さらにその「誠」を「清浄にして無一物」[25]（同前）、「心頭の無事」[26]（同前）と説明している。また烏丸家のみならず、三条西家に連なる武者小路実蔭も「和歌の本意は誠意なり」[27]（『詞林玉葉』元文四年〈一七三九〉）と述べたうえで、その「誠」の境地を、塵なく外界を写す「明鏡」に喩えている[28]（同前）。それは禅学から朱子学へと継承された「明鏡止水」の境地にほかならない。「明鏡」となって詠むとはいかなることか。実蔭によればそれは、鶏頭を詠まんとすれば「実に鶏頭に心をなして」[29]（同前）詠むこと、要するにさかしらな私欲や成心を捨てて、対象になりきって詠むことである。雅と俗、あるいは有心と俳諧のわかちこそあれ、それは芭蕉の有名な「松の事は松に習へ、竹の事は竹に習へ」[30]（『三冊子』元禄十五年〈一七〇二〉）と、いわんとするところは同一である。畢竟「私心を離れよ」（同前）ということにほかならない。その心の構えが、禅でいう主客不二・人境（不）倶奪、朱子学でいう万物一体・天人合一の論理によって説明されたのである。とまれ、真淵の同時代の歌の「誠」とは、まず「一心の誠」を稽古修行によって確保したうえで、それを素直に表出することであった。工夫の焦点は心にあった。

対して真淵の「まこと」は、「表現的意味がつよい」ものであることがつとに井上豊《みのる》によって指摘されている。[31]往々に「真言《まこと》」と表記されるように、真淵が「まこと」と形容するのは多くの場合「心」ではなくすでに表出された「言」である。真淵は『続万葉論』で「古の歌は真言也」（十巻二頁）と述べている。『続万葉』とは『古今集』のことである。この「真言」に真淵は頭注を付し、さらに詳論する。

> 歌のまことと云《いふ》は、後の唐人の義と理にかなへるをいふとはこと也。たとひ思ふ事は不義不理にまれ、ひとへに思ひ乞《こふ》事をそのまゝにいひ出すをまことゝいふ也。（『続万葉論』、十巻二頁頭注）

「心に思ふ事をかくさずいふ」（前掲）さまを形容する「直し」と照応して、真淵のいう「まこと」とは「ひとへに思ひ乞事をそのまゝにいひ出」された言葉である。やはりここでも内面の「不義不理」は問題になっておらず、「まこと」の言葉は義や理からはみだすことがありうる。真淵はまた「理を思ひめぐらしいふは、真《マコト》のまことにあらざるを知るべし」（『うひまなび』六六頁）とも説いている。内に抱かれた情念を隠さず「そのまゝいひ出」さんとされた言葉は、清濁正邪・喜怒哀楽とりどりの生々しいものであるが、その言葉を発話の手前で「理」に合わせて整形しようとしてはならない。結果として表出された「まこと」は、善悪無記のものとなる。先に見たように、謀反を企てた皇子が〝死にたくない〟と幼く真率な本音を吐露する時、その言葉は「まこと」なのである。じつは堂上でも発語の段階に至っては作為を混えずに「ありのまゝによみ出す」[32]（飛鳥井雅章『尊師聞書』）ことが理想とされていたが、それはあらかじめ心に操存や正心誠意の工夫が加えられているためであった[33]。平生から正しく道徳的な心を保つからこそ、いざ詠まんとするときことさらに巧む必要がないのである。必然的に、表現された歌は道徳性から逸脱することはない。堂上貴族たちが希求した「秀逸」（秀歌）とは畢竟この手の道徳的な悟達の境地を証示する詩的表現の謂であって、いわば和文で綴られた仏僧の偈なのであった。しかし真淵は善悪交々《こもごも》の本音をありのままに吐露した生《なま》の言葉に新しい歌の理想を見出し、それをあえて使い古された「まこと」の語で形容したのである。ここに国崎望久太郎の指摘する「儒教的な「まこと」の「国学的「まこと」」への転換[34]が生じた。

以上を要するに、真淵が人間の理想の姿とする古えの「直き」人々とは、生まれもったままの心（「真心」）をありのまま「まこと」の言葉へと押し出す人々であった。「真心」「真言」というときの「真」にこめられた純粋さ――「天地のまゝ」なる「おのづから」さ――とは、何より儒者がやかましくいう道徳的な吟味・加工を経ていないことを意味するのであった。それゆえ「直き」心も言葉も、まさに「よくもあしくも」ありうる。真淵が思い描く理想の古えは、個々の民が善悪交々の情念を胸に抱き、またそれを思い思いに言い表し、その内心にも言動にも画一的な方向付けがなされないままの、いわば情念とその表現との無政府状態である。その古えの具体的なイメージを提供しているのは、国家の詩集でありながら、個々の民のごく私的な悲泣や、あられもない生命への執着の叫びを、そのままに収載している（と真淵には解された）『万葉集』である。『万葉集』に読み取られたこの理想世界は、徂徠や春台が六経に読み取る理想世界、すなわち「堯舜の世」とは明確な対照をなしている。「堯舜の世」においては、被治者の内情が治者によって隈なく馴致されきっていることこそがその理想性の徴表であり、徂徠や春台の理解では、まさにその馴致のための方途として、後代に『易経』や『詩経』が遺されているのであった。しかるに真淵にとっては、こうした上からの被治者の内情への介入は、無効なうえに――「司の権威にていふ時は、いつまでも果てぬものぞ」――無意味なのである。真淵にとって人間の窮極的な充足の姿は、英明な治者に身も心も預けきって統治の客体になりきり、共同体の中に「其の所を得せしめ」られることではなく、人の数だけ多様な胸の内の切なる情念を、思うさま「叫《をら》び」うることに見出されていたためである。

## 第四節　更新された「雅び」

ここまでで見た真淵の主張に対しては、人によってはその不如意な実人生に由来する切実さや必然性に、一定の理解と共感とをよせうるかもしれない。しかし思い切って突き放してみると、畢竟それは徂徠学に至って作為性が再強調された儒教に対して、その作為性を告発し、天然自然のありのままに帰れと説いたものにすぎないものとも、いわばいわれよう。伝統的な漢語の思想の文脈でいえば、それは真淵自らがシンパシーを公言し、同時代の人々からもその亜流をもって目された、老荘思想と択ぶところはない。また今日的な観点からしても、法哲学者の長尾龍一が概括するように、この手の発想は、内面の感情の放恣な跳梁にいっさいをゆだねる「情的ロマン主義」あるいは「情的自然主義」を出るものではない(1)(「『国意考』ノート」)。歴史研究や文学研究の見地からは、こうした十八世紀日本の奇矯なナチュラリズム、あるいはネイティヴィズムを発掘し記述することにも、それなりの価値はあるのだろう。しかし倫理学の立場に立った時、真淵の思想をことさらに論《あげつら》う必然性はいまださだかではない。

ここで注目したいのは、真淵が「直し」や「まこと」と同様に個性的なニュアンスをこめて多用する「雅び」という語彙である。「直し」や「まこと」と同じく、「雅び」も基本的に言語表現に対して用いられる。

こゝに古き世の歌ちふものこそ、ふるきよゝの人の心詞なれ。此歌古事記・日本紀らに二百ばかり、万葉

集に四千余の数なむ有るを、言はみやびにたる古こと、心は直き一つ心のみになんありける。(『万葉考』、一巻一頁)

真淵が「雅び」と評するのは、まずは記紀や『万葉集』に記録された上代歌謡である。そして韻文だけでなく、上代の散文も「雅び」といわれる。すなわち『延喜式』の祝詞は「言葉まさしくして、みやび心たくみにしてゆたか」(『祝詞考』序、七巻一七九頁)であり、『続日本紀』の宣命も「こと大らかにとりひろめてみやびかにいひなす」(『文意考』七四頁)ものである。さらには歌謡以外の記紀の地の文も「みやびかなる詞」(『祝詞考』序、七巻一八一頁)で綴られているという。復古主義者である真淵は、人心も道徳も文章表現も時代が下るにつれてみながら頽落してゆくと見るが、復《かえ》るべき理想が維持されていた古えの表現について、特権的に「雅び」の評を与えるわけである。それはおおむね、平安時代前期まで——韻文は記紀万葉から『古今集』の読人知らずの歌まで、散文は記紀・風土記・祝詞・宣命、下って『伊勢物語』まで——である。

こうした真淵の「雅び」という語の使い方はいささか変わったものである。上代文献、特にその代表格である『万葉集』は、当時一般に「雅び」ならざるものとみなされ、むしろ真淵が十世紀あたりに勁《つよ》く引いたその線の後のほうが、「雅び」とまなざされていたからである。たとえば藤原定家の作に擬された鎌倉末期から南北朝期ごろの歌道の秘伝書『愚秘抄』は次のように述べる。

古へは言葉の沙汰も無かりけるやらん。ありのまゝに心ばかりをよみいれけるにや。げにも毛を敷き血を吸ひて、人もありのまゝの事なりと見ゆ。上世質朴のさま、ひととなりの振る舞ひなりき。其の振る舞ひに心も又同じかるがゆへに、歌も事外《ことのほか》におろそかなる。『万葉集』のさま、しどけなき事どもありて、つくろはぬ体とぞ見え侍る。延喜の頃、漸《やうやう》歌詞の用捨ありて、集のやうも麗《うるは》しく、歌ざま花実相兼ねたりと見ゆ。[2]（『愚秘抄』）

人も言葉も「ありのまゝ」の「上世質朴のさま」とは、真淵と捉え方自体は同一なのだが、評価は正反対である。『万葉』の世界と歌とは、ここでは「おろそか」で「しどけな」く「つくろはぬ体」と、明らかにマイナスの原始性として見られている。

またこの本を披見していた南北朝期の公卿・北畠親房も次のように述べている。

『万葉集』は上古集にて、珍重すべき事なれども、世も上がり人も朴にして、歌のさま今の世にあはぬ事ども多し。仍《より》て歌を学ばんと思はん人は、此の集を見明て本と為すが如きは不可なり。此中に取りても、寛平已後の人の歌のさまをこひねがふべきよしを、定家卿なども口伝へられたり。こひねがふべきなり。[3]（北畠親房『古今集序註』正平年間〈一三四六～六九〉）

南朝は二条派でなく京極派に拠り、歌の「正統」をも争ったが、親房の見るところはほぼ同じである。定家に擬した二条派の歌人にとっても、親房にとっても、『万葉集』を評する言葉は「雅」ではなく「朴」（「質朴」）である。『万葉集』とそれ以降の勅撰集とを通覧するとき、われわれにとってもこちらの評価のほうがしっくりくるであろう。その語自体は用いられていないが、ここで後代の模範となるべき王朝の「雅び」と観念されているのは「延喜の頃」（九〇一～二三年）・「寛平已後」（八八九年以後）、要は『古今集』以降である。それはまさに真淵が「雅び」の失われた時代として線を引いた、その後に相当する。こうした万葉観は私的な歌論のみでなく、勅撰集にもすでに見えている。『新古今集』の「仮名序」は『万葉集』を「歌の源」としつつも、その歌境は「時移り事へだたりて、今の人知ること難」いという。(4) また「真名序」も『万葉集』を「邈《はる》」かな「星序」(星座)に喩え、この蒼古の歌集と今の世のわれわれとの間には「披《ひら》き難《がた》」い「煙鬱」が縹渺するという。(5) いうまでもないが、こうした堂上系の和歌観の中心人物は、『新古今集』の撰者の一人であり、二人の貴族が先の引用文中で陰に陽に意識している京極黄門、すなわち藤原定家にほかならない。「歌道に於て定家卿を難ぜん輩は冥加もあるべからず、罰を蒙《かふむ》るべきことなり」(6)(『正徹物語』宝徳二年〈一四五〇〉頃)とさえいわれた。『小倉百人一首』、二条正風体、定家仮名遣い、『新古今集』の含む「新儀非拠」の圭角さえとれた『新勅撰集』の温順な歌風、月次《つきなみ》な花鳥風月の風趣等々、定家本人よりもむしろその後継者たち(二条家や行阿)が権威化し定型化していった〝定家的なるもの〟こそが中世・近世の「雅び」の一般的イメージの当体をなしている。今日なおその残滓は遺る。近世に至っても、そうした〝定家的なるもの〟のエージェントの一人であった堂上の飛鳥井雅章はやはり、「『土佐日記』さへ上古の事にて知れがたきに、『万葉』はまして上古の事なれば知れぬことのみなり」(7)(『尊師聞書』)と述べている。『万葉集』は「上古質朴」の遺物として「雅び」の外部に追いやられていたのである。

ならば真淵はどのようにしてこの「上古質朴」なる『万葉集』へと、「雅び」という評語を奪回するのだろうか。真淵は〝よく見ると〟という論法を多用する。

> 古へは言少く物おろそかにいひつゞけしごとく、ふとは見えて、よく考れば、くはしき理ぞあなる。(『万葉集竹取翁歌解』、六巻一二五頁)

『万葉集』の「物おろそかにいひつゞけし」素朴なさまとは、まさに偽定家や親房が口々に述べるところにほかならない。しかし真淵によるかぎり、その印象は「ふと」うち見・垣間見したものにすぎない。そして「よく考れば」『万葉集』には精妙な秩序（「くはしき理」）が機能していることがわかるはずである。また真淵は「古へ人の幼くよめるは真の余りにて、よく見れば理にしてめでた」いものだ（『万葉考』、一巻二〇三頁）ともいう。「真《まこと》」から出た古人の「幼くよめる」歌も、「よく見れば」そこには「理」が見出されるのである。さらに一般的に、真淵は次のように述べている。

後の世なるを後の人の心ゆ見ては、何そは古へはこと至らぬほどなぞ思ふべかれど、そはいまだしき也。よく思ひ、深くものを知る人の、古へをめでざるやはある。（『文意考』七四頁）

「古へはこと至らぬ」と考える後代の歌人たちの立場は未熟である。「よく思ひ、深くものを知る」とき、むしろ上代にこそ十全な言語の世界が見出される。「幼く」「こと至ら」ず「物おろそかに」見える蒼古の言語表現にこそ、よくよく検するならば、一見したところからは予想もつかない精妙な秩序が見出される。真淵のいう「雅び」とは、この消息の謂いなのである。

その和訓「みやび」に馴れたわれわれには直感しにくいが、漢語「雅」は「ただしさ」を意味する。『論語』述而篇における孔子の「雅言」とは「正言」であると孔安国は説き、徂徠もその説に同じている（『論語徴』、三巻六二二頁）。孔子は先王の遺した詩・書を読むとき、五百年以上前の正しい発音で読んだとの意である。和語「みやび」がまず喚起する華美さではなく（感性的に豊かであるか地味であるかとはさしあたり独立に）時間の推移につれて変化・頽落せず、元来の正格を保っていることこそが、漢語「雅」が本来意味するところなのである。派手ではなく、正しいのである。そして真淵の用語系における「雅」とは、つねにこの「正」の意味である。

　雅言トハ、古言ハ本ヨリニテ、今モ伝ヘテイヘル正シキ言ヲ云。（『語意考』一六五頁頭注）

従来の「雅び」の一般的な基準をなした二条正風体や定家仮名遣いには、往々に曖昧な主観性が混在していると指摘される[8]。しかし真淵が更新したこの新たな「雅び」はどこまでも客観的である。真淵が「雅言」と対比する「平言」は音便を用いた言葉を、また「俗言」は訛りや「他国ノ音」（＝音読み）を混じえた言葉を、それぞれ指している。つまり真淵の挙例によれば、「悲しい」といえば「平言」、「悲しき」といえば「雅言」である（そこから推して、たとえば「悲痛《ヒツウ》なる」などといえば「俗言」なのであろう）。だから、元来の文法からの崩れにほかならない音便がいまだ見られず、（真淵の理解によるかぎり）漢語も混用されなかった最も古い言葉、すなわち記紀万葉の言葉こそが、最も古く・最も正しい言葉として「雅言」なのである。真淵は書簡の中で『万葉集』の最古層の歌を「正雅」とも評している[9]（明和四年〈一七六七〉本居宣長宛書簡、『県居書簡』一二九頁）。真淵をはじめ近世国学者には言語の発達の観念は基本的に存在しない。復古主義者である彼らは、上代以降の日本語の変化を、原初の正格からの頽落の過程と見ている。確かに客観的に見ても、音便の発生（とりわけ撥音便＝「ん」の登場）・甲乙類の発音の区別の喪失（仮名遣いの発生）・外来語の流入・係り結びの乱れ等々、平安朝以降に日本語に生じた諸々の変化は、元来のシンプルな言葉のルールに対する無数の例外条項の付与の過程であり、そのいたずらな複雑化・冗長化にほかならない。後代の人が「上古質朴」を脱し「麗《うる》はしく」「花実相兼《あひかね》」たもの（前掲『愚秘抄』）と見た平安朝の華美さは、真淵によればじつは「うはべ」の「みやび」にすぎない（『国意考』九頁）。一見「質朴」な文化の濫觴に見出される、確固たる論理と輪郭とを備えたシンプルな正しさ・まっとうさこそが、まことの「雅び」なのである[10]。

そして〝よく見れば古えこそが正しい〟とは、徂徠の根本発想でもあった。漢籍と和書という研究対象の相違がありながら、彼らがともに古学者と称される所以である。片方に蒼古の記紀万葉や六経を、そしてもう一方に『源氏物語』や『新古今集』、また四書や『近思録』を置いて一瞥したとき（「ふと」見たとき）、和漢それぞれの文化の精髄を尽くした華美さや、周到な体系性を備えているように見えるのは、後代の文物の側であろう。前節でみた「誠」の議論に窺われるように、近世の日本では堂上歌学と朱子学とは「心」の教説として結びつき、京都の朝廷に発する「雅び」（宮び）な文化的権威を形成していた。しかしまさに武家の「質朴」を庶幾した吉宗父子のパトロニッジのもと関東に立った徂徠と真淵とは、それら後代の文物を〝開けた〟ものではなく〝頽落した〟ものと捉え直し、それぞれの最古層の古典に真の「雅び」を見たのである。朱子学の「近世」的な理論構成や二条正風の月次《つきなみ》な花鳥風月に馴染んだ身には、一種の神さびたもの深さすら感じられる古典の最古層に清新な思想、あるいは依拠すべき正しい秩序を見出すのが、彼ら近世中期の復古主義者たちに共通の構えなのである。

そして徂徠が聖人とその手に成った礼楽とを、聖人ならぬわれわれには手の届かない「彼《かしこ》」に置いたのと同じく、真淵にとっても『万葉集』の「雅び」は或る遠さにおいて見られている。春台を経由することで戯画的なまでに強調された徂徠学の作為性（さらにいえば詐術性）を批判し、日本の古えに復《かえ》ることを真淵は説いた。作為された礼楽に対置された日本の古えの理想性は「天地のまゝ」に安らかな点にこそあったから、徂徠学とちがってその復古は一見容易であるように思われる。現に真淵は「立かへらんこと何か難《かた》からむ」（『万葉考』、一巻二頁）、「人の心し直く雅びゆかば、古への安国《やすくに》の足御代《たるみよ》にかへらざらめや」（『文意考』七四頁）と復古の容易さを言い、そのタイムスパンを「十年二十年《ととせはたとせ》を過ぎ」ぬもの（『国意考』二四頁）とさえ目していた。しかしその反面で、万葉びとの「雅び」への回帰が実際にはきわめて困難であることを、真淵は痛感してもいた。(11) 後述するが、真淵によれば『万葉集』の歌は「ひたぶるになほ」き心のふとした表出が、おのずと「続くるとしも思はで続き、調《とゝの》へるともなくて調は」るもの（『歌意考』四九頁）、巧まず無意識的に成るものであった。しかし平安朝以降、儒教や仏教の「方なることわり」や山城国（平安京）の「手弱女《たをやめ》ぶり」に長く泥んだ後代の日本人は、すでにそのイノセンスを喪ってしまっている。きわめて逆説的だが、後代の日本人は無意識に読み出された古歌の境地を自分のものにせんと、意識的に努力しなくてはならない。本居宣長ら擬古派に広く見られる〝自然を学ぶ〟という逆説(12)である。「天地のまゝ」を理想としながら、今ではすでに耳遠いものとなった『万葉集』の古語をことさらに用いることの矛盾について、小沢蘆庵が「万葉に泥《なつ》める人の歌の悪しき様」を強く批判したのはひとえにこの点に存する(13)（『布留の中道』寛政十二年〈一八〇〇〉刊）。自分の矛盾へと鋭く向けられたこの類の主張を意識しながら、真淵は次のように説いている。

たゞ心に思ふ故《こと》ありてのみ詠みしは古への事にて、今は業《わざ》としてつとめずば、いかで古歌の風にも至らん、いかで古世をも知られん。(14)（「龍のきみへ問答」）

言葉の「直き」表出がそのまま歌となった理想状態は「古への事」であって、「今」のわれわれは「業としてつとめ」なくては古えの境地に到達できない。擬古派の徂徠の詩が古詩のパッチワーク（「断章取義」）であるのと相似て、万葉風の歌人として知られる真淵の歌は、しかし万葉の古語を多用しているだけであり、風趣や精神はその前半生に長く泥んだ新古今調を出ていないと評される。(15) 真淵その人からして、古えに復《かえ》ろうと努めた人であって、古えに復った人ではなかった。真淵にとって万葉の「雅び」は、永遠に到達できない一種の限界的理念として、やはり徂徠と同じく「彼《かしこ》に在る」ものだったのである。

徂徠とは異なり、真淵の見出した古えの正格（「雅び」）は、歴史上の特定の誰かによって制作されたものではなく、無人称の「天地《あめつち》」のものである。しかし真淵の思考が自然主義通有の曖昧さや無内容をぎりぎりのところで免れているのは、天地とともにある悠然さが理想とされる一方で、否応なく歴史的過程の中に投げ込まれたわれわれには、その自然と一体であるイノセンスはつねにすでに喪われているという、その痛切な切断の感覚のゆえであるように思われる。「高き世の文」を仰ぎ見ると、今のわれわれには「高山の敷《し》く道も絶へ、青海原の畏《かしこ》くして奥処《おくが》も知らず、春の月の中空の霞に隔て」られたものに映る（『歌意考』四一頁）。雅びな古文が自然の崇高美に喩えられるのは、むろん任意の比喩以上のものである。徂徠が発見した他者としての聖人を真淵は消去し、再び「道」は自然のものに還ってしまったかに見える。しかし真淵の自然は、個々人の彼方に縹渺するものであって、それとの合一は限界的な理念としてしか考えられていない。そこにあるのは自然の「雅び」な理法を精密な知的努力によって――「よく見」「よく考へ」て――なぞり、自然を目指して稽古するという人間観なのである。

## 第五節　五十音の秩序

徂徠にとって六経が後代の人から遠いのは、言語や時代の隔たり以上に、窮極的にはそれが余人には測り知れない聖人の「聡明叡智」によって織り上げられているためであった。対して真淵の古えを貫いている秩序は、誰か特定の人の意図や知性によるものではなく、非人称的な「天地」のものである。しかし、その「天地」は徂徠学の作為に対置された自然という以上の、ことさらに取り上げるに値する内実をもっているのだろうか。すでにないと見る向きもある。野崎守英は「真淵における「自然」についての観念は、それが人間を意味づける基軸となって充分に機能しうるほどの内実において乏しいものであった」と言い、それは「人間の直面する問題を解明するための充分な論理となりえない」と評している[1]。野崎の評は、儒教への対抗言説としては百家争鳴期以降、破壊的な効力を発揮し続けたが、ひるがえってそれ自体の内実を問われるとやや苦しい老荘思想の「自然」にはたしかに妥当しよう。しかし真淵の「自然」は、老荘思想とはやや異なる「論理」や「内実」を有しているように思われる。

　真淵の行論中で「天地」の秩序の端的な内実としてまず言及されるのは、「春も漸《やう〳〵》にして、長閑《のどけ》き春となり、夏も漸にして、暑き夏となれるがごとく……丸《まろ》く漸にして至る」(『国意考』一五頁)という四季の漸進的で諧調ある移行と、その中での草木鳥獣のおのずからなる生成消長である。その諧調性・漸進性は、「仁・義・礼・智」と諸概念をはっきり分節する儒教の構えと対照されている。「天地」の「丸く」漸進的で諧調ある移行は、儒教の「才《カド》なることわり」（同前、二〇頁）の作為性を衡くためにいわれるのである。或る書簡で真淵が、儒教の概念布置が「原色」的であるのに対して、「天地」のままなる日本の「大道」は「間色」的だと対比している[2]のも同じ消息である。しかしこのように自然の運行の悠揚迫らぬ雄大さをもちだして儒教の概念分節と議論立てとの狭く・小さな人為性を衡くだけならば、真淵の「天地」観は、「老子てふ人の、天地のまにまにいはれしことこそ、天が下の道には叶ひ侍るめれ」（同前、一四頁）と述べるとおり、老荘思想の自然観（「造化」「流行」）と択ぶところはない。

真淵の「自然」が老荘から岐れてくるのは、その「自然」ないし「天地」がもう一つの具体的イメージを踏まえている点からである。それは、「五十《いつら》の声《こゑ》は天地《あめつち》の声」（『国意考』一三頁）、また「天地のおのづからなる五十の音」（『語意考』一四五頁）といわれるように、日本語の五十音の体系である。それは聖人が知巧の限りを尽くして制作した礼楽とは異なり（また漢字そのものも聖人・黄帝の制作であると信じられた）、天地自然から「おのづから」現れたものであり、もしあえて求めるならば「天地の神祖《カミロギ》の教へ給ひし言」（『語意考』一四六頁）として、神代の神々に帰するほかはないものである。「直き」人々が実質的には歌い・訴える人々だったように、「直き」人々を包みこむ「天地」の流行とは、じつは言葉の流れなのである。

『万葉考』の凡例に「古き言は五十音をよく知らでは解くべきよしなし」（一巻二二頁）と宣言されたように、真淵の古典研究・古代研究は五十音図をフルに活用して行われた。初等教育ですら五十音図が用いられる今日からは想像しにくいことだが、（梵語《サンスクリット》ではなく日本語の音韻秩序を表す図としての）五十音図は近世の国学者にとっては画期的な発明であり、これまで知られていなかった日本語の霊妙な秩序を開示するものとして、基本的に研究者の仲間内でのみ、一種の秘教性を帯びて扱われていた。[3]真淵ら国学者の登場までの長い間、日本語音（正確には仮名）の一般的な秩序として通用していたのは、いろは歌である。古辞書は「いろは」順に語を配列し、初等教育としての手習《てならい》も「いろは」四十七字を学んだ。いろは歌と五十音図との端的な違いは何か。いろは歌は仏教教理（『涅槃経』の四句偈）の提示という論理のもとに仮名を配列しており、純粋な語音研究の観点からすれば、音（正確には仮名）を無作為に列挙したものにすぎない。対して、五十音図の上には日本語の秩序が可視化されている。縦列の母音（「韻」）、横列の子音（「音」）の配列に音韻秩序が整然と示されているのみではない。何より各縦列が四段活用（現代日本語の五段活用）動詞の活用語尾の変化形をそれぞれ表していることに顕著であるが、そこには同時に用言の活用も示されているのである。上古以来のわが国の言語研究は、「経」（正典）を表記する一種の神聖言語である梵語および漢語の研究に集中し、日本語は従属的な扱いをしか受けていなかった。両者の関係はルター以前のヨーロッパにおけるラテン語と各「俗語」との関係に近いといえよう。弘法大師の作と伝えられる仏教的ないろは歌のもとに日本語の各音が並べられたのは、その従属性の端的な表れである。さらに日本思想史研究という営為の基体である〝訓点を施された漢籍〟のうえにも、その力関係は瞭然と可視化されている。つまり儒仏の大文字の経文の余白に小さく書きこまれたテニハ・ヲコトの類（より古くはただの点）こそが、書物上に現れた日本語の初発の姿だったのである。舶来の経典の神聖な内容（およびそれ自体神聖な文法）を理解するためにローカルな俚言《サトビゴト》であるテニハ・ヲコトが駆使されるのであり、テニハ・ヲコト自体に自律した秩序が存在するなどとは当初考えられもしなかった。「詞《コトバ》は寺社の如く、手爾波《てには》は荘厳の如し」(4)（『手爾波大概抄』）といわれたが、日本の知的言説中の「詞」（自律語）としてその過半を占め続けるのは（今日に至るまで）外来の抽象概念である。日本固有の「手爾波」（付属語、また用言の活用語尾）はそれを「荘厳」（修飾）するにすぎない。こうした文脈の中に置き直してみると、近世の五十音図の画期性が了解されよう。それは梵語や漢語（ひいては仏教や儒教）に従属することのない固有の精密な論理を日本語が有するという、新しく挑戦的な主張を可視化するものだったのである。

とはいえこの五十音図は、表音文字である梵字の図が、密教系の学僧によって日本語に転用されたものとするのが今日の通説である。近世にあっても新井白石はすでに「東方の字母五十韻、蓋し悉曇に本づく」[5]（『東音譜』享保四年〈一七一九〉序）と述べ、宣長も「マコトニコノ五十連ノ図ハ、悉曇字母ニヨリテ、其学ノタメニ作レル物ニテ、皇国ノ固有ニハ非ズ」[6]（『漢字三音考』天明五年〈一七八五〉刊）と悉曇由来説に与している。その中で五十音図日本固有説に固執し、高唱したのは、「此の五十《いつら》の音を連ねいふは日の入る国〔天竺〕に倣《なら》へりといふ人あるこそ烏滸《をこ》なれ」（『語意考』一四五頁）と激怒する真淵であり、語学説の上で真淵を継承した音義派の国学者たちである。

真淵にとって五十音図は日本語の固有の秩序を示した固有の図であり、日本語はこの図の上で運動するものであった。そもそもこの図を単なる音韻表ではなく、活用表と見た最初の人は真淵である。近世五十音図の濫觴となった契沖の『和字正濫抄』（元禄六年〈一六九三〉序）では、アイウエオ（契沖・真淵の理解ではいまだアイウエヲ）の各段はそれぞれ「喉音・舌音・脣音・末舌・末脣」と発音の観点から名づけられたが[7]、真淵の『語意考』では「言初《はぢ》むる声・言動かぬ声・言動く声・言令《おふ》する声・言助くる声」（同前、三九六頁）あるいは「初・体・用・令・助」（同前、四〇〇頁）と、各活用の含意のもとに名づけ直されている。五十音図を活用表とみる発想は、じつは谷川士清《ことすが》の「倭語通音」（『日本書紀通証』宝暦十年〈一七六〇〉刊）に刊行年の上で九年ほど先駆けられていたが[8]、真淵の意識のうえでは、それは自分の画期であった[9]。後の黒沢翁満も、「詞の活《ハタラキ》」については「県居翁の『語意考』に至て、始て此の道ひらきそめにしといふべし」と述べる[10]（『言霊のしるべ』天保四年〈一八三三〉成）。

そしてもうひとつ五十音図に関する真淵の画期と後に考えられたのは、大国隆正が「通略延約といふ四《よつ》の科《しな》をたて」たことを「岡部真淵」の功績に帰している[11]（『通略延約弁』天保五年〈一八三四〉成）ように、延約通略説（音通説）である。延約通略説とはつまるところ、日本語は五十音図上での配列をもとに自在に伸び縮みするという説である。「あはうみ」（淡海）の「は」と「う」とが、約《つづ》められて「ふ」となり、「あふみ」（近江）となる約《つづめ》言《ごと》（『歌意考』一五八頁）。逆に「うつる」が「うつらふ」に延ばされる延言《のべごと》（同前、一六〇頁）。「うつつ」（現）と「をつつ」（現）のように（同前、一五一頁）五十音図内の同行・同段ないし対偶（「隅違《すみちがひ》」）の音に移る通《かよい》あるいは転《うつし》。「いへ」（家）が「へ」と略される略言《はぶくごと》（『語意考』一六二頁）。以上のように日本語の単語を構成する音は、五十音図の枠組みのもと、さまざまに「通はし転《ウツ》し延約《ノベツヽメ》」（同前、一六三頁）られるというのである。

　音通の現象は平安朝からすでに意識されていたが、五十音図を掲げてその仕組みを体系的に説き、「これらの説を兎に角纏めて、後世の学者に多大の影響を与へたのは、真淵の『語意考』である」(12)といわれている。この説は、今日の語彙からは隔たっていて意味のとりにくい上古の晦渋な言辞を解釈するに際して絶大な力を発揮した。つまり、わからない言葉は、そこに想定される延約等の操作を遡って（延言と約言とは互いに可逆的な語の加工である）、わかる言葉に直してしまえばよいのである。たとえば『語意考』中では「きさらぎ」（如月）が、草木が芽ぐみはじめる「くさきはりつき」（草木張り月）へと直されている（一六二頁）。「くさき」の三音を約めれば「き」になり（「く」の頭音kと、「き」の韻iでki）、「はり」と「さら」とは音が通《かよ》うと真淵は説く。また難解な上古の言辞の代表格といえば「ひさかたの」「やくもたつ」など冠辞（枕詞）であり、まさに真淵は冠辞研究のパイオニアとして同時代、また後世に知られた。その『冠辞考』での冠辞の語源的研究は、音通説を縦横に駆使するものである。たとえば真淵は「め」にかかる「あぢさはふ」について、「あぢさはふ・め」を、「味鴨《あぢかも》が多《さは》に経《ふ》る群れ」の意と解している（二五頁）。「め」は「むれ」を「約めたる語」（同前）である。さらに真淵は、すずめ・つばくらめ・かもめなど、群れる習性のある鳥の名に「め」が付くのも、この「むれ」の約言のゆえだと付け加えている。

　以上の例にすでに明らかであるが、こうした延約説には危うさがつきまとう。転《うつ》されたり約められたりする前の実際の用例が存在する語はさておき、実例のない語については、その音通前の元型を想定する作業は、実証に徹しきれず、必ず想像的な飛躍を必要とするからである。日本語に限らずあらゆる語源学《エテュモロギー》につきものではあるが、その作業はつねに恣意性や怪しげなこじつけをまぬかれないのである。真淵の高弟である村田春海でさえすでに、師の『語意考』は誤り多く、「世にひろむべきものにあらず」と評していた[13]（『五十音弁誤』寛政五年〈一七九三〉成）。それはまさに「延約なる言、古書に例なくば古言にあら」ず、「私につくれる詞[14]」にすぎないからである。前掲の隆正も、じつはより正確にいえば真淵の延約説は「功と弊となかば」するもの[15]、しかもどちらかといえば「真淵翁の謬説[16]」の流した後代への多大な悪影響からして「弊」に傾くものとみていた。隆正は真淵の「きさらぎ」の説を挙げて「法も例もなき強事《しひごと》」と批判したうえで、延約説の乱用が「犬は「わむ」と鳴くものなり、「わむ」を約むれば「う」となるを、再び延べて「いぬ」といふなり」などと説く末学の徒の出現にまで立ち至ったことを嘆いている[17]。

「わむ」と鳴くから犬とする説からさほど遠からぬ師説に本居宣長はいったん感激したものの、堅実な実証で知られるこの几帳面な人は、追々「語釈は緊要にあらず[18]」（『うひ山ぶみ』寛政十年〈一七九八〉）と述べ、師の学説をやんわりと敬遠するに至った。先に見た五十音図の悉曇由来説、すなわちこの図の非‐絶対視も、こうした敬遠的な態度の表れである。係り結び研究を中心とする宣長の日本語研究は、基本的に単語ではなく、文を単位とするものであった[19]。宣長や富士谷成章の脚結《あゆい》説に代表される文節ないし文単位の研究は、近・現代の国語学へとリニアーに接続してゆく業績として今日に至るまで高い評価を喪わないが、（じつはフォロワーは多かったとはいえ）真淵の音通説に基づく単語探究は、今日ではほとんど顧慮されない研究方向である。真淵が精力の過半を傾注した五十音図による延約説は、単線的な国語意識の発達過程を追う学説史の視点から見れば、ある種の袋小路に陥った説にすぎないのである。しかしながら、本論の主眼は真淵の思想の内的編成の解明にある。

この観点からするかぎり、真淵の五十音図の絶対視はきわめて興味深いものである。「直く」表出された古人の言葉はこの五十音図の中を動き、そして絶対にこの五十音図から出ることはないのである。[20]

日本に根生いのこの五十音は、「濁音二十」（『語意考』一四五頁頭注）を加えても七〇種類で、「甚言少《いとことすくな》」（同前）いにもかかわらず、「その少きを以て、千万の言に足らはぬ事なきは妙にあらずや」（同前）と真淵は感嘆している。世上を行き交う「千万」にもなんなんとする無数の言葉は、言い表された内容も、それを言い表した詞《ことば》も、ほぼ無限なまでに雑多かつ多様である。しかしその多様さはわずか五十音に集約されていて、そこから剰《あま》されることはない。五十音図の前でそのことをあらためて反省するとき、言葉の秩序の「妙《たへ》」さに目を見張らずにはおれないのである。「こと少く」して治まっていた古えの秩序と、「言少く」して無数の個性的表現とを包摂する五十音とはついには一に帰するのであり、それが一見淳朴な日本の古えに〝よく見れば〟看取される「くはしき理」（前掲）の当体にほかならない。真淵が実証し得る範囲を超えて延約説を奔放に駆使し、日本語を自在に延べ約めるのは、そこに存するはずの日本語の超越的な秩序への信のゆえなのである。[21] 松田好夫が指摘するように、真淵の単語研究は実際の用例から「帰納」するのではなく、「神格視」された五十音図より「演繹」するものであった[22]（『語意・書意』「解説」）。

そしてここで確認しておきたいのは、真淵の言語／思想世界の中で、かかる日本語の端正な秩序を前提として、そのうえで一つ一つの言葉を延・約・通・転と自在に伸び縮みさせているのはいったい誰か、ということである。こうした問いは一見無意味である。普通に考えれば、言葉を文脈や響きに応じて適宜延《のば》したり約《つづ》めたりするのは、発話主体以外の誰でもないからである。現に真淵自身の次の延言・約言の説明も、この常識的な理解を裏付けるように見える。

右の約言は、その言長くして言ひ続け難き時に約めいひ、此延言は言短くして、其の言ついでのわろき時延ていふ。（『語意考』一六〇頁）

長すぎも短かすぎもしない文の程よさとは、真淵の歌論においては「しらべ」という概念に相当する。[23]それは最も端的には、日本の詩歌の基本音律である五音・七音の音数律を意味する。この五・七の調べは、五十音が「天地のおのづからなる五十の音」（前掲）であったのと同様、「天地のしらべ」として「おのづから」存するものであり（『冠辞考』一頁）、やはり「天地」と照応したものである。[24]そして語が文の中で長すぎるときには約め、短かすぎるときには延して程よき「しらべ」をそこに現出させようと工夫するその音通の主体は、最も穏当に考えれば、当然その語を発する個々の人である。しかし真淵の行論中では、折々に個々の人ではなく、「天地」が音通や活用を行なっている場合がある。

冠辞（枕詞）に対する沓《くつ》に相当するのが、用言の活用語尾と助詞・助動詞とを包摂する「助辞」である。真淵はこの「助辞」とは「おのづから天地のいはする音」であると述べている（明和四年〈一七六七〉書簡、一四頁）。先述のとおり、助辞の活用が五十音図の上で行なわれることは真淵その人の発見にかかるところであった。ここではその真の主語は「天地」であり、発話主体は使役され（「いはされ」）、主体の座からずり落ちているのである。さらに冠辞・助辞が「しらべ」を整える具体的な過程を、真淵は次のように表現している。

心にうれしみあり悲しみあり、恋ひしみあり憎しみあり。こを忍《しの》ばぬときは言に出てうたふ。うたふにつけては五つ七つのことばなむ有りける。こはおのづから天地のしらべにしあれば、この数よりもいふ言の少なき時は、上にも下にも言のそはりて、調べなんなれりける。譬《たとへ》ばかりそめなる冠《かふむ》り、おろそけなる沓《くつ》

などを、いつとなく身にそへ来たれるがごとし。（『冠辞考』一頁）

人が切実な内的情念（「うれしみ」「悲しみ」「恋ひしみ」「憎しみ」）を外に表現しようとして、その言が五・七に足りない時に、人身に対する装具（冠・沓）のようにその直叙の言に付け加わって五・七の調べを満たすのが冠辞（枕詞）である。問題なのは、この冠辞と、「下に添ふることば」である「助辞」（同前、頭注）との付け加わり方である。歌人が短い直叙の言の上下に冠辞・助辞を〝添え〟、五・七の調べをそこに〝成す〟のではない。真淵の考えでは、五・七は「おのづから天地のしらべ」であるから、直叙の言の上下に冠辞・助辞が「そはりて」（「添はりて」）、そこに「調べ」が「なる」（成る）のである。添えるのではなく「添はる」のであり、成すのではなく「成る」のである。その言《こと》の葉《は》の調《ととのお》りは、どこまでも自動詞的な事態であり、いわば「しらべ」の自己実現の過程なのである。歌人自身にとって冠辞や助辞は「いつとなく」無意識のうちに具わってきたとしか感じられない。その具わりは詠歌主体の意図や自覚の埒外で進行するのである。

以上のように、語単位での音通（延約）と、句単位での冠辞・助辞との違いはあれど、真淵にとって、これら音通や冠辞を駆使して程よき「しらべ」を作り出すその最終的な主体は、個々の人ではなく、「天地」に、あるいは「天地」と表裏をなす日本語の秩序それ自体に見出されている。個々の歌人にとって作歌は或る他律的な過程であり、歌の言葉は歌人を離れて自律しているのである。とはいえ、文法や音律はつねにすでに個々の言語使用者に先立つものである以上、言語が個々の使用者に対して一定程度に他律的だということは、むしろ言語を論ずる誰もが踏まえざるをえない当たり前の前提ではある。あらゆるゲームにおいてルールは個々のプレイヤーに先立つはずである。「ことばちふは、その国の天地のいはするもの」（『万葉考』、一巻一六—一七頁）などという真淵の言い方は、このことを詩的・比喩的に述べたものと解しえないこともない。しかし真淵にとっての言語の他律性とは、どうもこうした常識的な理解にとどまるものではないようである。真淵は言語を話者に従属する意思伝達の道具ではなく、一種の自律した生きものと捉えていた。その表徴として、真淵語学説の後代への展開と、冠辞・序詞観との二つを挙げることができる。

前述のとおり、真淵の五十音図説を継承したのは平田篤胤・林圀雄・高橋残夢・堀秀成ら音義言霊学派である。音義言霊派とは「五十連音《イツラノコヱ》の一音一音に心をもたる物の如く解《トキ》なし、「あ」の心は云々、「い」の心は云々と云る一群《ヒトムレ》の学風」(25)（黒沢翁満『言霊のしるべ』）である。その核にあるのは日本語の一音一音に先験的に意味（「心」）が備わり、さらにはその各音に神霊（「言霊」）が宿るという思想であり、もちろん近代の実証的な研究の場からは消えてゆくことになった説である。「和字は文字一つに心なし、文字集まりて心を表すもの」(26)（長慶天皇『仙源抄』弘和元年〈一三八一〉）であることは表語文字である漢字との類比からつとに知られていたし、欧米の言語学の流入した近代以降は、このことが論駁の余地なく裏付けられていった。しかしこの徒花《あだばな》的な学派に基本的な発想と理論的な根拠とを提供したのが真淵の『語意考』だったのである。たとえば林圀雄の『皇国の言霊』（文政十年〈一八二七〉刊）が掲出する「皇国乃言霊五十連音之図《ミクニノコトダマイツラノコヱノカタ》」の各横韻（横列）の名称は、「初言《ハジメノコトバ》・体言《ウゴカヌ》・用言《ウゴク》・令言《オホスル》・助言《タスクル》」と、真淵の『語意考』そのままである。(27)ついで圀雄はア・オは語中に来ず、ラ行と濁音とは語頭に来ないという真淵の『語意考』における指摘を引用して「是皇国の言語の正雅なる故にこの定りあること、奇《クス》しく霊《アヤ》しく妙なるものなり」(28)と賛嘆するが、オヲ所属の問題をはじめ『語意考』は「いまだ功を終《ヲヘ》ざる書にて考《かむがへ》もらされたることも少なからず」（同前）とも付言している。『皇国の言霊』は、五十音図が言霊の五十音図となったことに象徴的であるが、真淵が「妙《たへ》」なるものと見た五十音図の上での日本語の運動を、いっそう実体的・自律的に「言霊」と捉え、『語意考』の補完を目指す書であった。そこではたとえば「あ」は「天津神の皇産霊《ムスビ》の御霊」を賦与されて生まれる人が最初にあげる産声《うぶごえ》の「あ」であり、「「天《アメ》」の阿《ア》」であると説明されている。[29] 圀雄は五十音の始めの「あ」に考察を集中したが[30]（それは音義派通有の態度でもあった）、富樫広蔭は五十音すべての「義」を示し、さらに一音一音に神統譜上の神々を配当している[31]（『言霊幽顕論』慶応三年〈一八六七〉序）。明治の開化を迎えても、アカデミアとはややずれたところにこの学派は根強く後継者を持ち続けた。明治政府の宣教使として活躍した堀秀成は「さ」は「スルドクアラハル、象」、「も」は「スボマリテ一ツニナル象」[32]云々と五十音すべてに複数の音義を見出し（『言霊顕証図』嘉永六年〈一八五三〉序）、対照的に政府の激しい弾圧にさらされ続けた出口王仁三郎も、「アの言霊は……世の中心大物主《おほものぬし》の言霊である」「ラは高皇《たかみ》産霊《むすび》神也」等々と言霊を説いている[33]（『言霊解・その他』大正九年〈一九二〇〉講演）。今日に至ってなお、一種の密教的な語呂合わせをもって日本文化や神道の本質を喝破する怪しげな教説がはびこっていることは言を俟たない。

『語意考』の決定的な影響下に成立・発展した学派であるとはいえ、もとよりその説の展開のすべてを真淵に帰すことはできない。真淵の理解する「言霊」とは、予祝として発語された内容への神明の加護と自己成就という、きわめて穏当かつ常識的なものにすぎなかった[34]。また真淵はたとえば「ち」を「釣り針」の意（『語意考』一五〇頁）などと説くが、これも単音節の語の意味を延言によって説明したものにすぎず、一音に先験的に一義が備わると考えていたわけではない。真淵は音義派でも言霊派でもない。しかし圀雄が「諸々の音皆《コヱ》阿《ア》よりおこりて又阿に約《ツヾマ》ることも天地の自然のことわりにして奇《クス》しく霊《アヤ》しく妙なる活用《ハタラキ》あるものなり[35]」と言霊の奇しさ・霊しさを一種の昂揚のもとに語るのは、真淵の「阿《ア》を延べて伊《イ》・加《カ》二音と成るより、すべて延《ノブ》れば数百の音となり、そを又末ゆ約《ツヾ》めのぶれば、遂に阿一つにつづまれる」（同前）という『語意考』の祖述にほかならないのである。「あ」一音が縦横に延言されることで五十音へと展開し、逆に末尾から約言することでまた「あ」一音へと収斂すると、あたかも五十音それ自体が自律した生きものであり、また延言・約言はその自律的な生体活動であるかのように説く真淵[36]は、確かに音《こえ》の秩序の神聖視・神格視をすでに準備していたと言いうるのである。

真淵における言語の自律性を見るうえでもう一つ、いっそう重要なのは序詞である。真淵が序詞を用いた序歌の典型とするのは、今日なおよく知られ、定家の『百人一首』にも採られた柿本人麻呂の「山鳥」の歌（『万葉集』十一巻、二八一三番）である。真淵は『百人一首』中の歌として、次のように歌意を解説している。

あしびきの山鳥の尾のしだり尾のながながし夜をひとりかもねん

『万葉』【巻十一】に、「寄物陳思」てふ歌の中に入れり【『拾遺』にも入る】。歌の意《コヽロ》はながながし夜を思ふ人ともあはで、独《ひとり》かも寝んずらんと歎き入りたるのみ。さてその長きためしに、山鳥の尾をもて言ひくだしたり。（『うひまなび』一四頁）

一見したところ過不足がなく、それゆえに独創もない解説である。しかしここでの真淵の力点は、「歌の意」が四・五句「ながながし夜を一人かも寝ん」「のみ」にしかないという点にある。真淵によれば、本歌では一・二・三句を占めている序詞が、歌の中心となる情緒となんら関係がないのが、序歌の本来の正格なのである。高野奈末によれば、序詞と心情の直叙部との関係を、比喩や連想ではなく端的に無関係と見たのは、序詞研究のうえでの真淵の画期であった。[37] 続けて真淵は、序歌の成立と性質とを次のように説明している。

古への人は心直く、言も多からねば、『古事記』にも片歌といへるが如く、三句にても言ひはてたりしを、五句のしらべを専らとする世と成て、序歌てふ体は出来たり。それも猶意は末にのみ有て、本には末の意にまどひなき他《アダ》しごとを、はなやかに言ひくだして、しらべをもたすけ、飾りともするなり。仍《より》て古へは

序にして、たとへを兼たる歌はなし。（同前）

「心にふかくかまふることな」（『国意考』一八頁）き古人の「直き」心は、あまり複雑な内的分節をもたないから、それが直叙されるだけでは、大抵の場合、五句の定型を満たさない。恋しい人が不在の秋の夜のじっとりとした長さや闇さと、憔悴にも似た疼きとを直叙しただけでは「ながながし夜をひとりかもねん」の二句十四音を覆うのみである。そこに「ながながし」の連想に導かれた「あしびきの山鳥の尾のしだり尾の」が付け加わって、五句三十一音の定型を充足する。このとき、序詞は情緒に対して完全な「他しごと」であって、両者は比喩（「たとへ」）のような意味的連関をいっさい有していない。そして真淵は、序詞・冠詞と本文との内容的無関係というこの古えの正格が、後代には喪われていったと見る。藤原定家・家隆の二人が一致して「『古今集』の中面白き歌」として後鳥羽院に推薦し[38]（一条兼良『古今集童蒙抄』文明八年〈一四七六〉）、同じく『百人一首』に採られた壬生忠岑の「在明」の歌（『古今集』十三、六二五番）への真淵の評点はきわめて辛い。

在明のつれなく見えし別れより暁ばかりうきものはなし

『古今』【巻三】、題しらず、女のもとへ行きたるに、つれなく下紐解くとはあらで、暁徒《アカツキイタヅラ》に別れ帰りしが、よに憂かりし後は、人のつれなかりしはさるものにて、暁ほど憂き物はなしと思ひなりたるとなり。（『うひまなび』五九頁）

やはり歌意の理解は的確だが、真淵の気に食わないのは「在明の」という冠辞である。これは「在明の月の、夜は明けぬれどなほさりげなくてある物なれば、人のつれなきをいふ冠辞に置きて、下に「暁」といふ言を合せたる」（同前）ものだと真淵は見る。要するに在明の月の人知らぬ顔（「さりげな」さ）と恋人のつれなさとを重ね、かつ「在明の」とくれば必要な「つき」を後ろの「あかつき」で補ったわけだが、真淵はこれを「後世の巧み」（同前）と切り捨てる。左注で『万葉』の「心高き歌」に比べてこの歌は「巧みに過て意苦しげ」であり、「ゆたかにみやびたるしらべは失せ行きにけり」と慷慨して飽き足らず、さらに頭注でも「冠辞を冠辞のみにおける」『万葉』に対して、「今ノ京」（平安京）となった後のこの歌は「冠辞にはたらきをつけ」るもので、「漸にいやしくなれるもの」だと縷々述べ立て、真淵の怒りは収まらない（同前）。ここでの真淵の執拗《しゅうね》い怒りのポイントは、ひとえに忠岑が冠辞を「はたらかせ」ている点にある。冠辞を「はたらかせ」るとは、単純に「つき」を導く枕（あるいは冠）として「在明の」を置く[39]のではなく、右に真淵が的確に解説したとおりの小憎らしいひねり（「巧み」）を加えて冠辞を発語することと解せよう[40]。また逆に「冠辞を冠辞のみにおける」『万葉』風とは、詠歌主体が枕詞の意味内容に関与せず、直叙したい言葉のただの枕（あるいは冠）として用いるスタイルということになろう。つまり真淵の考えるところでは、定型の「しらべ」を充足するための冠詞・序詞の意味内容が詠歌主体にとって意識されていない時にだけ「ゆたかにみやびたるしらべ」が現成するのであり、冠詞・序詞までも詠歌主体の表現意識のもとに統御されてしまったとき、古典的な豊けさ・雅びやかさは喪われるのである。

　理想の「しらべ」が現成していたとされる『万葉』の「山鳥」歌に立ちかえれば、勝義において人麻呂が歌っていると言いうるのは「ながながし夜をひとりかもねん」の二句十四字にすぎず、先行する「あしびきの山鳥の尾のしだり尾の」の三句十七字の内容には歌人はほとんど容喙していない。山鳥の尾と一人寝の秋の夜とは、いかなるギミック（「はたらき」「巧み」）によっても結びつけられていない。ではこのとき、秋の長夜のように闇《くら》く長い尾を枝垂《しだ》らせた山鳥は、いったいどこから来たのだろうか。それは前掲の『冠辞考』に、「天地のおのづからなるしらべ」を充足するべく、「いつとなく」「そへ来たれる」ものだと明言されていたはずである。「あしびきの山鳥の尾のしだり尾の」と歌ったのは人麻呂ではなく、無人称の「天地《あめつち》」なのである。

理想の正格がいまだ保たれていた『万葉』の歌の上では、詠歌主体の多様な情念の「直」き表出と、「天地」の「しらべ」とが出会っていた。これが真淵の『万葉』観の核心であったと考えられる。真淵は『万葉』の歌の仕組みを次のように説明している。

古歌及び古文は其意は真率にしてあるに、冠辞・発語・助辞など多く用ゐて姿を飾りたり。（『万葉解』通釈、六巻二五頁）

「真率」な「意」、あるいは「意」の「真率」な表現とは、まさに前々節で見た情念の「直」き表出の漢語的な言い換えであり、「山鳥」の歌でいえば「長々し夜をひとりかもねん」との心情の直叙に相当しよう。そこに「冠辞・発語・助辞」などが付け加わって一首の歌となる。冠辞は「直き心」を飾っているのである。さらに真淵は序歌の成立過程を次のように説明する。

序歌てふ体もよみならふべし。本にくさぐさの事を挙げ、末にはたゞ一つ心をいふなれば、即古への意也。（『にひまなび』二一〇頁）

「くさぐさの事」は山鳥、「一つ心」は独り寝の侘しさに相当する。内村和至によれば、「一つ心」とは「直し」と並ぶ真淵の思想的鍵語「真心」の同義語である。[41] ここでも序詞は「真心」の「直き」表出と出会っている。こうして真淵の見るところでは、序詞や冠辞が詠歌主体の意図的な技巧のもとに「はたらか」される以前の『万葉集』の正雅な歌は、互いに異質な二つの契機から成っていた。一つは詠歌主体の切なる「真心」の「直き」表白であり、もう一つはそれを無人称的・無意識的に「しらべ」へと整える冠辞・序詞・助辞の類である。そこでは独り寝と山鳥だけでなく、ついにその端緒も理由も知れぬままに深まりゆく恋情（「何ぞこの子のこゝだ愛《かな》しき」）と「多摩川にさらす手作《てづく》りさらさらに」とが出会い（『万葉集』巻十四、三三七三番）、秋のはじめにあってうららかな春の野を偲《しの》ぶ思い（「見つつ思《おも》ふな巨勢《こせ》の春野を」）と「巨勢山のつらつら椿つらつらに」とが出会っている（同前、巻一、五四番）。

ここで、かかる「しらべ」の自律性、あるいは歌人にとっての表現過程の他律性とは、ちょうど先に見た「直さ」の核心部分にひそむ消息であることに注意せねばならない。「真心」が「真言」へと押し出されるまさにそのあいだに、自律的な「しらべ」は働くのである。歌詠の起点となる「うれしみ」「悲しみ」「恋ひしみ」「憎しみ」といった多様な情念は、意識的な屈曲や道徳的な規制を経ていないかぎりで「真心」である。この「真心」に「忍《シヌ》ばぬとき」、つまりそれを内に籠めたままでは堪えきれず、その内圧がはけ口を求めて外化＝表現の衝動に迫られたとき、「心にふかくかまふることな」（『国意考』一八頁）きものである「真心」は、あまり複雑な内的分節をもたないから、それが直叙されるだけでは、大抵の場合定型を満たさない。しかしそこに「他《あだ》し語《ごと》」が「いつとなく」付け加わって、五句三十一音の定型を充足し、「しらべ」が「なる」。そこでは内なる「真心」が外なる「天つちのしらべ」へと託され、受け止められているのである。さかしらな「巧み」を捨てて、胸のうちの切なる情念を外へとありのままに投げ出した時、この国の言の葉の調べは、それを確かにうけとめ、必ず「足らはし」てくれる。その手応えが、真淵の日本語への根本的な信を形づくっているのである。

# 第六節「直き」ものゝふの道

『国意考』には歌の道のほかにもう一つ、「直し」と形容される道がある。「武の道」である。

誠に武の道は直ければおろそかなし、私なし。手を拱《ただむ》きて、家をも治むべし、天が下をも治むべし。（『国意考』二二二頁）

ここで「武の道」は非常時に限られた特殊な規範ではなく、平時の治国・平天下にまでも適用されるべき普遍的な道と見られている。田安徳川家の家臣である真淵の眼前で、家も天下も「武の道」によって治められていたのは勿論のことである。そしてじつは徂徠も、「武の道」を「直き」ものと称していた。徂徠は「武家の治め」を、「何事も簡易径直なる筋を貴び候事」（『徂来先生答問書』二〇〇頁）と見、むろんそれを「先王の道」と比較して否定している。それはまさに「直情径行」の道だったのである。

さらに真淵においては「武」的契機は、一国家としての日本の根本的な統治原理とさえ考えられている。

唐人は「上なる人は、威をしめし貴をしめす」といへど、おろそけなるをしめすはよし、尊きをしめすは乱るゝはし也。其威をしめすは、もゝのふの道の外なし。是を忘れずして行ふべし。ことに我がすべら御

国は、此道もて立てたるをみよ。（『国意考』一七頁）

「もゝのふの道」は日本という共同体の存立原理だと真淵はいう。とはいえ〝日本は「武」の国〟とは、真淵の創見というわけではない。それは「文」を誇る中国歴代王朝や、所謂「華夷変態」の後いっそう「小中華」意識を昂進させた李氏朝鮮などを見回した際の、中・近世日本人の一般的な自国認識であった。[1] 中世の五山僧・月舟寿桂は「我が日の出づる処を用武の国と為す」[2]（『幻雲文集』室町時代後期）と述べ、近世に入っても、熊沢蕃山は日本を「武国」とし[3]（『集義和書』寛文十二年〈一六七二〉刊）、山鹿素行も「中国（日本）の勇武」「中国の武徳」を宣揚している[4]（『中朝事実』寛文九年〈一六六九〉）。儒教文明からの日本の隔たりを強調する国学者たちはなおさらである。平田篤胤は「大和心」とは「武く正しく直き」心性だと説き[5]（『古道大意』嘉永元年〈一八四八〉刊）、大国隆正も「日本は武国なり」と断定する[6]（『文武虚実論』嘉永六年〈一八五三〉）。こうした武国観念はもちろん、眼前の幕藩体制が、知識人官僚を担い手とし、「右文左武」の原則がイデオロギー上も制度上も貫徹した儒教国家ではなく、世襲の武士を支配層とし、吏員編成・行政文書の書式・諸式次第に至るまでのすべてが〝戦時中〟の擬制のもとで武断的な体制を呈していたという、中世・近世の人にとって最も手近な事実に由来する。

ただし、「皇朝の武気」（加藤枝直宛書簡、九頁）、「建《たけ》き御威稜《みいづ》」（『にひまなび』二〇〇頁）、「丈夫《ますらを》の建《たけ》き」（『続万葉論』別記、十巻三〇頁）などと真淵がさまざまに言いなすこの日本人の「武」的性格は、同時代人、あるいは国学者間の平均的な了解へと回収されて終わりという体のものではない。特に幕末の攘夷運動のスローガンの一つとなった後期国学の「武国」言説と、真淵のそれとは内実をはるかに異にするのである。

武家政権は「ひたすらに武威を張り耀やかし、下民をおどし、推しつけへしつけ帰服させ」ているばかりだ[7]（『不尽言』寛保二年〈一七四二〉成）と説く武士嫌いの堀景山に学び、また町人出身であった本居宣長は「武」をあまり口にしなかったが、その「没後門人」平田篤胤に至って、再び「武」は日本人の本質的な性格として高唱されるに至った。篤胤が最も思想家として脂ののった期間を過ごした化成期には、ロシアのレザノフ来航（文化元年〈一八〇四〉）、次いでイギリスによるフェートン号事件（文化五年〈一八〇八〉）、そして外国船打払令の発布（文政八年〈一八二五〉）があり、その晩年には隣国での阿片戦争（天保十一～十三年〈一八四〇～四二〉）の報も聞かれた。篤胤の「武」の言挙げは、当時の国際状況をにらみつつ、自ら「武」を行使するべきか否か、「攘夷」を実行すべきか否かという、「太平に倦」んだ真淵（前掲『国意考』）とは隔絶した緊迫性のもとに発されている。のちの足利三代梟首事件（文久三年〈一八六三〉）や天誅組の蹶起（同年）に表れたように、最終的には「夷狄」ではなく、その終末が近づくにつれて一君万民の理想を阻害しているものと見られるに至った幕府へと矛先が向いたものの、こうした篤胤の「武」の言挙げは、以降の国学的な「武」の語りと、その実際の発動とのありようとを方向づけた、きわめて重要なものである。篤胤の「攘夷」の「志」とは次のようなものである。

漢説《からさへづり》に醜法師、その余《ほか》あらゆる邪《よこさま》の道を説弘めむと五月蠅《さばえ》なす穢き徒、かたはしより磐根木根をも踏みさくみ、さくむが如く言向《ことむ》けしめ、また、たまたまも大御国へ射向ひ奉る夷《えみし》のありて、翁〔宣長〕の御心をいためまさば、この篤胤がまかり向ひ、……「やをれ、夷の頑《くな》たぶれ、辛き目見せむ」と雄建《をたけ》びつゝ、賊の軍中に翔け入りて、蟻の集《うごなは》れる奴原を、八尋の矛をふりかざし、かの焼鎌《やけがま》の敏鎌《とがま》を以ちて、打ち掃ふことの如く、追ひしき追ひ伏せ、犬と家猪《ぶた》とのものつかせ、或るはしや頭ひき抜きすて蹴散《くゑはらゝ》かしうち罰《きた》め、山室山にかへり来て、老翁《をじ》の命に、復命《かへりごと》申してなまし。あな愉快《こゝろよき》かも。此は篤胤が常の志なり。(8)（『霊能真柱』文化九年〈一八一二〉成）

「漢説に醜法師」「夷」と、道徳的にも美感的にも負の性質をつよく帯びた〝敵〟は、「大御国」の外から来る。逆に境界のこちら側、「大御国」の内部は、のちの伴林光平の「本《もと》是れ神州清潔の民」という詠(9)（『南山踏雲録』文久三年〈一八六三〉）に有名なように、道徳的で、清潔で、無謬のものと観念されている。そしてその外からの侵略のうちには「言向け」で対処するべき思想侵略のみでなく、「大御国へ射向ひ奉る」武力侵略もすでに予想されている。この構図のもと、内部の清浄を守らんと、穢れた外部に向かって発動するのが篤胤の「武」、つまりは「攘夷」である。

篤胤は天保十四年（一八四三）についに「八尋の矛」を血《ちぬ》ることなく帰幽したが、篤胤より三六歳年少の鈴木重胤は、ペリー来航から不平等条約締結に至る一連の流れに憤慨して攘夷運動に挺身奔走し、「天誅」の名の下でのテロルが吹き荒れた幕末の京都で、何ものかの凶刃に斃《たお》れた。(10) 伴林光平が天誅組の蹶起に敗れて刑死したのはその翌年である。重胤の歌の中では、真淵が発見し鼓吹した『万葉集』の「ますらお」ぶりは、次のような新しい内実を与えられている。

正述心緒

銕《くろがね》のたて《〔楯〕》に在りとも向《むき》たゝばいる《〔射〕》箭《や》とほさむ《〔徹〕》ますらをわれ《〔我〕》は(11)（『厳橿本歌集』乾）

重胤がここで踏まえるのは、高麗《こま》から贈られた鉄の的・楯を盾人宿禰《たたひとのすくね》が射抜き、国の体面を施したという仁徳紀の記事（十二年八月）と、それを題材にした源仲宣の歌（「鉄の的を徹せる勇みにぞ名を賜りて世に伝へける」、『日本紀竟宴和歌』下、七〇番）とである。しかし重胤の箭が向けられている「銕のたて」とは、すでに高麗のものではなく、アメリカの黒船の甲板である（それは実際にはタール塗りの木製であったが）。「蝦夷《えみし》を討たむ時し待たる」(12)

と武者震いする重胤の「ますらを」ぶりの内実は、幕末の緊迫した国際情勢・政治情勢下での「攘夷」にほかならないのである。

またその「武」が高麗《こま》に向く場合もあった。篤胤の影響を強く受けた経世家・佐藤信淵は、日本は「人傑ニシテ勇決他方ニ殊絶」すると言い、その「神州ノ雄威ヲ以テ蠢爾タル蛮夷ヲ征」することを説いた[13]（『垂統秘策』文政六年〈一八二三〉成）。その「他邦ノ経略」[14]はフィリピン・満州から開始して「支那・朝鮮」をも窺うものと目されており、帝国日本の実際の膨張過程を先取りしていたのである。

すでに或る理想と一体であるこの国士のために、その外部に向かって発動するこれら幕末国学の「武」は、その門下に輩出した志士の血みどろの直接行動を導いたのみでなく、そこに纏綿する激しい宗教的情熱は希釈されたものの、「一旦緩急有レバ、義勇公ニ奉ジ……」という『教育勅語』（明治二十三年〈一八九〇〉）の「武」にまで、はるかに水脈をのばすものである。それは国民皆兵制をとる近代国家のもとで要請される「武」である。こうした「武」は、篤胤の場合のように、個人的な境遇から来る救済への切なる要求に発していようと、[15]また志士たちのようにその発動が非合法のテロルという形をとろうと——すなわちいかにその全過程が私的な色彩に染め上げられていようと、あくまで『教育勅語』のうたう「奉公」としての「武」の姿である。

真淵の「武」は、しかし近代の跫音《あしおと》とともに思想界を席捲するに至ったこの手の「武」の言説とは別物である。「尽忠」や「至誠」とともに説かれた幕末の「武」において、無私は言を俟たない根本前提であるが、真淵の「武」はどこまでも私に発するものである。もうひとつ対比を重ねれば、幕末の「武」は近代を予期し・準備するものであったが、真淵は中世的な「武」の伝統の上に自覚的に立っている。篤胤における「武」的主体の端的なイメージは憂国の志士（あるいは後の「忠良ナル臣民」）であるが、真淵が論《あげつら》う「武」的な主体の具体像は、中世・戦国の武士なのである。

『国意考』中の印象的な「軍の道」の論が、ちょうど第二節で見た「人毎《ごと》」の「心の偽り」の所在を指摘する行論に続くものであることに注意しなくてはならない。

心の偽りは人毎に有《ある》ものなり。少しも人の上なる人、随ふものはいかにも成《なる》べしと思ふにや、暫くやむべからずしてしたがふなり。たとへ主従の約有《あり》とも、大かたにめぐみては、誠に辱《かたじけな》しとは思はじ。其恵も、凡の人のよきことをば忘れて、わろきことをば深く思ふもの也。然れば、一度よきとていつまでも忘れまじきと思ふはおろか也。こゝをよく心得べし。又少しもよき人の従者百人にも余れらんは、皆軍の道をまねぶべし。（二一一—二二頁）

真淵が「人毎」の「心の偽り」をいうのは、主君と臣下との完全な一体性や臣下の完全な無私を君臣関係の理想とみなす言説を駁さんとしてである。真淵がいうのは、主君に身も心も委ねきり、主君へのひたすらの没我的献身に生きる臣下など、お説教や建前の上にはともかく、現実にはどこにもいないということである。「おもて」には主君への全面的な服従の態度を表す臣下であっても、心のうちのぎりぎりの本音は知れたものではない。治者からは見えない被治者の私心の多様さこそが、真淵の思想の根本前提であったことを想起せねばならない。大抵の臣下は「やむべからずしてしたが」っているだけである。主君のとりわけての恩恵（「めぐみ」）に対しても、現実の臣下はほとんどの場合、本心から「誠に辱し」とは思わないし、「いつまでも忘れ」ないなどということもない。もちろん主君の面前では、まさに「誠に辱し」とも「いつまでも忘れまじ」とも、うわべを繕って述べるはずであるが。そのうわべの言葉を額面通り受け取って「随ふものはいかにも成べし」と思い、また自分の気まぐれな恩恵を臣下が「いつまでも忘れまじ」と思うような主君は、端的に「おろか」

である。このように真淵の「心の偽り」の論とは、臣下の心底からの忠誠などという〝甘い〟理想を放棄し、臣下がそれぞれに私心を秘めている現実の君臣関係を直視するよう求めるものである。ならば、その臣下の側の無私がついには実現不可能なものにとどまり、本質的にぎすぎすしたものであり続ける君臣関係を、どのように運営してゆくのが最善か。真淵がその答えとして挙げるのが「軍の道」である。その「道」において、臣下が私心を抱きつつも君臣関係が維持されるのは、原則的には「上に猛き威あれば、皆心ならねどしばし随ふ」（二一頁）ためである。身も蓋もないが、主君が自分よりも猛く・強いから、不服はありつつも臣下たちはしたがうほかないのである。同じことを主君の側からいえば、主君は〝臣は無私たるべし〟などといったお題目を用いることなく、自己の実力によって臣下たちのうえに超出し、臣下たちの忠誠を調達しなくてはならない。こうした「軍の道」とは、つまるところ、実力本位の「下剋上」の世界であった乱世の武家社会の価値観や規範の謂である。

日露戦争の翌年、北一輝は有史以来の日本国民のうち「皇室の忠臣義士」は「例外」であり、「殆ど全ては皇室に対する乱臣賊子なり」と喝破した[16]（『国体論及び純正社会主義』明治三十九年〈一九〇六〉刊）。この挑戦的な主張は明瞭に『教育勅語』の忠孝観および義勇奉公観の批判としてさしむけられたものだが、幕末以降に構想され、また必要とされた公的な「武」と前代の私的な「武」とが別物であること、そして「富国強兵」を急ぐ明治国家が両者の隔たりを意図的に無視したことを、的確に衝いている（福沢諭吉の所謂楠公権助論はこの先駆である）。確かに篤胤の語る「武」の発動の場面においては、「大御国」や天皇に対する私心など、一片たりともはさまる余地がない。それはまさに滅私奉公である。対して真淵のいう「軍の道」ないし「もの丶ふの道」においては、個々人の私心の存在は自明の前提であり、また「殆ど全て」の場合その「武」は、私心のもとに発動されるのである。それは篤胤的な「武」が、最終的には公兵、すなわち国家の――あるいは天皇の――軍隊の姿へと収斂してゆくのに対して、真淵の「武」に具体的なイメージを供給しているのが、公《おおやけ》の律令体制の埒外にあって、自弁の装備と兵力とによって私領を維持・拡大してゆく私兵団にほかならない中世武士団であったという差異に由来していると考えられる。[17]

ただし、かかる中世武士団内の主従関係は、君臣が個々の私心のもとにぎすぎすし続けるといったものではなく、家族以上の濃密な心情的紐帯によって結びついたものと性格づけられるのが一般である。真淵も、主従間での私心の摩擦・相剋を「武」の世界の常態と考えていたわけではなく、臣下が主君のために「命を惜しまず親子どもをもかへりみぬほど」（二二頁）になる心情的な一体性こそを、主従が最終的に至るべき理想としている。では、いかにして私心ある疎隔状況から、かかる厚い情誼的な結びつきが生じるに至るのか。その過程についての真淵の語りが、一種古武士の風趣を湛えるのは注目される。

〔主なる人が〕もし今馬を出さんに、「人の随はずはいかに」と思ふ心、おのづからつくべし。さらば、随ふをことゝせんとするに、誰かは俄《にはか》に随はん。親あり、妻子あり、「かくて死なんよりは」など思ひて逃げかくれ、せんかたなく随ふ者、などかは心をまとめむや。よりて、余りにみづから貴きを示さず、上下と打和《やは》らぎ親しみて、子の如く思はんには、主てふ名の有が上に、かたじけなき心は骨にしむべし。さる時には、此国のならはしにて、命を惜しまず親子をもかへりみぬほどにならめ。（二二頁）

真淵の考えでは、あらゆる臣下が私心をもっているのだから、主君から出陣命令が下ったとしても、従容と主君のために生命を投げ出す者など、さしあたりはいない。「親」や「妻子」の顔がちらついて召命に応じない者もいれば、また応じても「せんかたなく」従軍するばかりで、未練の思いが千々に乱れ（「などかは心をまとめむや」)、忠義一辺に決定《けつじょう》した者などいはしない。こうした臣下たちに、「骨にしむ」までに「かたじけなし」との思いを起こさせ、「命を惜しまず親子をもかへりみぬ」忠誠を引きだすのは、「大かた」の「めぐみ」(前掲)、すなわち金銭や所領といった経済的な恩賞の多さ・過分さではない。臣下の内面に「誠に辱し」との思いを惹起せしめるのは、従軍(奉公)に対する恩賞(御恩)という武士稼業の現実的な経済連関の埒外にあることがらである。それは、主なる人が「みづから貴きを示さず、上下と打和らぎ親しみて、子の如く」自分に相対してきたという〝一銭にもならぬ〟体験である。先の引用に「主従の約」とあり、右に「主てふ名」とあるが、主君がそうした通り一遍の主従関係を乗り越えて臣下に温かいまごころを示したとき、臣下のうちに心からの感激と生命を顧みない忠誠とが湧いてくるものと真淵は捉えている。主なる人が上下関係の堅苦しさは措いて「子の如く思」ふ温情を示せば、臣なる人は単に「主てふ名」のゆえに型通りに敬ふだけでなく、「骨にし」みとおった衷心からの「かたじけなき心」をもって主を仰ぐ。君臣のそれぞれが、「君」「臣」のそれぞれの形式的な役割に徹しきることによってではなく、そうした堅苦しい役割からそれぞれがはみ出し、情の次元で心を通わせあうことこそが、「此国のならはし」である熱い忠誠の熱源だと真淵は考えているのである。

こうした真淵の議論が、徳川家譜代の臣である大久保彦左衛門(忠教《ただたか》)が『三河物語』(元和八年〈一六二二〉成)で満腔の感慨とともに語る、主の「御情」の忝《かたじけな》さときわめて似通っているのは、決して偶然ではない。元亀三年(一五七四)十二月二十二日午後、三方原の戦いに惨敗して浜松城に退却した徳川家康は、その夜、三方原台地の南の終端部・犀ヶ《さいが》崖《かけ》に陣取る信玄の本営に夜襲をしかけた。(18) 根岸直利の『四戦紀聞』(宝永二年〈一七〇五〉)によれば、大久保忠世と天野康景とに率いられた「究竟ノ兵」七十余人による奇襲は大いに功を奏し、日中の大勝利に沸く武田方の意気を挫くとともに、徳川方の「敗績ノ後」の「居スクミ」を活気づかせた。(19) 大久保七郎左衛門忠世は彦左衛門忠教の長兄であり(忠教自身は当年十四歳で初陣前であった)、「究竟ノ兵」の内には真淵の高祖・岡部政定が含まれていた。真淵の誇る神君伝領の来国光の刀と円竜の具足とは、この戦功によって与えられたものである。[20] 家康も大久保忠世も三河の岡崎から遠江の浜松に移ったばかりであり、岡部政定のようにな遠州曳馬野《ひくまの》（三方原）に代々土着する「案内者」がもつ三方原の入り組んだ地形と、その間を四通八達する「間道」とに関する詳細な知識があってこそ、この夜襲は成功したのである。なお、太宰春台の高祖父（あるいは曽祖父）平手汎秀は織田家からの援軍として徳川方に派遣されていたが、同日、武田軍の追撃によって浜松城南方で討死を遂げている。

昔気質の偏屈者として、当世風の利発人たちがいまや「公儀」となった徳川家に続々と採用・抜擢されていくのを苦々しく睨んでいた大久保彦左衛門の見るかぎりでは、三河武士の精強を支えてきた代々の主君の厚い「御情」とは、松平の御家の何よりの特色であり、強みであった。実態はさて措き、家康に先んじて「天下人」となった織田信長の軍団の主力が経済力にあかせて日本中からかき集めた傭兵団と目されたのに対して、松平家は譜代の家臣を大切にし、その結束を何よりの強みとする、古臭くも温かい家柄と捉えられていた。先の『国意考』の論とかようのは、『三河物語』の次の条である。

三河松平家第七代の清康は、代々の当主に抜きん出た名君として知られた。清康はある日の食事中、自分の普段使いの汁椀を空け、食事の世話に出仕していた臣下たちに、それで酒を飲むよう命じた。主君の什器で酒を頂くのは畏れ多いので、一同がひたすら平伏していると、清康はいった。

面々何トテ被下《くだされ》ヌゾ。果去《くわこ》之《の》生将能《むまれせうよけれ》バ主ト成《なり》、果去之生将悪《あしけれ》バ内之者ト成《なる》。侍に上下《あがりさがり》は無物なり。謙《ゆるす》に、早ク被下ヨ。

あまりの遠慮はかえって無礼と、おそるおそる〝杯〟を受けた臣下たちを見て清康はほほえみ、上戸にも下戸にも（！）三杯ずつ干させた。その元を罷り出ての帰るさ、歴々は次のように先ほどの椿事へのさめやらぬ感激を語った。

只今之御定器ノ御酒盃、幷に御情之御詞ヲ、何程ノ金銀米銈《べいせん》ヲ知行ニ相ソヱ、宝物ヲ山程被下《くだされ》タルト申共、此御情にハ帰難《カエガタシ》。只今之御酒盃之御酒は、何と思召候哉。御方々又ハ我等之頸の血なり。此の御情にハ妻子を帰賭《カエリミ》ズ、御馬の先にて打死ヲシテ、御恩之宝前《ほうぜん》事、今生の面目、冥土ノ思出可成《なるべし》。

一同、「尤《もっとも》なり」とよろこんだことであった[21]（以上、『三河物語』上巻）。

この清康の挙措は、まさに真淵のいう「みづから貴きを示さず、上下と打やはらぎ親し」んだ気のおけない振る舞いであるが、一同の感激の焦点が、むしろその振る舞いに添えられた「御情之御詞」にあったことは明らかである。いま自分が「主」、面々がその「内之者」（臣）としてここに際会しているのは、「果去之生将」（「過去の生まれ性」）、すなわち前世の因果によるもので、まったく偶然に属することにすぎない。偶然がしからしめた主従・上下を取り去ってみれば、同じく骨の折れる稼業に精出す「侍」ではないか。そこに本質的な意味での「上下」はない。清康がここで差し出す酒は、主として臣に受けることを命ずる酒ではなく、同じ侍仲間としてさしつぐ酒である。面々が感じる無量の「忝サ」とは、真淵のいう「主てふ名」のもとに澄ました顔でふんぞり返っていても構わない清康が、あえて君臣の「名」を踏み越えて、自分たちと対等な立場に立ち、その高さから真率な言葉をかけたということ、言い換えれば臣である自分たちを、意のままになる臣──「随ふものはいかにも成べしとおもふにや」──としてではなく、同じ「侍」として、受け止めたという点に存するのである。そして武士の根本欲動が「自分の力で自分の土地を得る喜び、……十全な私有の欲求、つまりは「私の欲求」[22]（菅野覚明『武士道の逆襲』）にある以上、臣を本質的に同格の「侍」として認めるということは、その人を、極限的には主の地位をも脅かしうる野心と気概と実力との持ち主として、その野心も込みで、受け止めるということを意味しよう。しかしこのことは、〝お墨付き〟を得た一同それぞれの野心を露わにせしめたのではなく、むしろ「御馬の先にて打死ヲシテ、御恩之宝前」という清康への熱烈な忠誠を惹起するに至ったのである。

こうして真淵や忠教ら、三河松平家の昔気質の家臣たちが口々に説く古風な「武」の世界では、「命を惜しまず親子をもかへりみぬ」（前掲『国意考』）・「妻子を帰賭ズ、御馬の先にて打死ヲ」する（前掲『三河物語』）という不惜身命の忠誠は、きわめて逆説的だが、その人が私心を滅却しきったときにではなく、逆にその私心が、そのおおけなくきなくさい面も含めてそのままに受け止められたときにこそ、湧いてくるのである。

このように真淵の考える「武」の世界では、暴力や反逆として激発する私心が道徳的に矯められることはなく、個々の人は、かかる不穏な私心をもったままで生きている。上なる人は、説得や教化を通じて下の人の私心を根絶するのではなく、人間的な度量をもって、下なる人を、その私心あるありのままさにおいて受け止め・抱え込むことで、人の上に立つのである。それゆえ、この世界の被治者は、礼楽によって馴致された民や「股肱之臣」とは違って、治者に向かってひたすらに恭順を示すわけではなく、治者に馴致されきらない或る圭角をもち続ける。その圭角とは、武を専らとする者の心の「こは」さ（『国意考』二二頁）である。その「こはき」心の内は、「あはれ元帥と成なむ」（同前）とも「いかなる強き者にても、我むかひて殺してむ」（同前）とも、天下人をめざす野心や、極限的な場で自分の力を試さんとする――それ自体は純粋な――思いなど、「太平」の世にはとても置き所のない思いに充ち満ちている。しかし「いでもし事あらむ時には、其心こはきやつも、一かたたのもしきもの也」（同前）。非常時においては、その心の「こは」さはそのまま勇気や機転といった、得がたい「たのもし」さとして現れるのである。『葉隠』を口述した山本常朝の父・山本神右衛門重澄は、戦場の火粉《きな》の臭いを嗅いだ最後の世代の侍であるが、その日々の訓えに「曲者《くせもの》は、頼母《たのも》しきもの」というのが常であった（23）（『葉隠』聞書一）。『葉隠』の「曲者」の輪郭は、真淵の「心こはきやつ」と正確に重なる。やはりここでも、ぎりぎりの生存競争の中で、人と人とのつながり、人の器量と才、いかんともしがたい運命等々について、実践者としての掛け値ない認識と思考とを余儀なくされた前代の武士世界の常識――つまりは所謂戦国武士道から、真淵がものをいっていることが窺われるのである。

「わりなきねがひ」が巧まずに言葉に発せられるのが歌の道の「直」さであった。おおけない野心も含めた個々人の私心が、矯められぬままに「世の乱」「さる時」というその発現の機へと待機し続けているこの「ものゝふの道」もまた「直」いのである。

# 第七節　犬の群れと羊の群れ——共同体観の相違——

『国意考』中で、「直き」「もの丶ふ」たちの世界は〃犬の群れ〃に喩えられている。

たとへば犬の、其の里に多くて、他の里の犬の来る時は是をふせぎ、其の友の中にては、喰ひもの・女の道につきては争へども、ただ一わたりの怒にして、深くかまふることなきがごとし。（一八頁）

外敵に対しては一致団結して防衛にあたるが、家中では互いに戦功を競い、「男伊達」を張り合い、些細なことから一族総出の大喧嘩が出来し、主の命とは関係のないところでしきりに人を斬ったり腹を切ったりし、ついには臣なる人が平伏の下から主なる人の頸のあたりを不穏な眼で窺ってさえもいる「男道」の世界。それは確かに〃犬の群れ〃の喩えに相応しい。もともと犬の比喩自体が、「此の国は兄弟相通たり、鳥獣に同じ」（一九九頁）という春台に対して〃鳥獣と同じで何が悪いのか〃とねじかえす意図から提出されたものだが、その殺伐たるさまは確かに、徂徠の「文盲」（『徂来先生答問書』一九九頁）、「戦国以来の悪習」（同前、二〇〇頁）などという、武士的なものへの否定的な視線に裏付けを与えているように感じられる。

しかし注意しなくてはならないのは、この〃犬の群れ〃は、真淵の行論中では、道徳教説や礼楽《マナー》の導入による改良・陶冶を待つ自然状態を示しているのではなく、すでに人倫の理想の達成された状態を表示していることである。その素朴さ・殺伐さは、これから工夫を加えられるべき生《き》の質なのではなく、そこはすでに理想世界なのである。

　興味深いのは、先王の叡智のこもった型である礼楽を具体的な資材として日本社会の改革を志す徂徠や春台にとって、まさにこの武士的な〝犬の群れ〟のエートスこそが、先王の礼楽世界に対して最も異質なものと、それゆえ〝日本的なもの〟の核として礼楽による改革を阻み続けている当体と、捉えられていた節があることである。徂徠によれば、「殴《う》たるれば則ち之れに死し、首を犯せば則ち之れに死し、罵らるれば則ち之れに死し、怯と謂はるれば則ち之れに死す」のが「此の方の士君子の俗」である（『蘐園随筆』巻四、一七四頁）。このプライドと私的な闘争とに命を賭ける〝犬の群れ〟めいた集団は、統治階級であるというその一点でだけ「士君子」と名指されるのであって、文官である本場の読書人・士大夫とはまったく別物である。徂徠当人の負けじ魂には累代の武士の気骨がのぞくが、先王の道を信じる徂徠は、議論の上ではもちろん武士道を全否定する。この「武士道と申し習申し候一筋」は「聖人之道にたくらべ候はば、何としてまさり申すべく候哉」（『徂来先生答問書』一九九頁）と徂徠はいう。当代の「戦国ノ余習」を一掃し、聖人の礼楽を範とした「制度」を立てることを提唱する春台[1]（『経済録』制度篇）も同様である。武士の原基的なエートスが、彼らの統制主義的な発想に対する他者として、徂徠や春台にことさらに注目されるのである。

　徂徠に『鈐録』の著がある。前章で注目した『政談』や『太平策』が、平時の省庁編成や経済政策を主眼とした著作であったのに対して、『鈐録』は戦時の軍団編成や用兵策を論じたものである。ここで説かれるのは、平時における徂徠の理想が治者による共同体の全面的統制であったのとパラレルに、軍陣中において指揮権をもつトップ（指揮権の象徴である節刀・斧鉞を天子から賜った将軍）が全軍を完全に統制し、「三軍を手足の如くに使ふこと」（二七一頁）である。その目指すところは、数千人・数万人単位の大軍の末端にまで将軍一人の意志が貫徹し、その号令一下、集団の一糸乱れぬ動きがその意志をたちまちに実現することである。ゆえに『鈴録』の主要関心は、部下を引き付けるカリスマや想定外の事態に際会しての決断力など、将軍個人の器量に関することよりもむしろ、隊伍の編成、軍法の整備、陣中での行住坐臥にわたる作法など、人間集団としての軍の制度・規範（「仕形」）の整備にある。もちろんこのことは、徂徠の儒学説が治者の個人的・内面的修養に関心を集中する従来の儒学を批判し、人間集団の制度設計の問題へと目を向けかえるよう説くものだったことと呼応している。

この『鈴録』に具体的なイメージを提供し、陰に陽にその議論を規定しているのは、豊臣秀吉の朝鮮侵攻（文禄・慶長の役／壬申・丁酉倭乱）の際、明軍と日本軍とが対峙した経験である。その際、徂徠によれば、明側は整然とした編成のもと、将軍の号令が末々まで行き届き、統制のとれた軍団であった（『鈴録』序、二一九頁）。対して、加藤清正や黒田長政ら、戦国乱世を生き抜いた武士たちの混成軍である日本側は、それぞれの家中が戦功を競い合い、喧嘩が頻発し、全体としての紀律ある行動など期待すべくもない状態であった。日本側は、一見数万人数十万人の規模で戦っているように見えても、よく目を凝らせばその内実は個人戦の無数の集合としてあるのであって、規模そのものの力が有効に活用されていない。これは徂徠一人の見立てではなく、日本軍を迎え撃った朝鮮の知識人も同様の印象を抱いていた。李朝中期の「実学者」李星湖は次のように述べている。

蓋し倭は軍に統紀無し。惟《た》だ強力詐謀及び利刃迅丸を恃《たの》むのみ。故に軽進する者に禁無く、敗衄〔退却〕する者に罰無し。秀家大将と為り、隆景謀主と為ると雖も、而れども命を諸将に制する能はず。其の師を行ひ律を用ゐるは、却て偏裨〔小部隊の長〕と等し。此れ倭の短とする所なり。(2)（「日本地勢弁及撃朝鮮論」三八一頁）

日本の戦国武士は個々の戦闘技能の高さ（「強力詐謀」「利刃迅丸」）に頼って個人単位で戦っているのみであり、全体としての「統規」が無く、形式上の統率者である宇喜多秀家や小早川隆景は実際の指揮権を掌握していない。だから現場の判断での撤退（「敗衂」）や抜け駆け（「軽進」）が頻発するのである。集団戦の発想と、それを可能にする「統規」とが欠けていることが「倭の短とする所」なのである。

対して明軍を率いたのは、徂徠によれば「左迄《さまで》の者にもあら」ぬ凡将（『鈐録』序、二一九頁）であり、兵士たちの戦意も低かった。その明軍が日本軍と拮抗して一進一退の攻防を繰り広げ、最終的には戦略上の目的（朝鮮半島の防衛）を達成しえたのは、その軍が戚継光の制定した軍法によって徹底的に訓練・統制されていたためだと徂徠はみている。[3]古典兵法にいう「有制の兵・無能の将、敗るゝべからざるなり」（『李衛公問対』）を実地で証したのである。戚継光は明代を代表する軍人・兵学家である。[4]十六世紀の倭寇に「戚老虎」と恐れられたこの名将軍は、中国兵学の祖である孫子（孫武）に傾倒し、『孫子』に説かれた抽象的な兵法を実地に施すために、意を凝らして具体的な兵士の訓練法や軍中の規律を制定し、『紀效新書』や『練兵実紀』を著した。[5]孫子と戚継光とに共通するのは、個々の兵員の個人的な戦闘技能と戦意《モラル》とに期待せず、徹底して集団戦での勝利を志向する点である。孫子の出た春秋時代の後期は、貴族を主要な担い手とする小規模な戦車戦から国人・庶人主体の大規模な歩兵戦への移行期であった。[6]名誉と特権とを有した貴族ではなく、徴兵された戦意の低い民から成る国軍を指揮する必要に迫られた孫子は、逃げ場のない「死地」に追いこんだり、「金鼓旌旗」に合わせた動作に習熟させたりすることで「民を戦す」方法を模索した。[7]最古の兵書である『孫子』は、続く『呉子』などに比べて、士卒個々の技能や戦意にはいっさい期待しない徹底した愚卒観によって異彩を放っている。[8]およそ二千年後、明代の兵制（世襲の衛所制）の弛緩に強い危機意識を覚えて兵の再選抜と再訓練とを断行した戚継光もやはり、はなばなしい曲芸めいた個人的武技（「花刀・花棍・花叉之法」）を否定した。「千百人」からなる隊列の中では「勇者」も「怯者」も同じペースで進軍せざるを得ず、左右に跳んだり跳ねたりしてこれ見よがしに武技を誇示する余地はないからである(9)（『紀效新書』紀效或問、嘉靖三十九年〈一五六〇〉成）。戚継光が士卒に要求したのは、伍（小隊）単位での集団行動への徹底的な習熟と、「金鼓旌旗」によって伝達される軍令への徹底的な服従とである。この地味で堅実な「節制の法」によって実際に倭寇と戦った経験を、戚継光は次のように述べている。

余数年に百戦して、但だ諸《こ》の賊（倭寇）の高きに依り険に臨み、坐して我が師を待ち、只だ日暮に至て、我が惰気に乗じて衝出するを見る。或いは収兵の錯雑に乗じて之れを追ひ、又能く鋭気の盛んなるに乗じて以て初鋒を用ふ。又其の盔《くわい》（兜）上を金銀牛角の状《さま》、五色の長絲を以て飾り、神鬼の如くに類し、以て士気を駭かす。多く明鏡を執り、善く刀鎗を磨き、日中には閃閃として、以て士目を奪ふ。故に我が兵持久せば、便ち怯《おび》ゆる所と為る。余の著す所の『操練図令』内に退兵の法を切切と分詳（詳説）し、鴛鴦の陣勢、速戦の条を諄諄と面諭せるは、此れを以て良しとすればなり。(10)（『紀效新書』紀效或問）

多くが武士崩れからなる倭寇は、威嚇のために個々人の勇猛さを誇示するし、確かに個人武芸には秀でている。しかし彼らは、緒戦では優勢であったものの「節制の法」に統御された集団に徐々にすり潰され、ついには大陸から駆逐された。それはまさに徂徠の見るかぎりでの朝鮮出兵の縮図である。「日本ニ節制ノ軍法ナシ、皆武士ノハタラキ也」(11)（『文会雑記』）と批判する徂徠は、――朱子によって孔子の思想が〝近世化〟されたのとパラレルに――戚継光によって〝近世化〟された孫子の思想に基づいて、日本の軍事組織を改革しようとした。前田勉が指摘する通り、徂徠が明の名将に学んだ最大のアイデアは「士卒の自発的戦闘意思を全くあてにしない[12]」ことだったのである。

以上の歴史的経緯や大陸の兵学思想の展開を踏まえて、どこまでも個や私のもとでの「武」のありようである在来の武士の気風を徹底的に変革し、明軍のような「管轄の法」(『鈐録』四四四頁)のもとにある整然と統制された軍隊へと変容させようとするのが『鈐録』の狙いである。そこで「下知なくして擅《ホシイマヽ》に動く輩、斬罪たるべし。たとひ武勇抜群の働きありとも、軍令を破たらば是又斬罪たるべし」(二六七頁)と軍令の厳格な適用が説かれるのは、もちろん誰もが衆に後れをとるまじと、大将の「下知」を待たず続々と夜討・抜駆《ぬけがけ》したり、その意地一分を侵されたとなれば即座に喧嘩・打ち返しに及び、〝無意味な〟損耗を軍団に与えもする武士の流儀を変革し、厳密な全体の統制に服せしめるためである。徂徠は泰平の今と違って、戦国乱世の「平士」は「鳶《とび》の様なる者」、そして「侍大将」はまさに「人喰らい犬」のようなもので、「それを乗《のり》こなして能《よく》制する事」は「戦国諸大将の器量」にあったと述べている(『鈐録外書』六三一頁)。プライドの高すぎる個々の戦闘員を、リーダーが実力と度量とでどうにか御してゆく〝犬の群れ〟を、リーダー一人の脳髄に発した意志が合理的な編成と紀律とによって末端までくまなく浸透し、数万人規模の集団が一人の「手足のごとく」動く〝戦場の官僚制〟へと改革すること。それが徂徠の狙いであった。中国の軍制は徴兵制・募兵制・皆兵制などの間を時代とともに揺れ動いたが[13]、呉起が兵の傷口の膿を口づから吸い、感激したその兵を次の戦で死なせた「愛卒」の象徴的な逸話[14]に知られるように、基本的には戦意のない士卒をいかに戦闘へと鼓舞するか(より露骨にいえば、いかに生命を捨てさせるか)こそが歴代兵法の大きな課題であった。中国兵法は早くから輸入されたが、武士の登場(=公兵制の瓦解)以来の日本の「兵」の思考の核心をなしたのは往々に抜駆・抗命・喧嘩などの形で激発する、あまりにも戦意と独立心との高すぎる武士たちをどのように操縦するかという問題であって、大陸の問題意識とは千里の差があった[15]。そして『甲陽軍鑑』の所謂「四君子命期《みょうご》」の巻が語るように、その答えは結局のところ強く・閑《しず》かに・威があり・情けある大将の器ということにしか見出されなかったようである。『国意考』で真淵が語る理想の「上なる人」とは、まさにこの将器を柔らかく言いなしたものにほかならない。徂徠が自負する『鈐録』の新しさとは、軍事理論ではなく日本の兵制の実態の側を抜本的に改革することで、『孫子』以降の大陸の兵学理論の問題機制を適用しうる現実を、日本に新たに作り出そうとする点に存したのである。

　こうした徂徠の狙いを最も象徴的に示しているのが、軍陣での旗・幟の改革論である。武田の風林火山や真田の六文銭などが有名な武士の幟は[16]、ひとつには乱戦下での集団の判別という実践的な用途を有する戦道具だが、もうひとつには、その武士の気概と独立とを端的に示す象徴的な事物でもあった。その心意気を表現するものゆえ、各人が思い思いの意匠を凝らし、人の意表の外に出んと華美・奇抜に流れる傾向があった。現に「神ノ御名思々《おもひおもひ》、又家ノ文計《もんばかり》」をとりどりに描いた旗について、『義貞記』は「人々ノ好、家ノ先規ニ依ルベキ歟《か》」[17]と述べ、規制・統制の必要を認めていない。ここから必然的に出来する幟のあまりの不揃いを徂徠は批判する（『鈐録』二六〇頁）。徂徠の理解では、戦陣における旗・幟の類は、戦場での判断と命令との唯一の出所であるべき大将が、自軍の状況を一望のもとに把握し、またその指令を的確に伝達するための具でなくてはならないのであった。それゆえ戚継光の軍法に倣っての、旗・幟の統一規格化と体系化を強く要求するのである。確かに『孫子』からすでに「金鼓旌旗」は「衆を用ふるの法」の核と位置づけられており[18]、これを踏まえて戚継光は「名将の先とする所、旗鼓のみ」と断言し[19]（『紀效新書』旌旗金鼓図説篇）、詳細に旗の規定を示している。小隊旗（伍旗）・中隊旗（隊旗）・参謀旗（中軍旗）などには隊長名、指揮系統、兵員数などが明記されており（束伍篇）、また全軍に進軍方向を伝える五方形旗は、文字の読めない兵でもわかるよう、それぞれ五行に従って彩色され、五方位に配当された霊獣が描かれている（旌旗金鼓図説篇）。その他の旗にも「法制」があり、指定された「方色」がある（同前）。そこでの旗は、（その小笠原流批判を通じて窺われたような）徂徠が武士道の通弊として嫌うミクロな個々人のプライドの表現ではなく、マクロな観点から集団を動かすために体系的に仕組まれた装置となっている。戚継光の麾下で個々の士卒が「花技」を発揮する機会がなかったのと同じく、そこでの旗にも、個々の戦闘者のプライドの表現としての性格の挟まる余地はなかったのである。

確かに徂徠の批判を裏付けるように、他隊との差異を必ずしも明瞭に表示しない旗幟は、折々に混乱や同士討ちを出来したようである。多くの武士たちの予想通り「天下の弓矢の仕廻《しま》ひ」[20]（『葉隠』聞書八）となった大坂夏の陣（慶長二十年〈一六一五〉）では、「敵味方五十万騎に及びたる勢、入乱れたる事なれば、面々の旗の紋をも互ひに見知らねば、関東勢も同士打ちして、多く打たれたる」[21]（『大坂物語』下）ありさまであった。またさらに遡って戦国時代のさ中の永禄六年（一五六三）、越後の上杉家中ではまさにこの旗を巡って、或る諍いが生じていた。上杉家の部将・色部勝長は、謙信より鷹羽紋《たかのは》を下賜され、「小幡《こばた》」として用いていた。しかし同じ上杉家中の平賀重資も、同じく鷹羽紋を旗紋としていた。憤激した勝長は奉行に訴え、詮議の末、重資に紋の使用を差し止めさせたのである。[22]この一連の諍いの中で、謙信はじめ上杉家中の面々の誰にも、旗の混同への懸念はない。勝長が怒ったのも、戦場で色部・平賀両隊の旗が弁別できないためではなかった。それは、川中島合戦での奮戦で謙信から「此の忠功、政虎一世中忘失すべからず」との所謂「血染の感状」[23]を与えられた勝長にとって、「御屋形様（謙信）の下され置かるゝ」鷹羽紋[24]は、自分の奮戦と栄誉との象徴と化していたためである。そして逆に、この個々の部将の意地・独立の象徴を、大将の意志伝達のための具と位置づけ直し、一から揃え直せという この主張は、徂徠の軍学の性格を如実に物語っている。

このとき、過剰な独立心を剝奪された個々の戦闘員は何ものになるのか。徂徠は『孫子』にならって、兵は「木石を転《コロバ》するが如く」使うべきだという（『鈴録』四〇四頁）。坂道に置かれた木や石が自分の意志とは関係なく転がってゆくしかないように、個々の戦闘員がいやでも下知にしたがわざるをえないように統率すべきだというのである。それは実際に傾斜地で上から下へと進軍させたり、あるいは陣太鼓の拍子を徐々に早めることで「覚えず拍子に乗て突きかかる」（同前）ようにしたりするほか、少しでも後退すれば必ず死刑と「厳刑」（同前）をもって臨むことで、退いても死、進んでも死ならば、兵はまだしも生存の可能性のある前へと進んで死中に活を拾うようになるという策さえも挙げられている。これらの策はみな孫子と戚継光との祖述であるが、[25] ここでは戦闘員個々の自律的な思考も、またそこから生じるはずの自発的な戦意《モラル》も、いっさい期待されていない。個々人は巧みな仕掛けによって衝き動かされるままであり、およそ意志や思考やモチベーションは、全軍を統括する大将一人の頭の中にだけある。それはまさに、平時の礼楽世界が巧みな仕掛けを通じて共同体の最合理性を達成する一方で、宗教や詩歌を契機とする民の個的自覚の機会を、同じ仕掛けを通じて剝奪し続けるのと同一の構造である。かくて犬・狼ではなくなった――独立の爪牙を抜かれた――兵たちは、礼楽世界の民がそうであったのと同じく、羊に似ているといえるのではなかろうか。どこへゆくとも、何のためとも知らずに、賢明な一人に、飴と鞭とによって集団《マス》として導かれてゆくのである。

　こうして徂徠の『鈐録』は大陸の「管轄ノ法」（前掲）を範として、私の意地一分に生きる「人喰らい犬」のような「武」的主体から構成される在来武士団の根こぎ的な改革を主張したが、まさに遠州武士の土着的エートスの中に生まれ育った真淵は、その世界を再び〝犬の群れ〟に喩えて全肯定したのであった。徂徠の行論の中では、この大陸においては旧く、日本においては新しい「節制の軍」は〝羊の群れ〟に喩えられている。愚卒の集団を〝羊の群れ〟に喩えるのは、すでに孫子に始まる。

　能く士卒の耳目を愚にして之れをして知ること無からしめ、其の事を易《か》へ其の謀を革めて人をして識ること無からしめ、其の居を易へ其の途《みち》を迂《とほまはりし》て人をして慮《かむがふ》ることを得ざらしめ、帥《ひき》ゐて之れと期すること、高きに登りて其の梯《かけはし》を去るが如く、帥ゐて之れと深く諸侯の地に入りて其の機を発すること、群羊を駆るが、駆られて往き駆られて来たれども之を知ること莫《な》きが若く、三軍の衆を聚《あつ》めて之れを険に投ず、此れ将軍の事なり。（『孫子』九地篇）

孫子がここで説くのは、つまるところ「将軍」は「三軍の衆」に手の内を見せてはならないということである。その喩えとして持ち出される〝羊の群れ〟を徂徠は次のように解説している。

「群羊」はむらがる羊なり。一段の意、士卒をひきゐてともに同じく敵国の地へ深く攻め入るまで、合戦の仕形を士卒に知らせず、よき図に臨んで、兵機を発して、勝利を一時に決するなり。是れを喩へるに、牧童のむらがる羊を駆りたて丶追行くに、或は駆り立て丶かしこへゆき、或は駆り立て丶こ丶へ来たれども、羊は愚かなるものゆゑ何《いづ》くへ行くと云《いふ》ことを知らず、たゞ牧童の駆るま丶に歩くが如し。(26)（『孫子国字解』宝永四年〈一七〇七〉頃成）

この「国字」をもってする「群羊」の解は孫子の意をよく汲んだものでこそあれ、それほどの独創は見られない。しかし、徂徠の著作の中でも最初期に属するこの『孫子国字解』が、のちの徂徠学の構想に決定的な影響を与え、その「原型」をなしたことがすでに指摘されている。(27) 確かに、特に『易』に即して見た通り、平時の礼楽世界における被治者は「何くへ行くと云ことを知らず」、先王と治者との巧みな仕掛けによって「知らず識らず」（『詩経』大雅・皇矣）調和した共同性へと導かれてゆくのであった。また「民ハ愚カナル者」（『政談』二七八頁）、「百姓ハ愚かなる者」（同前、三二五頁）とは徂徠のしばしば口にするところ。徂徠は戦時の法度と平時の礼楽とを峻別するが、[28] 平時の礼楽世界の治者と被治者とも、やはり牧童と群羊とにひとしい。

「兵は詐を以て立つ」（『孫子』軍争篇）とはきわめて有名な孫子の言葉であるが、時にこの言を援用しつつ戦国大名が「表裡《ひょうり》」（間諜、計略、離反策など）を駆使したように、謀略や詐術の類は古今東西の戦争の常道である。しかし趙楓によれば、軍事思想家としての孫子の特色は、その「詐」を敵だけでなく「味方の士卒」に対しても向ける点にこそある。[29] あの手この手で牧童は群羊に手の内をさらさず、いきなり「死地」に放りこむのである。朱子学の構想するよき社会とは、全員が知を得る（理と一致する）か、知を得るべく無限の努力を続けるかによってはじめて実現するものであったが、これを否定し、知を（実際の治者さえも飛び越えて）「彼《かしこ》に在る」聖人へと投げ返した徂徠学にあっては、つねにそこに絶対的な知の格差がある以上、民は永遠に聖人の手の内で転がされ続けることになる。騙され続けるわけである。先王が牧童であれば、その「道」に就いて学ぶ為政者や学者は牧羊犬であり、民は羊である。『春秋左氏伝』に君は民を「牧する」もの[30]（襄公十四年）と説かれて以来、代々の儒教的治者は「牧民」の語を（正の価値のもとに）掲げ続けた。[31] 近世中期の国儒論争とは、〝羊の群れ〟と〝犬の群れ〟との二つの秩序構想がぶつかり合った事態だったのである。

## 第八節　文と武と――伝統への接続――

以上で見たとおり、古えの「直」さとは、「歌の道」と「武の道」との両《ふた》つをかけていわれるのだった。「直き」ありようとは、具体的には歌人と武人との姿なのである。

それもより正確にいえば、一人の人における歌人と武人との重なりこそが、最も理想的に「直」いのである。『万葉集』最大の歌人として真淵が満腔の敬意をもって仰ぐ柿本人麻呂は、同時に武人でもあったと捉えられている。

よしや身は下《しも》ながら、歌におきて其比より下つ代にしく人なきからは、後世に言葉《ことのは》の神とも神とたふとむべきはこのぬし也。其言とも龍の勢有て、青雲の向伏極《むかふすきは》みのものゝふと見ゆるを、近江の御軍《みいくさ》の時はまだ若くして仕へまつらねば、勲《いさほし》を立つるよしなく、歌にのみ万代の名をとどめたる也。（『万葉考』別記一、二巻二六二頁）

人麻呂には「龍の勢」を感じさせる勇壮な歌はあれど、従軍経験を伝える記事はない。万葉歌人としての活躍期《アクメー》から推定されるその青壮年期と、壬申の乱（天武天皇元年〈六七二〉）とは重ならないと真淵は見る。にもかかわらず、その人麻呂を時に遇いさえすれば必ず「勲」を立てたはずの、「ものゝふ」に「見ゆる」と推定する真淵の強弁は、逆に真淵自身の理想のありかをこそ表示している。人麻呂は「言葉《ことのは》の神」でありつつ、同時に「もの丶ふ」でなくてはならないのである。人麻呂に強引に見出された文武兼備の理想は、後代のいく人かの人にも投影されている。

その一人は、真淵が〝発見〟した源実朝である。真淵によれば「事とある時は大御手に弓とりしぼり、大御背《そびら》に靫《ゆぎ》かき負《おほ》して厳《いか》く雄々しき御稜威《みいつ》」を振るう奈良時代までの「古《いにしへ》の天皇《すめろぎ》」の統治は、平安朝以降の「手弱《たをや》女《め》ぶり」によって万事柔弱となり、喪われてしまった（「鎌倉右大臣家集を読みて書きつ」、『賀茂翁遺草』二八二頁）。それを復古したのが鎌倉の源家将軍たちであり、中でも歌にすぐれた三代実朝であった。

相模のや鎌倉の城にして、古の大御代なす厳《いか》く雄々しき手ぶりにかへして、おゝまつろへと申しき時、この大臣《おほまうちぎみ》のよみ給へる歌こそ、奥山の谷の岩垣さくみ出でて、大空に駆ける龍のごと、おほはらや草木も諸向け吹き渡りて砌《みぎり》を払ふ風のごと、ひたぶるにまして、高く雄々しくして雅びたる、古の姿にかへり給へりけれ。（同前）

頼朝によって政体の上での「武」の復古が成ったのち、実朝が「雅びたる」『万葉集』の歌風を復興したことで文武両方の復古が達成されたと真淵は見ている。人麻呂―実朝という文武兼備の万葉調の武家歌人のラインの上にもう一人浮上しているのはもちろん、真淵が主として仰いだ田安宗武である。

もし上に古へを好みて、世の直からんを思《おぼ》す人出で来む時は、十年《ととせ》二十年《はたとせ》を過ぎずして、世は直かるべし。
（『国意考』二四頁）

宗武の「好古」の風については前述したとおり。そして明治以降、宗武が真淵を凌ぐ万葉歌人として称揚され、まさに実朝の再来と見られたことは周知の事実である。ここでの「古へを好みて、世の直からん人」は宗武を暗示していると考えるのが妥当である。

こうして人麻呂―実朝―宗武をつなぐ「直」き武人・歌人の稜線の裾野には、「直き心より思ふことなれば隠れなし、隠れなければ忽《たちま》ちに取りひしが」れ（『国意考』一八頁）、はかない反乱を企てては悲痛な歌を遺して刑死した大津・浄御原朝の皇子たちや、恋と闘争とをめぐる数々の伝説を残し、天孫にも謙《へりくだ》らなかった出雲の神々が集《うごなわ》っていることであろう。前掲の実朝論に窺われるように、「直」き「武」とは、平安朝に勃興した武士階級の特殊な気風ではなく、すでに神代以来、日本の道の核心に居座り続けるものと見られている。真淵が（女性も含めた）後代の人に要求するのが「手弱女ぶり」と「益荒男ぶり」、「和《にぎ》び」と「猛き」など、つねに文武の兼備であるのはこのためである。

またこれと対応して、歌人にして武人である「直き」人々を治める古えの政体の特徴も、つねに「文」と「武」との定型的な対として捉えられる。

そもそも上つ御代御代、その大和国に宮敷きまし〻時は、顕《あらは》には建《たけ》き御威稜《みいつ》をもて、内には寛き和《にごみ》をなして、天の下をまつろへまし〻からに、弥栄に栄えまし、（『にひまなび』二〇〇頁）

皇朝の古意は神代より始めて、武を以て標とし、和を以て内とし、巨細なる事を少しもいはず、民を強《しひ》ず不正《たゞさず》して天地に合て治め給ふ。（宝暦十二年〈一七六二〉龍元次郎宛書簡、八七頁）

上つ代の天皇《すめらみこと》、内には皇神を崇み賜ひ、外には厳《いか》き大御稜威《みいづ》をふりおこしまして、まつろはぬ国を平らげ、ちはやぶる人を和しまし、天地《あめつち》に合《かな》ひてとほしろき道をなし給ひ治めたまひ、内ゆふの狭きことをば、見し直し聞《きこ》し直しおはしましゝかば、（『万葉集大考』、一巻三頁）

被治者の私心の「直き」表出のうちで放置して大過ないもの、つまりは歌に対しては寛容にうけとめ、逆に大事になりかねないもの、つまりは武力蜂起に対しては、曖昧に教化・懐柔したりはせず、はっきりと実力で取りひしぐ。この二方面の対処が「武」と「和」、「建き御稜威」と「寛き和」、「大御稜威」と「聞し直し」という一連の概念対を形成している。つまり被治者の「文」には「文」で、「武」には「武」で対処し、どこまでも被治者の「直き」表現をうけとめ続けるのが、日本の古えであった。その原型は大地を揺がして高天原に上ってきた須佐之男命を武装し「伊都之男建《いつのをたけび》」（稜威之雄誥）をもって迎え、しかしその勝ちさびの荒《すさ》びについては「詔り直し」て寛大に許容した天照大神である。大陸の礼楽世界が被治者を〝教え諭す〟能動的な政治体制であるのに対して、真淵の捉える日本の古えは、被治者の表現を〝うけとめる〟体制だったのである。それはどこまでも個々の人の自己表現を許容し続ける世界である。

この「直」き文武を核とする真淵の思想は、神仏習合・神儒習合の融通無碍な無限抱擁性を示す日本の伝統的な思想界に、異質なラディカルさをもって屹立した徂徠学の刺激によって、いわばその陰画として登場したものである。しかしそれは中華主義者への応戦のための急普請の思想ではない。「荻生惣右衛門なども皇朝の意を知らず、己が好む方にたてゝ知らざることを推していひしくせにて、純〔春台〕もいへる事、事毎に誤りなり」（明和五年〈一七六八〉斎藤信幸宛書簡、一五五頁）と憤る時、真淵には自分が「皇朝の意」の長い伝統をしっかりと踏まえているという実感がある。真淵の思想は、日本の思想史に長く底流していた或る伝統が、徂徠学系の経世論という外からの刺激に触発されて、ひとつの自覚・反省へともたらされたものである。

その伝統とはいったい何か。日本の思想史の中で、人間のあるべき生き方についての首尾をそなえた教説を提供し、広くその正統性を認められてきたのは長く仏教であり、近世に入っては儒教であった。しかし日本の思想史・文芸史上の花形である歌人と武士との生の姿は、儒・仏の教えからははみ出しつつ、一種異様な存在感と迫力とを帯びたものとしてそこにあり続けた。正統な道徳教説に対する違和としてありながら、むしろ逆にそうした教説の建前性と形式性とを衝いて、その足元を揺るがしかねない、強烈な生々しさをもった歌人と武士との生。それこそが、真淵の「直」さの思考に流れこんでいる伝統だと考えられるのである。

そもそも歌人にせよ武士にせよ、道徳的にはまったき善とはいわれない存在である。歌人の一典型は「心余りて詞足ら」ぬ（『古今集』仮名序）在原業平であるが、身分も老若も問わず数々の女性と浮名を流し続け、ついには后や斎宮とも通ずる「昔男」は、儒教的にも仏教的にも善とはいえない。それどころかこの好色漢は、まさに儒仏がそれぞれに対治を加えんとする人間の生《なま》の姿そのものを示しているとさえいえよう。また武士の生が儒教的にも仏教的にも是とされないのは自明である。何をどう言い繕おうとも、それが私の名利のために殺生をする稼業であるという根本事実は揺るがないからである。なお、儒教的見地から武士のありようが問題になるのは、暴力の行使自体ではなく、その暴力が私に発することである。徂徠が武士道変革のための「規矩準縄」とした戚継光は、強烈な公兵意識――さらにありていにいえば公務員意識――をもった武人であった。彼自身、軍将として「只《た》だ力を尽して以て朝廷に報ずる」ことを第一としてことさらな「功名」を求めなかった[1]（『練兵実紀』練将篇、隆慶五年〈一五七一〉）のみならず、配下の兵に対しても、その官舎・糧米・俸給のすべてが「百姓」の「苦楚艱難」して弁納した血税より出ていることを飽かず縷説した[2]（同前、練胆気篇）。近世に入ると

「百姓成立」を大名の義務とする観念は強まったものの、元来私兵団であって「功名」を根本目的として動く日本の武士団と、私的な栄誉や恩給を度外視し、公の委任と公の財源とで動いていることを痛烈に意識し続けるこの「戚家軍」とは、まるで別物である。むろん、武士の私性の発露である喧嘩を「公禄ヲ食《は》ム者ニシテ大義ヲ忘タル筋」（『政談』四二一頁）の「私ノ闘争」（同前）と言下に否定する徂徠は後者を是とする。

　もちろん思想史を通観すれば、歌人や武士のありようと仏教・儒教とを結び付け、それらを正当化しようとする言説には類挙にいとまがない。そこではまず歌について、「業平は極楽の歌舞の菩薩の現化なれば、詠み置く歌の言の葉までもみな法身説法の妙文」であり(3)（謡曲「杜若」）、また総じて「和歌ノ徳、惣持ノ義、陀羅尼《だらに》〔密教の真言〕ト一ニ心得ベシ」などとされた(4)（無住『沙石集』第五、弘安六年〈一二八三〉序）。そして近世に入ると、今度は誠意正心・存心省養云々の宋学風の「誠」の工夫と詠歌とが同一視されたのはすでに見たところ。あるいは武士稼業についても、徳川の天下が確定したのち、三好・松永（弾正）・織田・豊臣といった余の武士を「私欲」の権化と言い立てることで、神君・家康だけは「天道の理」のもとに刀を振るっていたことが強調された(5)（伝・本多正信『本佐録』十七世紀前半）。しかしこれらは包摂する側の思想と、包摂される側の生のありようとの同質性が安易に信じられていたというよりは、むしろその間に横たわる埋めがたい違和が、かえってこうした言説を駆り立てていると見るべきであろう。

　以上のように、長い間日本の思想界における道徳的なよさの語りを独占していた仏教と儒教との中には、歌人と武士とは積極的な位置をもたなかった。しかし同時に、彼らの姿が、単なる悪、単なるだらしない欲望の横溢とははっきりと区別して眺められていたこともまた、事実である。勇猛精進の文覚上人は、出家のくせに歌に溺れる西行の「頭《かしら》を打ち割るべき」と息巻いていたが、実際に高尾山寺の法華会で西行と対面したとき、「あれは文覚に打たれんずる物の面《つら》やうか、文覚をぞ打たんずる」と、歌人の気魄に呑まれた(6)（頓阿『井蛙抄』六

二、貞治初年〈一三六一～六三年〉）。またやむをえぬ事情から密通に至った妻を涙ながらに生害し、後に妻敵討《めがたきうち》を遂げた元禄の武士の振る舞いを、近松門左衛門は「武士の仕方のすゝどさよ」と評している（『堀川波鼓』宝永四年〈一七〇七〉初演）。「すゝどさ」（鋭さ）は単なる野蛮や残酷ではない。[7] 歌人や武士は、仏教の上でも儒教の上でも、善なる存在とは認めがたい存在であるにもかかわらず、彼らの生の姿は、何かしら倫理性を帯びた迫力をもって見る者に迫ってくるのである。しかもよさの語りを儒・仏が独占している以上、見る者は歌人や武士のその迫力を、結構ある言説として語りきることはできない。歌人と武士とは、日本の思想史の中で、いつまでも思想教説へと整理・落着されないままの生々しい姿、未決の思想的形象としてあり続けた。真淵の踏まえどころはここであった。

そして歌人と武士との重なりを表示する伝統的な語彙は「文武両道」ないし「文武二道」であった。それは古今のすぐれた武士を評する一種の定型句であった。「今川状」はまず文武の兼備を説くし、徳川将軍の代替わりごとに発された武家諸法度も幕末に至るまでその第一条に「文武」の兼修を掲げ続けた。[8]「文武」という古典的な概念対自体は、もちろん殷を倒し周を建国した聖人父子、姫昌と姫発それぞれの諡《おくりな》に由来するものである。[9] 文王（姫昌）は暴虐な殷の紂王に臣下として礼と忠とを尽くし、子の武王（姫発）はこれを武力をもって倒した。そして孔子が「武」は「未だ善を尽さず」と評した（『論語』八佾篇）ことが、儒教世界における文武の上下を、ひいては歴代中国王朝における文官の武官への優越を、決定づけたといえよう。雷海宗のいう「無兵の文化」である。[10] そして「至徳」と讃えられた文王が体現している「文」の内実はもちろん、周の礼楽にほかならない。しかしこの「文武」が日本に入って武士の徳目となったとき、太宰春台が「落涙」に及ぶほどのシンパシーを抱いた平重盛[11]のように、儒教的教養としての「文」に秀でた「文武両道」の士もわずかには見られたものの、総じて「文」の内実が和歌へと傾く嫌いがあった。「武道にも歌道にも達者にておはし」た平忠度《ただのり》（『平家物語』「忠度最期」）は、木曾義仲の兵が都に迫り、平家の一門が次々に西国に落ちてゆく中で、わずかの手勢とともに都にとってかえし、藤原俊成に自讃歌の勅撰集への入集をくれぐれも頼んだ。この有名な逸話は『鴉鷺物語』（応仁の乱頃〈一四六七～七七年〉）によれば「文武の誉」であり、「弓矢とる身は誰もかくあらまほしき」模範であった。(12) またやや胡乱な例であるが、近世人口に膾炙した理想の武士といえば、赤穂事件の大石内蔵助良雄に指を屈する。東随舎主人の『古今雑談思出草紙』（天保十一年〈一八四〇〉序）は、世の浪士びいきに同じて内蔵助を「花も実もある」「文武に秀でたる武士」と絶賛している。しかしその「文」あるいは「花」の中身とはなんと、内蔵助が有名な島原での大豪遊に際して「更けて郭《くるわ》の粧ひ見れば、宵の燈し火火打そむき……」と投《なげ》節《ぶし》（三味線に合わせた俗謡）を作り、遊里に流行《はや》らせたことなのである。(13)

もとよりローカライズされた日本の「文武」論の中で、実践的な武芸（「弓馬の道」）以外のあらゆる文字や書物をもってする教養が乱雑に「文」に投げこまれているのは無論のことである。しかし、累代の武門に生まれながら『論語』や『書経』を縦横に引用する戚継光が強烈な公兵意識の持ち主であったのと異なって、本朝では「文」の内実が和歌へと傾斜するにしたがって、公的で文化的な「文」が私的で荒っぽい「武」を統御・陶冶するというのではなく、「ひとへに思ひ乞《こふ》事をそのまゝにいひ出す」（前掲『続万葉論』）ものであるべき歌の道は、「武」と一体になって、むしろ強烈な私の主張として現れるに至った。『平家物語』で忠度とならんでもう一人「弓矢をとつてならびなきのみならず、歌道もすぐれたりけり」（「鵺」）と評されたのは源頼政である。しかしこの「文武に名を得し人」(14)（謡曲「頼政」）は、その「文」によって生来の「武」を矯めることはなく、むしろ年老いるまで合戦の場で功名を挙げる機会に恵まれなかったことへの無念から、ついに以仁王を奉じて挙兵し、こと破れて自害した。「由なき謀叛起いて、宮をも失ひ参らせ、我が身も子孫も亡びぬるこそうたてけれ」（「鵺」）と評する『平家物語』の語り手は、その挙を、平家の専権に対する公憤によるものではなく、あくまで頼政自身の我執に発する私挙とみている。頼政の「文」は、戚継光とは異なり「武」の過剰さをついに陶冶することはなかった。むしろ「埋れ木の花咲くこともなかりしに身のなるはてぞかなしかりける」というその辞世の歌（「宮御最期」）は、花々しい「名」をとれぬまま終わることへの武士としての無念を描きとったのである。

仏道の菩提を求めるでもなく、仁政の理想を目指すでもなく、歌を詠み、「名」を求めて刀を振るい、強烈な「私」の欲求のもとに人生を突っ切ったこれら「文武両道」の体現者たちは、しかし後代の人々に断罪されるのではなく、鎮魂された。頼政や忠度は、ともに二番目物（修羅物）の能の主人公となり、死後もさめぬその「妄執」（謡曲「頼政」）の表白を、ワキ僧に聴かれ、慰撫されたのである。日本の思想史、ないしより広く精神史の伝統の中で、彼らの「私」性はどこか許されている。少なくとも、道理のもとに叱りつけてもどうしようもないもの、慰めるよりほかにないものと捉えられている。謡曲の中で忠度の亡霊が、ほど近い海風を受けてひるがえる須磨の一本桜と同化しているように[15]、彼らのどこまでも私的な情念は、まさに真淵のいう「天地のまゝ」にして「おのづから」なる動かしがたい風貌を帯びたものと解されているのである。

とはいえ頼政や忠度の生をどうしようもなさ・おのずからさにおいて捉える見方は、あくまで仏教・儒教が卓越した日本の思想史・精神史における裏側の伝統である。ただ、真淵の踏まえどころはこの私性の系譜にほかならなかった。内心とその表現とのありのままさである「直」さとは、結局のところ、仏教の語彙でも儒教の語彙でも捉えきることのできなかった、歌と武とが重なるところに結ばれる生の迫力・存在感を、あらためて概念的に把捉せんとしたものであったといえるのではなかろうか。大陸からの思想や文物の渡来をすべて頽落と見、「こゝに何の足らはぬ事かある」（『万葉考』別記一、二巻二七一頁）とうそぶく真淵は、この国で、聞いた風な道徳的な言辞を弄さず、もっと生々しく一人ひとりの生の陰翳に寄り添いながら、個々人を「足らはし」続けてきた（と彼には実感された）その当体を、「直」さという言辞のもとにつかもうとしたのである。

# 結論と展望

本書で通観した十八世紀日本の二人の思想家、荻生徂徠と賀茂真淵との思考の意義は、視点を思い切り後ろに引いて鳥瞰的に眺め渡せば、次のように捉え返すことができる。

およそ十三世紀以降、近現代に至るまで、日本の思想史・文化史――『群書類従』の目録に瞭然だが、書物の量的にはその過半は諸道諸芸の伝書・聞書で占められている――の最前面にせり出し続けているのは「心」の教説である。

それは天台・華厳の教学に準備され、中世に入って禅宗と本覚論との知識階層への浸透によって教養世界に前面化し、近世には禅宗と問題編成自体は共有する朱子学によって新しい装いを与えられつつ、社会のより広い層へと行き渡った。そして近代に入ってなお、清沢満之の「精神主義」や夏目漱石・鈴木大拙・西田幾多郎ら教養主義的な知識人の居士禅への傾倒にみられるように、今度は「西洋」の〝物質主義〟〝理性主義〟〝個人主義〟云々に抗する「東洋」の思想原理（所謂「東洋的無」）として再発見され、開化以降も命脈を保った。近代日本が有した最初のオリジナルな哲学体系である西田哲学が、往々に『大乗起信論』、臨済禅学、朱子学、そして陽明学等々を西洋哲学の語彙をもって再話・再構成したものとみられることが、日本の知的世界におけるこの「心」の教説の根強さをよく表している。

ここで「心」の教説と名指しているのは、「心外無法」「三界唯心」あるいは「心外無物」等々と説かれるように、外界を心の仮象的な現れとし、それゆえにいっさいの哲学的省察や実践上の工夫を心に集中せしめる教説[1]のことである。心と外的対象との根源的な同一性を骨子とするこの手の教説については、唯心論とも観念論ともはたまた汎神論とも、任意のレッテルを貼ることができる（ただしそのことに、理解の便宜をはかる以上の積極的な意味があるとは思われない）。むろんこれらは当初儒・仏の教えとして外から到来したものだが、中世以降、知識人たちの基本的な了解の枠組みにまで浸透するに至ると、和歌・神道・武術・能・和様書道等々、日本で経験的に自生してきた諸道諸芸の説明原理へと転用されるに至った。中古以降ぼつぼつと現れ始める諸道の伝書を紐解けば、あくまで具体的で実践的な型の解説と、衒学的で晦渋な「心」の教説とが当然のように相並んでいるのに随所で出くわすし、このことについては世阿弥や宮本武蔵のような極《きわめ》つきの名人たちさえも責めなしとしない。

こうして「心」の教説が諸々のわざの道の膏肓にまで浸潤すると、「心」のもとでの諸道諸芸の究極的な一致が語られるに至った。それは仏教教理の上での本覚論の爛熟が修行不要論を導いたのと同じ論理である。近世歌道の朱子学化の発端をなした細川幽斎は「何の道も道は一なり」[2]（『耳底記』慶長三年〈一五九八〉口述）と述べた。また和様書道の尊円法親王も、「所詮諸道の修学は心の上の所作に候」[3]（『入木抄』）と書道も含めたいっさいの道を「心」の問題に還元したうえで、次のように説いている。

此の道其の実を申し候へば、仏法の悟りより起て、世俗の伎芸に出て候。管弦・音曲・詩歌、いづれもいづれも諸道の邪正是にて、用捨あるべく候。一切の事、其理二は候はず。その悟りひとつに候。[4]（『入木抄』）

「世俗の伎芸」の「諸道」みな、「仏法の悟り」に至るための暫定的な手段（方便）にすぎないのである。悟りは岸、教えは筏という有名な比喩を用いれば、詩歌・音曲・管弦、そして書道まですべて、悟りの岸に至ったあかつきには軽々と乗り捨てられるべき筏ということになろう。そしてそこでの悟りは「見性」または「観心」であって、心が自ら心を見る——換言すれば、心が自己の本来性・根源性を自覚する——という、きわめて自閉的で再帰的な出来事と捉えられている。具体的なわざや、そのわざをもって相渉るべきものにどこまでもこだわるのではなく、そうした泥臭い現場での勝負をさらりと諦めて、自分が本当の自分たりえているならよしと内面で完結してしまうありさま。そこに自己の戯画を見てぎくりとする人がいるかぎり、「心」の教説は過去のものになりきっていない。しかし若き丸山眞男が「均質的《ホモヂニオス》」(5)（井上哲次郎『日本朱子学派之哲学』）な近世朱子学の道徳教説の山を前に辟易したように(6)（『「文明論の概略」を読む』昭和六十一年〈一九八六〉）、中世以降の日本の男性知識人が担ってきた平均的な教養世界の内実は、この手の思考と言説とに占められているのである。

しかし日本の思想史には、量的にはきわめて少ないものの、普遍的で茫漠とした「心」へといっさいの特殊性や固有性を溶解してしまうことを肯《がえん》ぜず、むしろ「心」に還元できない型の重要性、あるいは外的対象の他者性に定位する一連の思想の系譜がある。この系譜の最初に象徴的に置かれるべき人は、「心性常住」「即心是仏」等々の教説を「外道の見」と言下に否定し（『正法眼蔵』弁道話、寛喜三年〈一二三一〉）、精密かつ厳格きわまりない清規《しんぎ》と行持《ぎょうじ》との体系を立てた道元であろう。それから五百年ほどの時間が流れて、今度は心＝性＝理の同一性に依拠する宋明理学の道徳教説が堆《うずたか》く積み上げられたとき、丸山にとって荻生徂徠ただ一人が「断然光って見えた」のは(7)、徂徠がまさに同一性ではなく内面と外界、自己と他者、自然と人事、古と今、都市と田舎等々の差異から思考を始めたからにほかならなかった。先に見たように「先王の道」は内なる「理」からの演繹で到達できる規範ではなく、つねにすでにわれわれに先んじて、われわれにとって勝義の他者である先王から贈与されて、われわれの「彼《かしこ》」に、確固たる輪郭を備えてある「物」であった。それは道元のいう「仏祖の行履《あんり》」と、発想と感触とを同じくするはずである。そして徂徠学からの決定的な影響と、徂徠学への激烈な反発とが入り混じる複雑な交渉過程を経て成立した賀茂真淵の思想も、仏祖や聖人といった特権的な人格の代わりに非人称的な「天地」を置くものの、その「天地のまゝ」なる古えの「道」は今のわれわれには「雲霞《くもかすみ》隔たりて」（『歌意考』四六頁）遥かに遠く、精密な手続きを踏んで、五十音図に象徴されるその「雅び」な秩序をなぞるよりほかはないものであった。頼むべき「道」は、真淵にとっても己れの外にあった。日本思想史の十八世紀を代表する徂徠学と国学とは、「心」の教説の否定と、その必然的な帰結としての「道」の外在化とによって、「心」に塗りつぶされた日本思想史中に聳立しているのである。

　では、彼らの仲はなぜここまでこじれたのだろうか。その論争はなぜ幕末まで燻《くすぶ》り続けるほどの激甚な対立に立ち至ったのだろうか。その根本的な対立点が、「私」の捉え方にあったことは、すでに見た通りである。ただし、怜悧な思考と打算とのもとに「群羊」のごとき愚民を操縦し続ける治者の姿は、徂徠にとって思考の出発点ではなくて、あくまでその帰結であったことも、すでに見た。その自由市場や小笠原流への批判に窺われたように、徂徠の思考の出発点は、個々人のミクロな合理的思考や善意や自己主張の総和は、決して人間集団を調和と持続へは導かないというアイデア(8)に存した。武士の意地の張り合いや、市場の中での個々人の営利活動や、朱子学風の諸君子の善意は、結局は社会を破綻せしめるのみである。共同体を調和的かつ持続的に運営しうる規範は、その複雑な諸契機のすべてを把握しえたマクロな視点からのみ、制定しうる。そのような極大のマクロ視点の体現者として「聖人」が要請されたのである。われわれが社会を個人の総和以上の何ものかと見るかぎりは、徂徠の聖人への「信」を笑うことはできない。そして真淵が徂徠学を看過できなかったのは、この何かと過剰な人の生と思考とが、歌と武という、どこまでも交換不可能なミクロな「私」の二様の表現に、片足ずつをかけて立っていたためである。個々の人の「わりなきねがひ」を音《こえ》に上げた歌も、武士の功名も、マクロな視点から別の何かと交換することなど決してできないものである。そしておそらくは若き日の「妹《いも》」の喪失と、真淵という人の内面で終生疼き続けていたこの世への根源的な違和感（「偶々に人とある世を憂き時は背かまほしく思ふはかなさ」、『賀茂翁家集』三九頁）ともまた。こうして、同じく私の外にある「道」へと身を投げかけてゆく構えに出発しつつも、徂徠と真淵とは決定的に岐れる。徂徠は未熟で不定形な自己が、天才的な流祖に与えられた型の不断の稽古の中で、なにか生きるに値する生の形を獲得するさまを、そして真淵は内面の切なる思いが外なる「天地」の秩序と出会って形を与えられ、「天地」の中に位置づいて充足するさまを、それぞれ思い描いているからである。

こうしてその核心部で決定的に岐れるとはいえ、もう一度俯瞰視点にかえれば、彼らの思考は日本の思想史上に蔓延した「心」の教説と鋭く対立する、「型」の思考とよぶことができよう。本書の最後に確認しておきたいのは、彼らの「型」の思考が、ともに近世人の生活実感へと垂鉛を下ろさんとする姿勢を見せている点である。徂徠が心＝理の同一性にはじまる思考枠組みでは近世日本社会を特徴づける多様な職分の現場を捉えられないと考えたこと、また彼の思考の中で「先王の道」と諸々の渡世・生計《たつき》の道とが「大」と「小」と（前掲『弁名』道）の相似形で捉えられたことは先述の通り。しかし真淵の考える歌と武との「直」き「道」のほうは、近世人の現実生活と積極的な関わりをもたないように見える。歌の「雅び」は「無益」な表現に表れるものだったし[9]、近世社会では武も不定の未来へと繰り延べられていたからである。しかし注目したいのは、記紀万葉のような古代のテクストではなく、近世社会の最も散文的な現実のさ中に、たった一箇所だけ古えの「雅び」が現存していると目された場所があることである。それは「片田舎《かたゐなか》」である（『万葉考』巻六序、二巻一六〇頁頭注）。

真淵によれば、『万葉』の「心まことに言直く、いきほひ雄々しくして雅びたる」風はもちろん、最初は「物皆みやびたる」都（およそ大津～平城京）に至醇の形で存在したものである（『万葉考』巻六序、二巻一五九頁）。しかし「ことさへぐ四方《よも》の国人」との往来繁き都では早くに「古へ」は失われ、漢風化による頽落がはじまった（同前）。だからむしろ「東の国は、その都を離れてしあれば、もの交《まぢ》はらず古への心・言こそ伝れりけれ」（同前、二巻一六〇頁）。むろん真淵の郷里・遠江もその「東の国」の一国であり、だからこそ郷里の田居をそのまま市中に移した県居は雅事《みやびごと》の場でありえたのである。本居宣長もおそらく真淵のこの東歌《あずまうた》論を踏まえて「ゐなかに古への雅言《ミヤビゴト》の遺れる事」を説き、その具体例として肥後国の「ひたぶるの賤山がつ」が「見える」「聞える」ではなく「見ゆる」「聞ゆる」と、「今の世には絶えて聞えぬ、雅びたることばづかひ」をしていることを報告している[10]（『玉勝間』巻七）。むろんここでいわれる「雅び」とは古えの正格の謂《いい》である。もはやいうまでもないが、諸々の周縁の一見何気ない景物にこそ古えの「雅び」が遺存するとは、国学から開化の世の「新国学」である民俗学へと継承された基本了解にほかならない。近世の末にすでに、平田篤胤は市井または片田舎の風景に遺るものを雅《ただ》しき古言から幽冥界の消息へと拡張していたし、また菅江真澄はそこに雪国の生活の知恵を見出していた。そして近代の民俗学は、まさに肥後と日向との境の山村のフィールドワークに出発したのである（柳田國男『後狩詞記』明治四十二年〈一九〇九〉）。「みやび」が文字通りの「宮び」から喪われた古えの雅しさへと捉え直されたことによって、この語のもとに（堂上でなく）地方・市井の日常生活の中に、由緒正しい古来の生活の論理を求める方途が開かれた。それはのちに折口信夫によって「生活の古典」と呼び直されるはずである。「後の代にして、古に放《ハフ》りはてぬものは東歌なり」（『万葉考』巻六序、二巻一六〇頁）と東国の人・真淵が揚言するとき、武も歌も、それどころか田作りも神祀りも遺す自らの郷里の生活こそが、古えの「雅び」の水脈《みお》を引くものと直感されていたのではなかろうか。

徂徠が南総の農村や江戸の裏店の職人衆の、また真淵が神職と武家と農家との相重なる地方の古風な豪家の、それぞれに含蓄深い生活体験を知的言説にもちきたらそうとしていることは疑いを容れない。それらは従来の知識人たちの観念的な知的枠組みでは十分に捉えきれないか、またそもそも問題性として認知すらされないかのどちらかであった。しかし朱子学が近世日本社会に〝不適合〟であったとして、「心」＝「理」の教説を弾き返した当体は、この多様な職分にほかならないのである。武士はじめみな、それぞれの「道」の稽古に忙しく、現場に具体的な変化とメリットとをもたらすと確信できない抽象的な思想体系に一顧を与えている暇はなかった。あまつさえ、その「心」の教説がもたらすあまりにも現実的なメリットである「昇官発財」を可能にする科挙制度は存在しなかった。

　そして日本人はいつまで忙しすぎるのであろうか。徂徠が舌を巻いた大工の職人芸の水準が頂点に達したのは、近世ではなく、じつは明治から大正にかけてである。[11] そして昭和に入って、さすがに丁稚から叩き上げた彼らが学校卒に取って代わられるようになっても、「自分を労働者とは呼ばず職人と呼び」、腕一つで町工場を渡り歩く人はいくらでもいた[12]（小関智弘『大森界隈職人往来』）。本書冒頭に掲げた、「明日地球がほろぶということがはっきりしていても」正確な乗務を続け、そこに「十分」さと「永遠」とを見てしまう車掌（椎名麟三『美しい女』）とは、彼らを寓した存在にほかならない。平成の末の今にあってさえ、過半の日本人の公約数たりうるはずのこの職人肌の車掌は、「物へじかに手をふれ、物を動かしたり変えたりする」現場にこだわり、「イデオロギイとかいう難しいもの」を潔癖に拒否する人物であった。「イデオロギイ」は中国ではなく西洋から到来するようになったけれども、現場に忙しく、そして現場に充足しているこの車掌は、二百年前と同じく理屈と戯れるには忙しすぎるのである。しかしこのありようを手放しで肯定することはできない。二十世紀に吹き荒れた虚偽意識《イデオロギー》はむろんもう願い下げであるが、触れた手に確かな手応えをかえす仕事場から頑として一歩も出ないことよりも、そこから無理なく伸び上がったところで、何か自分の世界の地平を捉えつくしうる知の契機を――あるいは自分を取り巻く社会の変革の原理を――獲取することのほうが、いっそう望ましいだろうからである。どうすればこの車掌は、自分に嘘をついたり強制されたりすることなく、デモや政治集会に行けるのだろうか（むろん、左右の特定の政治勢力を念頭に置いて述べているわけではない）。

そのための一見迂遠なようで着実な方途は、中世の芸道や公家・武家の家職観念に端を発し、近世に社会のほぼ全範囲に広がり、近・現代にまで底流した、この日本人の職分や現場に関する思想や生理感覚を反省的に捉えつくすことであろう。本書で見た十八世紀古学者たちの「型」の思考は、それぞれその一隅に光を当てるものであった。だがむろん、まだまだ膨大な伝書や聞書の類があり、なによりも先人たちの無数のわざの跡が遺っている。「型」の思考があらためて辿られる必要があるように思われる。

# 註

## はじめに

（1）『燕石十種』第五巻（中央公論社、昭和五十年〈一九七五〉）九六―九七頁。

（2）明和五年（一七八八）十二月十二日、米沢藩医・藁科松柏の小川尚興への復書。池田成章編『鷹山公世紀』（吉川弘文館、明治三十年〈一八九七〉）三四頁。こののちの「明君」上杉鷹山による藩財政改革との関連でよく言及される史料である。享保を去ること五十年の書簡であるが、松柏の考える天下動揺の原因は「四海静謐」が続いたことによる「上下共に奢りの病根」であり、その嚆矢は享保に続く元文三年（一七三八）の磐城平一揆に見出されている。また松崎堯臣も次のように述べる。「寛永の初めより、宝文延宝におよんで、質朴の風残り、士民業をたのしみし。元禄の世は君威甚だ盛んにありし。正徳に及んで、華麗世に満ち、享保の頃より困窮し、元文延享には天変打ち続きけり」（『窓のすさみ』第二、享保九年〈一七二四〉序、有朋堂文庫、大正七年〈一九一八〉、一四〇―一四一頁）。享保を中心とする吉宗の治世が、泰平の曲がり角と考えられていたのである。

（3）『新井白石全集』第六巻（国書刊行会、昭和五十二年〈一九七七〉）四八七頁。

（4）吉宗よりも将軍職継承上有利であった尾張家の徳川吉通は、正徳三年（一七一三）年七月に二十五歳で死去、その子五郎太も同年十月に相続いて二歳で死去。吉通の死について世の人々は「不審」を感じ、「雑説」がささやかれた（室鳩巣『兼山秘策』第二冊、『日本経済叢書』第二巻、大正二年〈一九一三〉、二六〇―六一頁）。

（5）『兼山秘策』第三冊、三二一頁。

（6）『椎名麟三全集』第六巻（筑摩書房、昭和四十六年〈一九七一〉）二八八頁。初出、昭和三十年（一九五五）。

（7）同前、三三三頁。

（8）『本多秋五全集』第七巻（菁柿堂、平成七年〈一九九五〉）六〇一―〇二頁。初刊、昭和四十年（一九六五）。

（9）『椎名麟三全集』第六巻、二八八頁。

（10）同前、三三三頁。

（11）同前、四一〇頁。

（12）慶長元年（一五九六）の正使・黄慎は次のように述べる。「その民、兵農工商有り。而して僧及び公族のみ、文字を解する者有り。その余は則ち将官の輩と雖も、亦た一字を識らず」（『日本往還日記』〈『東槎録』〉、『日本庶民生活史料集成』第二十七巻、三一書房、昭和五十六年〈一九八一〉、一三一頁）。また享保四年（一七一九）使節団の製述官・申維翰は次のように日本社会を観察している。「国に四民有り、曰く兵農工商なり。士は与らず」（『海游録』、同前、二六四頁）また次のようにも指摘する。「蓋し其の人心習俗皆孫武・穰苴の軍の如し、此れ礼教有りて之を斉すものに非ざる也。国君と各州太守の政、一ら兵制より出で、而して大小の民庶、之を習ふものにして一ら軍法の如し、国に冠婚葬祭の礼無し」（同前）。

通信使らが見出した日本の特殊性は、「士」（科挙官僚）の不在とその代わりの「兵」（武士）の専横、またこのことと表裏する儒式の「礼」の不在である。さらに、河宇鳳『朝鮮実学者の見た近世日本』（井上厚史訳、ぺりかん社、平成十三年〈二〇〇一〉）に通信使および朝鮮儒者の日本についての記述を豊富に紹介している。

(13)『甲子夜話』一（平凡社東洋文庫、昭和五十二年〈一九七七〉）七四頁。

(14)『山鹿素行』（日本思想大系32、岩波書店、昭和四十五年〈一九七〇〉）三三七頁。

(15) 慶長二十年（一六一五）七月、台徳院（秀忠）法度。『徳川禁令考』前集第一（創文社、昭和三十四年〈一九五九〉）六一頁。

(16)『定本葉隠』下（ちくま学芸文庫、平成二十九年〈二〇一七〉）二九頁。

(17) たとえば明治十年（一八七七）に渡日し、東京帝大で講じた人類学者E・S・モースはいう。「故郷で日々出入りする大工とそれなりにつきあった経験からしても、その技術に関しては、日本の大工のほうがアメリカの大工よりも優れていると断言できる。日本の大工は仕事自体だけでなく、新しい物を作り出す多芸多才さにおいても勝っている。日本の大工が新奇な（洋風の）建築プランや、同じく新しい素材と辛抱強く取っ組み合い、しかも最終的には首尾よくやり遂げるのを見ると、驚きを禁じえない」(Edward S. Morse, *Japanese Homes and their Surroundings*, Boston: Ticknor, 1886, p. 35)。また万延元～二年（一八六〇～六一）・明治三～四年（一八七〇～七一）の二度に渡って訪日した地質学者F・リヒトホーフェンは、中国人に対しては概して怠慢・不潔・吝嗇などの悪印象を抱いていたが、そこからの落差で、幕末・明治期の日本人に対して非常に好意的であった。彼は特に多治見焼の窯や鹿児島の紡績工場など労働現場において「何もかも宝石箱のように清潔」に保たれたさま（明治三年十一月十三日条）や、チップを要求せず快活に働く彼の「苦力」たちへの感嘆を書き残している (Ferdinand von Richthofen, *Aufenhalt in Japan aus seinen Tagebuchern*, Berlin: Mitteilungen des F. v. Richthofen-Tages, 1912. 上村直己訳『リヒトホーフェン日本滞在記』九州大学出版会、平成二十五年〈二〇一三〉)。

(18) 戦国時代に渡来した鉄砲術は稲富一夢に始まる稲富流や荻野六兵衛（安重）にはじまる荻野流として、家元・相伝・誓紙などを完備する完全な芸道形式で諸分派を生じつつ流布し、幕末に至ってそれら旧来の砲術の非実用性や形骸化が露呈してくると、今度は高島秋帆が最新のオランダの砲術書を秘伝書として高島流を創始し、幕府・諸藩の鉄砲方が競ってその門人となった。西山松之助『家元の研究』（『西山松之助著作集』第一巻、吉川弘文館、昭和五十七年〈一九八二〉）五七―五九頁、二八五―八八頁参照。

(19)『働くものから見るものへ』序文（昭和二年〈一九二七〉。『西田幾多郎全集』第四巻、岩波書店、昭和二十四年〈一九四九〉、六頁)。

(20)『日本武道大系』第二巻(同朋舎、昭和五十七年〈一九八二〉)二六一頁。

(21)同前、二六三頁。

(22)『新訂小林秀雄全集』第七巻(新潮社、昭和五十三年〈一九七八〉)一七頁。

(23)同前、一六七頁。

(24)大岡昇平との対談。『死霊』の訓みが「シリョウ」ではなく「シレイ」である理由を、埴谷は次のように大岡に説明している。「日本語は怨霊のリョウなんだけれども、そうすると恨めしやという感じになっちゃうんだよ。日本の怨霊は全部或る個人に恨めしやという感情をもって出てくるんだね。ぼくのあそこ〔小説『死霊』〕に出てくる幽霊はみんな論理的な、しかも一見理性的で全宇宙を相手にするような途方もない大げさなことばかりしゃべる。そういう理性的な幽霊しか出てこないから、いわば「進歩した」現代の語感をもってシレイと読ませているんだ」(大岡昇平・埴谷雄高『二つの同時代史』岩波現代文庫、平成二十一年〈二〇〇九〉、五〇頁。初刊、昭和五十九年〈一九八四〉)。所謂夢幻能に顕著に見られるように、日本の死霊・幽霊の類の内実が、ひいては日本の思想風土の中で死後もなお残る霊魂の実体が、個々人の理性や分別ではなく、強い情念と捉えられていたことは、存外に大きな問題を提起するように思われる。

(25)平成四年(一九九二)に戦後日本の哲学界を回顧した廣松渉は、「哲学というのは、日本では所詮、輸入学問」だとまず揚言し、従来の哲学界が海外の高名な哲学者の作品への「訓詁注釈」に傾斜し、独創性に乏しかったことを指摘したうえで、しかし「海外の古典的理論に関する内在的・実証的研究には、国際的水準に達しているもの、欧米での研究水準を抜いているもの、そういうものが目白押しだと言っても決して夜郎自大のお国自慢にはならないと信じたい」と述べている(「日本の哲学界は今?」、『理想』六四八号、平成四年〈一九九二〉所収)。

(26)Thomas P. Kasulis, *Engaging Japanese Philosophy: A Short History*, Honolulu: University of Hawai'i Press, 2018, p. 20, pp. 583-584. またカスーリスがこのような「参与的な」知のありようを「道」の哲学と規定するのも示唆的である(p. 575)。

(27)『朱子全書』(修訂本)第六冊(上海古籍出版社・安徽教育出版社、二〇一〇年)五九五頁。

(28)徂徠学を唯名論に比定するのは丸山眞男にはじまり(井上哲次郎ら戦前の研究者は徂徠学をより降って功利主義に比定することが多かった)、野口武彦『荻生徂徠——江戸のドンキホーテ』(中公新書、平成五年〈一九九三〉)が『学則』での「名」と「物」との議論を手がかりに、その比定を推し進めている。

(29)このような問題構成をもうひとつ顕著にもつのは仏教思想である。諸芸道に見られる段階的な「伝授」(切紙伝授)や「口伝」はもともと中世真言宗の行法であった。理論と実践はそこでは知と行との枠組みで捉えられ、日本の諸職諸芸の「道」の原イメージを提供している。その分析は別稿を期したい。

(30) 徂徠学の研究史の概観については平石直昭「戦中・戦後徂徠論批判――初期丸山・吉川両学説の検討を中心に」(『社会科学研究』三十九巻一号、昭和六十二年〈一九八七〉)、黒住真「テーマ設定をめぐって」(『日本思想史学』二四号、平成三年〈一九九一〉)、片岡龍「近世儒教研究史(七〇年代後半〜)」(『日本思想史学』三八号、平成十八年〈二〇〇六〉)、高山大毅「二一世紀の徂徠学」(『思想』一一一二号、平成二十八年〈二〇一六〉)がおおよそ十年刻みで研究状況を概観している。

(31)『日本政治思想史研究』(東京大学出版会、昭和二十七年〈一九五二〉)。以下、本節における同書からの引用は頁数のみを示す。なお正確には、丸山が出征前日まで改稿を続けていたのはその第三論文である。

(32) この詩を朱子学的な自然観および社会観の象徴的な表現として好んだのは、まさに近世初頭における社会秩序の自然秩序との同定による徳川体制の正統化を推進した林羅山である。石田一良「林羅山」(相良亨他編『江戸の思想家たち』上、研究社出版、昭和五十四年〈一九七九〉)一六―一七頁を参照のこと。

(33)『日本政治思想史研究』において、徂徠学における作為の論理と同等以上の重みがその国学論にあることは、苅部直『丸山眞男――リベラリストの肖像』(岩波新書、平成十八年〈二〇〇六〉)にあらためて教えられた。その国学への否定的な視線が、後述するように戦後の文学者批判や古層論につながってゆくだけでなく、すでに戦中から「戦時日本の強力な統制のもとでも、私欲からそれをかいくぐる、「免れて恥なき意識」の「横行」、あるいは「したたかに監視の目を逃れて欲求を満たそうとする庶民は、同時に憲兵に密告して隣人を売る人々であった」ことなど(一〇二頁)、同時代の日本人への批判的なまなざしと重なっていたことを苅部は指摘している。

(34)『日本の思想』(岩波新書、昭和三十六年〈一九六一〉)五五頁(論文初出、昭和三十二年〈一九五七〉)。

(35)『本居宣長』(講談社学術文庫、平成二十三年〈二〇一一〉)八頁(初刊、昭和五十三年〈一九七八〉)。

(36)『理想』三九五号(昭和四十一年〈一九六六〉)八四頁。なお、宣長の歌人的心性が一種の文化ナショナリズム、しかも極度の排他性を有したそれへとつながってゆく過程を告発した別の論考として、倫理学プロパーの立場からのものではないが、百川敬仁「感性のファシズム」(『内なる宣長』東京大学出版会、昭和五十八年〈一九八三〉。初出、昭和五十二年〈一九七七〉)がある。

(37) 戦後徂徠学研究の「第一期」「第二期」という区分は、平石直昭「戦中・戦後徂徠論批判」が徂徠学の研究方向を丸山と吉川とに代表させて二大別しているのに拠る。黒住真が一九七〇年までの徂徠研究を丸山にはじまる「主体性」の問題に牽引されたものとし、七〇、八〇年代の研究をそれらとは一線を画される「新徂徠研究」としているのも、おおむねこれと同じ分節である（「テーマの設定をめぐって」）。対して片岡龍はほぼ十年ごとの四期に、高山大毅は戦後の諸研究を「近代化」論と「日本化」論、二十一世紀に入っての諸研究を「思惟様式」論と「秩序構想」論との都合四方向に分節し、それぞれ説得的であるが、ここまでの行論に明らかであろうが、歴史や政治思想よりも哲学的関心に傾斜する本書のための研究史整理としては、年代の上ではいささか古い平石・黒住の区分に従う所以である。

(38)『日本文学』（四十八巻二号、平成十一年〈一九九九〉）一頁。

(39)「断章取義ト云テ、イカヤウニモ用ヒラル、コトナリ。自由自在ニ用ヒラルト云ガ、詩ノ本音ナリ」（『経子史要覧』、一巻五〇八頁）。

(40)「此歌ノ徳、……古昔ノ風雅ニ化シテ、古人ノ心ニナリ、古人ノ吟詠ヲナスコト、何ヨリノ勝事ナラズヤ」（『排蘆小船』四一、『本居宣長全集』第一巻、筑摩書房、昭和四十三年〈一九六八〉、四二頁）。

(41)真淵の擬古主義を「古人の糟粕」をなめるものと激しく批判し、「心の通りを飾りなく有のまゝに続けたる」「たゞ言歌」を主張したのは小沢蘆庵である（『布留の中道』寛政十二年〈一八〇〇〉刊）。

(42)「徂徠学案」（吉川幸次郎『仁斎・徂徠・宣長』岩波書店、昭和五十年〈一九七五〉）七七頁（論文初出、昭和四十八年〈一九七三〉）。

(43)同前、一九〇頁。

(44)「荻生徂徠——差異の諸局面」（黒住真『近世日本社会と儒教』ぺりかん社、平成十五年〈二〇〇三〉）三九九頁（初出、昭和五十七年〈一九八二〉）。

(45)同前、四一八頁。

(46)『古事記伝』三之巻（神代一之巻）（『本居宣長全集』第九巻、筑摩書房、昭和四十三年〈一九六八〉）一二五頁。

(47)「近世の倫理‐宗教空間——倫理化の射程」（黒住真『複数性の日本思想』ぺりかん社、平成十八年〈二〇〇六〉）三二六頁。初出、平成十三年〈二〇〇一〉）。

(48)「今若し版六片を以て相合して匣と作し、密かに蓋を以て其の上に加ふるときは、則ち自ずから気有りて其の内に盈つ。気有りて其の内に盈つるときは、則ち自ずから白醭を生ず。既に白醭を生ずるときは、則ち又自ずから蛀蟫を生ず。此れ自然の理なり。蓋し天下は一大匣なり。陰陽は匣中の気なり。万物は白醭蛀蟫なり」（『語孟字義』天道四、『伊藤仁斎・伊藤東涯』日本思想大系33、岩波書店、昭和四十六年〈一九七一〉、一五―一六頁）。なお、正確には「蛀蟫」は紙魚・木喰虫である。

(49)「徳川前期儒教の性格」（『近世日本社会と儒教』三六頁、傍点原文。初出、平成二年〈一九九〇〉）。

(50)「十八世紀日本における〈認識論〉の研究――徂徠・宣長の言語秩序観」(『江戸文化の変容――十八世紀日本の経験』平凡社、平成六年〈一九九四〉)二〇六頁。
(51) 實方清『日本歌論の世界』(弘文堂、昭和四十四年〈一九六九〉)四五六頁所引。
(52) 時枝誠記『国語学原論』上・下・続(岩波文庫、平成十九~二〇年〈二〇〇七~〇八〉。初刊、昭和十六年〈一九四一〉)、正篇「序」および第一篇七・八参照。なお前引の澤井の論考は、すでに国学から時枝国語学への展開を念頭において論じられたものである。
(53) 同前、上巻、六三頁。なお時枝は引用箇所と同じ鋳型の例を用いて、言語表現において主体の内面を外から制約するものを端的に「型」と呼んでいる(続篇・第六章第五節注一、二七三頁)。
(54)『本居宣長――言葉と雅び』(ぺりかん社、平成三年〈一九九一〉。改訂新版、平成十四年〈二〇〇四〉)。

## 第一章

### 第一節

(1)「山多田少以貨殖為恒産、善識低昂時取与賈之所入視傍倍厚」(『大清一統志』巻七十八、徽州府・風俗)。なお、同時代の『大明一統志』は「民俗真淳雑豪健」(巻十六、徽州府・風俗、正徳三年〈一七一三〉和刻本、十六巻十五丁裏)と評するのみで貨殖や商業には言及していない。徽州商人の活動については、藤井覚「新安商人の研究」(『東洋学報』三十六巻一―四号、昭和二十八年〈一九五三〉)に多くを学んだ。
(2)「富室の雄を称する者は、江南には則ち新安を推し、江北には則ち山右を推す」(『五雑俎』巻四、寛文元年〈一六六一〉和刻本、二十五丁裏。原漢文)。「新安」は徽州の古称である。また「天下に繊嗇を推す者は必ず新安と江右とを推す。然れども新安は富多く、江右は貧多きは、其地の瘠ればなり」(同前、二十六丁表。原漢文)。
(3)「将令書東魯家言耶、即書吾徽什一也。且大人幸一子、奈何棄之賈」(王世貞「孫義卿伝」、『弇州山人四部稿』第八巻、明代論著叢刊、偉文図書出版社、民国六五年〈一九七六〉、三九九三頁)。
(4)『科挙と近世中国社会』(寺田隆信・千種真一訳、平凡社、平成五年〈一九九三〉)九八頁。また、何炳棣は次のように述べている。「伝統中国においては、少なくとも明清社会では、かなりの程度まで価値と目標の体系は、現代産業社会のそれと比べて、より多く一枚岩的であり、より少なく階級特有的であった。より高い社会的目標が商業、工業、専門職、芸術、演劇、そしてスポーツを通してさえ達せられることのある複雑な現代社会と異なり、明清社会で唯一の究極の地位目標は、学者あるいは官僚として成功することによってのみ達成できた」。「一枚岩(的)」の原語は monolith(ic) である(Ping-Ti Ho, *The Ladder of Success in Imperial China: Aspects of Social*

*Mobility, 1368–1911*, N.Y.: Da Capo Press, 1976, p. 89)。なお前掲の王世貞が「伝」を作った孫義卿の事例は、何炳棣が同書の「附録」で紹介するところである（『科挙と近世中国社会』二七〇頁）。

（5）科挙社会については宮崎市定『科挙史』『科挙——中国の受験地獄』（ともに『宮崎市定全集』第十五巻、岩波書店、平成五年〈一九九三〉所収。初刊、昭和二十一年・昭和三十八年〈一九四六・一九六三〉）、荒木敏一『宋代科挙制度研究』（東洋史研究会、昭和四十四年〈一九六九〉）、近藤一成『宋代中国科挙社会の研究』（汲古書院、平成二十五年〈二〇一三〉）に、科挙社会と朱子学および知識人（読書人・士大夫）との関わりについては『アジア遊学』七号（特集：宋代知識人の諸相、勉誠出版、平成十一年〈一九九九〉）所収の諸論考、および伊原弘・小島毅編『宋代知識人の諸相』（勉誠出版、平成十三年〈二〇〇一〉）に多くを学んだ。

（6）南北朝時代の皇侃『論語義疏』の説である（程樹徳編『論語集釈』新編諸子集成、中華書局、一一三四頁）。

（7）『朱子全書』（修訂本）第六冊、八七一頁。

（8）小倉紀蔵は「朱子学的思惟」を「「社会の構成員がすべて〈理〉を持つ」という思想によって人びとを〈主体化〉し、しかもそれぞれの体現する〈理〉の多寡によって〈序列化〉する思考様式」と規定している（『朱子学化する日本近代』藤原書店、平成二十四年〈二〇一二〉、一〇頁）。これはド・バリーや杜維明らによる、「理」の一種自然法的な万人への内在という論点に注目することで、朱子学の自由主義かつ平等主義的な側面を現代的な視点から再評価する見解に対して、その朱子学的主体性が科挙や教養による序列化を必然的に含むことを指摘したものである。そもそも朱子学は一種の自然法思想であるが、田原嗣郎が「自然法はその理論としての構成から実定的秩序に対する変革の原理ともなりうるし、また事実関係すなわち自然法とすることによって実定秩序の不変性を保証するものともなりうる」（『徳川思想史研究』未来社、昭和四十二年〈一九六七〉、一三—一四頁）と的確に要を述べるように、朱子学が現状の静的な正当化のために機能するか、それとも自由・平等・公正な社会を目指しての動的な変革のために機能するかは、朱子学自体が元来有する両義性であって、この正負の両義の間を、近現代の朱子学評価は揺れ動いているように思われる。

（9）ヤングによれば、世襲制による封建社会、またその遺制の残存した初期近代社会では、職業選択の余地がないために、かえってどの社会階層にも才能ある人は一定の割合で存在した。しかし学校制度を通じての「能力原理」（a principle of merit）の貫徹は、才能の「上層」への全的な移動をもたらす。このとき、「下層」の人々はメリトクラシーそのものには同意してしまっているので、「上層」を批判する本質的な論理をもちえない。一九五八年のヤングが想像しているのは二十一世紀のイギリス社会であるが、次の分析は、歴代中国の科挙社会や、近現代日本の学歴社会にも高い確度をもって妥当する。「労働者としての能力に応じて階層が決定されるべきだという認識が広く共有されることで、能力をもたない多数の人びとは、救いのない絶望を強いられる。そしてそれはそう強いられた人が、社会への異議申し立てを行なうだけの知性を持ち合わせないために、間違いなく自分自身に怒りを内攻させ、自らを傷つけることが間違いないだけに、なおさらそうなのである」(Michael Young, *The Rise of the Meritocracy*, New Brunswick and London: Transaction Pub., 1994, p. 114, originally published in 1958)。

(10)『日本農書全集』第十巻（農山漁村文化協会、昭和五十五年〈一九八〇〉）七頁。

(11) 同前、一五一一六頁。

(12) 前田勉は、中世の騎馬武者の一騎打ちから戦国時代末期以降の「徹底した組織戦」への移行が、徒士や足軽のみでなく非戦闘員である百姓や職人をも、領国単位の一種の総力戦体制へと編成してゆき、太平が訪れたのちもその「厳格な「軍法」によって維持された命令―服従の貫徹するタテの組織」が徳川社会の基本構造をなしたと指摘している（『兵学と朱子学・蘭学・国学――近世日本思想史の構図』平凡社、平成十八年〈二〇〇六〉、二二頁以下）。高木昭作によれば、この非戦闘員の動員は「小荷駄」隊（兵站部隊）への編成を通じて行われた（「秀吉の平和」と武士の変質」、『日本近世国家史の研究』岩波書店、平成二年〈一九九〇〉。初出、昭和五十九年〈一九八四〉）。

(13)『日本農書全集』第十三巻（昭和五十三年〈一九七八〉）三四四頁以下。

(14)『群書類従』第十九輯（続群書類従完成会、昭和八年〈一九三三〉）七六九頁。また中世以降の「庖丁」「調菜人」の諸流の成立については、原田信男『和食と日本文化――日本料理の社会史』（小学館、平成十七年〈二〇〇五〉）第三章以下を参照のこと。

(15) この浄瑠璃は享保七年（一七二二）に現実に生じた八百屋半兵衛とその妻・千代との心中事件に取材したものだが、浜松家臣との応酬の段は無論近松の創作である。そして諏訪春雄によれば、万事倹約を求めて伝統的な献立にも口出ししてくる浜松侯とは、じつは「八代将軍吉宗をさすもの」であり、その倹約政策（その中には心中事件を浄瑠璃に仕組むことへの禁令も含まれていた）を暗にあてこすったものである（『近松世話浄瑠璃の研究』笠間書院、昭和五十四年〈一九七九〉、四三七頁）。さらに諏訪は「町人八百屋半兵衛が、郷左衛門をやりこめる山芋問答には、天下の台所大坂の町人の享保の改革に対する反発心が託されている」と指摘する（四三九頁）。また近松は、『心中天の網島』（享保五年〈一七二〇〉初演）では「ハテ刀指すか指さぬか、侍も町人も客は客」「己が所に沢山な新銀の光には、少々の刀も捻曲めうと思ふもの」と、今度は町人の専管する「銀」によって権威を笠にきた武家をやりこめていた。このように職人や町人がそれぞれの表芸で武士をやりこめる近松の趣向と、それが多くの観客の好尚にかなったこと自体が、近世日本社会の職分観の好例を示しているのである。

(16) 遠藤元男『日本職人史百話』(日本職人史の研究6、雄山閣出版、昭和六十年〈一九八五〉)八六頁。

(17) 深谷克己『江戸時代の身分願望――身上りと上下無し』(吉川弘文館、平成十八年〈二〇〇六〉)を参照のこと。

(18) 『儒林外史』第三回(臥閑草堂版、嘉慶八年〈一八〇三〉刊本、十一丁表―十二丁裏。北京・人民文学出版社、一九七五年、第一冊)。

(19) 稲葉真吾『町大工』(人間の記録叢書、平凡社、昭和三十二年〈一九五七〉)五四頁。

(20) 高山大毅がすでに、日本近世儒学の諸説を規定した諸条件のうちに「根源的同一性への違和感」(の解決)を挙げ、その違和感の拠って来たるところの一つを、多様に分化した職分に求めている(『近世日本の「礼楽」と「修辞」――荻生徂徠以降の「接人」の制度構想』東京大学出版会、平成二十八年〈二〇一六〉、二三―二四頁)。

(21) 河田正矩と『家業道徳論』については、佐久間正『徳川日本社会の思想形成と儒教』(ぺりかん社、平成十九年〈二〇〇七〉)の第八章「河田正矩『家業道徳論』の世界」を参照。また本章で取り扱う近世職分論についても、同書第十章「職分論の形成とその特質」に多くを学んだ。

(22) 『日本経済大典』補巻五(明治文献、昭和五十一年〈一九七六〉)二六七―六八頁。

(23) 『本多利明・海保青陵』(日本思想大系44、岩波書店、昭和四十五年〈一九七〇〉)二二三頁。

(24) 『山鹿素行全集』第七巻(岩波書店、昭和十六年〈一九四一〉)四〇六頁以下。またこの天命のいかんともしがたさについて、素行は小田原城落城後の北条氏政の切腹に際しての述懐を例として挙げている。「存亡は天の命にして人の所為に非ず、当家滅亡の時至ればこそ、数代の老臣松田〔憲秀〕が逆心のありし、此の一ヶ条を以ても知るべきと也、天命の致す所と思ひて切腹す」(四一五頁)。

(25) 『山鹿素行』(日本思想大系32、岩波書店、昭和四十五年〈一九七〇〉)二五頁。

(26) 『山鹿素行全集』第九巻(昭和十六年〈一九四一〉)六六頁。

(27) 一種の芸能者としての願人坊主はちょうど元禄ごろに始まり、その本拠は芝金杉・四谷鮫ヶ橋・神田豊島町の三箇所にあった(「願人坊主と高島屋」、稲垣史生編『江戸編年辞典』青蛙房、昭和四十一年〈一九六六〉、二四一頁)。

第二節

(1) 『日本随筆大成』第一期十四(吉川弘文館、昭和五十年〈一九七五〉)二八三頁。

(2) 由誓編『五元集脱漏』(『蕉門名句集』一、古典俳文学大系八、集英社、昭和四十六年〈一九七一〉)二一二頁。ただし、本当に其角の作かどうかについては、存疑とのよし。

（3）原念斎『先哲叢談』（平凡社東洋文庫、平成八年〈一九九六〉）二八八頁。芥川龍之介が『侏儒の言葉』で取り上げて以来有名になった逸話である。ただし芥川が、徂徠が「古人を罵った」のは、「今人を罵るよりも確かに当り障りのなかった為」だと勘ぐるのは、古人の名誉のために認めがたい。徂徠は新井白石や伊藤仁斎（つとに没したが）への激烈な批判を繰り返し、ついには徳川綱吉・吉宗に対してさえ「当り障り」にお構いなく際どい皮肉を放っている。

（4）『洒落本大成』第十七巻（中央公論社、昭和五十四年〈一九七九〉）一二九頁。

（5）飛驒の匠をめぐるイメージの形成については、筧敏生「飛驒匠伝説形成論」（梅村喬編『伊勢湾と古代の東海』古代王権と交流四、名著出版、平成八年〈一九九六〉）を参照のこと。

（6）古典落語「左甚五郎」または「左甚五郎作」。左甚五郎は飛驒の人ではないようだが、若いころ飛驒高山で木工のわざを磨いたとか、「飛驒の甚五郎」の訛伝ではないかともいわれている（『嬉遊笑覧』巻一上、文政十三年〈一八三〇〉序、『日本随筆大成』別巻1、吉川弘文館、昭和五十四年〈一九七九〉、七三頁）。

（7）六樹園飯盛（石川雅望）『飛驒匠物語』巻六（宝文堂、明治十六年〈一八八三〉）二三頁。

（8）『宇治山田市史』上巻（昭和四年〈一九二九〉）六三一頁。ただし伊勢漆器の代表は朱や松煙、ベンガラで着色せず木地を見せる春慶塗であるので、徂徠のいう「朱塗」とはやや背馳する点がある。

（9）遠藤元男は、問屋制家内工業の勃興について「個々の手工業を行う職人の生産が商人の支配と統制の下に従属するということであり、明らかに同業組合的手工業に対立するものであり、それを没落に導くものであった」と総括し、日本におけるその発端を十八世紀に求めている（『日本職人史序説』日本職人史の研究1、昭和六十年〈一九八五〉、一一一頁。初出、昭和三十五年〈一九六〇〉）。

（10）根岸茂夫は『雑兵物語』に拠りつつ、近世前期の武士たちが想定していた（そして幕府・諸藩の課する軍役の根拠となった）合戦を、大将が采配ひとつで足軽の大軍勢を動員するものではなく、「乱戦の中で武者を中心に供廻りが主従一丸となって敵に向かうものであった」と分析している（『近世武家社会の形成と構造』吉川弘文館、平成十二年〈二〇〇〇〉、三二頁）。その「供廻り」には一族の中の「若党」のほかに、徂徠が問題にする武家奉公人たちも含まれている。

（11）「諸町人中辺以下事」（『世事見聞録』青蛙房、昭和四十一年〈一九六六〉）二三一頁。

（12）『近世色道論』（日本思想大系60、岩波書店、昭和五十一年〈一九七六〉）二一六頁。

（13）近世前期の思想的営為の焦点が「情」あるいはその中心をなす「愛」と、その規制原理としての「理」とにあったという論点については、菅野覚明「人倫の道と日本の古代——

林羅山をてがかりに」（竹内整一他編『【古学】の思想』日本思想史叙説四、ぺりかん社、平成六年〈一九九四〉）を参照のこと。

(14)『日本永代蔵』（岩波文庫、昭和三十一年〈一九五六〉）七八頁。

(15)『海保青陵全集』（八千代出版、昭和五十一年〈一九七六〉）四五八頁。

(16) 同前、三九五頁。

(17) 三田村鳶魚によれば、江戸は「男が八九分で、女はようやく一二分」という。その根拠は年ごとの総国人別帳である。たとえば享保四年（一七一九）には江戸の総人口約五十三万人のうち、男性約三十九万人、女性約十四万人で、圧倒的に男性過多である（「女の世の中」、『三田村鳶魚全集』第十一巻、中央公論社、昭和五十年〈一九七五〉、九頁以下。初出、昭和九年〈一九三四〉）。

(18)「司空は邦土を司り、四民を居き、地利を時にす」（『書経』周官篇）。

(19)「古へは国家を立つるに、百官具はり、農工皆職有り、以て上に事ふ。古へは四民有り。士民有り、商民有り、農民有り、工民有り」（成公元年三月。『春秋穀梁伝』上海古籍出版社、一九九〇年、一二六頁。原漢文）。

(20) 近世日本の実際の身分は武士・百姓・町人の三区分であり、「四民」はその儒教的文飾であって、実態とはそもそも食い違っていたと指摘されている。渡辺浩「宋学と近世日本社会――徳川前期儒学史の一条件」第二章「士農工商」（『近世日本社会と宋学』増補新装版、東京大学出版会、平成二十二年〈二〇一〇〉年。初出、昭和五十八年〈一九八三〉）を参照のこと。

(21) 若尾政希「農業の思想」（黒住真編『岩波講座日本の思想 第四巻 自然と人為』平成二十五年〈二〇一三〉）が、徐光啓の『農政全書』から宮崎安貞の『農業全書』への具体的な継受関係の一端を示している。

(22) また徂徠は「是れ吾が邦の道は、夏・商の古道なり。今儒者の伝ふる所、独り周の道を詳らかにす。遽かに其の周と殊なるを見て、中華聖人の道に非ずと謂ふは、また深く思はざるのみ」（『論語徴』、三巻三八八頁）ともいう。やはり神道を大陸からの伝播と見るのが徂徠の基本的な立場であった。

第三節

(1) 柿沼陽平『中国古代の貨幣――お金をめぐる人びとと暮らし』（吉川弘文館、平成二十七年〈二〇一五〉）四四頁。

(2)『先秦貨幣通論』（北京・紫禁城出版社、二〇〇一年）六七頁以下。

(3)「秦中に至るに及びて、一国の幣を二等と為す。黄金は鎰を以て名づけ、上幣と為す。銅銭は識して半両と曰ひ、重さ其の文の如く、下幣と為す」（『史記』平準書）。また秦漢の郡県制への移行期における銭貨と金との関係については、柿沼陽平「戦国秦漢時代における銭と黄金との機能的差異」

(『中国古代貨幣経済史研究』汲古書院、平成二十三年〈二〇一一〉。初出、平成十九年〈二〇〇七〉が、当時金と銭貨との間に確定したレートのもとでの透明な交換可能性が存したわけではなく、使用される地域や状況に応じて選好の差異があり、一種の使い分けがみられたことを指摘している。

(4)『仮名法語集』(日本古典文学大系83、岩波書店、昭和三十九年〈一九六四〉)二九〇頁。

(5)『明治大正史 世相篇』下(講談社学術文庫、昭和二十一年〈一九七六〉)一八頁(初刊、昭和六年〈一九三一〉)。

(6)『水戸学』(日本思想大系53、岩波書店、昭和四十八年〈一九七三〉)三九頁。

(7) 近世後期の学者の『周礼』への注目については、今井宇三郎「水戸学における儒教の受容――藤田幽谷・会沢正志斎を主として」(『水戸学』解説)を参照。また羽賀祥二は今井の研究を踏まえて、長州・土佐・紀伊など諸藩の幕末期の藩政改革の際に『周礼』が参照された事例を調査し、特に長州藩の『海南政典』が明治政府の体制に影響を与えた可能性を示唆している(「明治維新と『周礼』」、『年報近現代史研究』創刊号、近現代史研究会、平成二十一年〈二〇〇九〉)。

(8)『礼記』の「礼は人の情に因りて之れが節文を為し、以て民の坊を為すものなり」(坊記篇)を踏まえた表現と考えられる。「坊」とは「民の足らざる所を坊《ふせ》ぐ者」である。

(9) 小笠原流の歴史については二木謙一『中世武家儀礼格式の研究』(吉川弘文館、昭和六十年〈一九八五〉)を、またその精神については小笠原清忠『小笠原流弓と礼のこころ』(春秋社、平成二十年〈二〇〇八〉)を、それぞれ参照のこと。

(10)『大諸礼集』一(平凡社東洋文庫、平成八年〈一九九三〉)二五八頁。

(11)「一、弓の請取様の事。渡人賞翫ならば、両手を握りよりも下を取るべし。同輩ならば右の手を渡す人の両手の間に入れ、左右の手を上下に入り違へ取るべし」(『小笠原入道宗賢記』、『続群書類従』第二十四輯上、昭和二年〈一九二七〉、四三九頁)。

(12)『大諸礼集』二(平凡社東洋文庫、平成八年〈一九九三〉)二〇頁。

(13)「一、酒宴などの時も宮仕せん輩も進退の事、右へ廻る様に心得をなすべし。さはいへど弓馬の道殊に軍陣などの時は左へまわる様にすべし。平生の時は進退は右なり」(山根一郎・飯塚恵理人翻刻「伝小笠原政康著『当家弓法大双紙 宮仕門上』」、『椙山女学園大学研究論集 人文科学篇』四一号、平成二十二年〈二〇一〇〉、五一頁)。

(14)『漢文圏における荻生徂徠――医学・兵学・儒学』(東京大学出版会、平成二十九年〈二〇一七〉)三〇〇頁。藍はさらに続けて「徂徠という人物は、漢文圏に展開された古文辞学によって「古の中華」から「文」としての「聖人の道」を発見し、「武国」のための改革構想を提出した文学家ならびに政治思想家として、捉えることができる」と述べている。後に徂徠の兵学思想に即して確認するが、著者も藍の見立てに基本線において同意する。

(15)「一、我人弓を持ち馬上の礼の事。我より賞翫の人ならば弓持ちたる方を通す。弓手の鐙を蹴放つべし。弓の弦常の如し」(『大諸礼集』一、三〇二頁)

(16)『礼の起源と其の発達』(中文館、昭和十八年〈一九四三〉) 五一頁。

(17)また『弁道』にも「古の聖人の一言の微は、みな天下の大に繫り、盛衰治乱の由りて起る所なり」(『弁道』三〇—三一頁)と同趣旨の発言がある。

(18)野村真紀によれば、貨幣によって駆動する市場に働く、個々のプレーヤーの思惑を超越した神的な理法や意志のような何ものかは、近世大坂の町人たちによってすでに「人気」という名のもとに把捉されていた(「近世日本における「神の見えざる手」」、小川浩三編『複数の近代』北海道大学図書刊行会、平成十二年〈二〇〇〇〉)。

第四節

(1)以下の徂徠の「格物」観についての記述は、拙稿「技術の思想としての徂徠学」(『倫理学紀要』第十八輯、平成二十二年〈二〇一〇〉)の趣旨と同一である。表現にも同一の箇所がある。

(2)進藤咲子『明治時代語の研究——語彙と文章』(明治書院、昭和五十六年〈一九八一〉)一二二頁以下。なお進藤が指摘するように、physicsが中村正直によって「西学一斑」明治七年(一八七四)にて「格物学」と訳された事例も見られる。洋行前には朱子学者であった中村にとって、「窮理」と「格物」とは同一であり、それが自然の「理」を探究する学問の訳語に用いられたのである。

(3)「射に五善有り、一に曰く「和志」、和を体すなり。二に曰く「和容」、容儀有るなり。三に曰く「主皮」、能く質に中たるなり。四に曰く「和頌」、雅・頌に和するなり。五に曰く「興武」、「興舞」に同じきなり」(前掲『論語集釈』第一冊、一九〇頁。原漢文)。徂徠は自らのこの八佾篇の経文の解に際して、この馬融の解をすべて引用して同じている(『論語徴』、三巻四七〇頁)。

(4)徂徠の「格物」観を論じて周辺の日本の文化史への目配りを行なう重要な論考として、辻本雅史「荻生徂徠の教育思想」(『近世教育思想史の研究——日本における「公教育」思想の源流』思文閣出版、平成二年〈一九九〇〉。初出、昭和五十一年〈一九七六〉)、前田勉「荻生徂徠——古文辞の認識論」(源了圓編『江戸の儒学——『大学』受容の歴史』思文閣出版、昭和六十三年〈一九八八〉)、小島康敬「荻生徂徠の「学」」(『徂徠学と反徂徠』増補版、ぺりかん社、平成六年〈一九九四〉。初出、昭和五十九年〈一九八四〉)、および同「「礼」と型」(『岩波講座日本の思想 第七巻 儀礼と創造——美と芸術の原初』平成二十五年〈二〇一三〉)などが挙げられる。特に小島は後者の論考で、徂徠の「格物」を「茶道のお点前」(二二九頁)、「書や絵画」(二三一頁)、「職人の世界」(二三五頁)

など、日本の芸道史と積極的に結びつけている。

(5)『伝習録』陸元静録（岩波文庫、昭和十一年〈一九三六〉）五〇頁。

(6)「人の性は皆善、而るに覚に先後有り、後覚者は必ず先覚の為す所に倣ひて、乃ち以て善を明らかにして其の初めに復るべきなり」（『四書章句集注』新編諸子集成、中華書局、一九八三年、四七頁。原漢文）。

(7) すでに『史記』三皇本紀に伏犠と女媧とは「蛇身人首」、黄帝は「人身牛首」と伝える。さらに後漢の『白虎通』にまとめられたところによると、聖人にはみな「異表」があった。例えば伏犠は「大目山〔一に「鼻」に作る〕准龍状」、黄帝は「龍顔」、堯は「眉八彩」、湯王は「臂三肘」、文王は「四乳」と伝える（陳立『白虎通疏証』上、中華書局、一九九四年、三三七頁以下。原漢文）。

(8) 朱子学の聖人観については吾妻重二「道学の聖人概念――その歴史的位相」（『朱子学の新研究』創文社、平成十六年〈二〇〇四〉）を参照のこと。

(9)『朱子全書』（修訂本）第十四冊、二四四頁。

(10) 徂徠の「物」については、徂徠自身の用法の多義性もあり、多く論考が重ねられている。吉川幸次郎は「「先王」の提示する標準的事実」とし（「徂徠学案」、『仁斎・徂徠・宣長』八〇頁）、中村春作は「一種確信の如き統一体、しかもその内容の逐一的分析解剖を拒否することで成立する統一体」（「徂徠における「物」について」、『待兼山論叢　日本学篇』一五、昭和五十六年〈一九八一〉、七頁）とする。しかし回り回って結局、丸山眞男のいふ「唐虞三代の文物といふ das Gewesene」が、結局最も徂徠の原意に近い言い取りであるように思われる（『日本政治思想史研究』七八頁）。「理」と対言される「物」は確かに Idee や Sollen でなく Sein であるが、その Sein がすでにありしものであることが徂徠の主張の勘所だからである。

(11) 喪われた古楽の復興に深い関心を有した徂徠は雅楽の稽古につとめたが、彼の家の猫は主人の笙の音を嫌がった。「笙を援きて鳳鳴を作す。高尚と謂ひつべきかな。吾家の猫児、此の聲を怕るゝこと甚だし」（「復爽鳩子方」第二書、『徂徠集』巻二十二、二三六頁。原漢文）。なお有名な話であるが、対照的に弟子の太宰春台は笛、また琴をよくし、当時の日光門跡より招聘を受けるほどであった（『先哲叢談』春台第三条、三二〇頁）。

(12) 徂徠のこの表現の典拠は、「先王の礼を制するや、之れに過ぐる者は俯して之れに就き、至らざる者は跂ちて之れに及ばしむ」（『礼記』檀弓上篇）。

(13) 徂徠の言語感覚に注目し続ける相原耕作が、「理屈をよく知らなくても母語を自在に使いこなせる」或る言語の「ネイティヴ」を措定し、徂徠の戦略を、その言語を「対象化して認識を突き詰める」のではなく、模倣と反復を通じてネイティヴに接近してゆく「ネイティヴ化戦略」（矛盾した表現だが、確かに徂徠のプランを的確に示している）にたとえるのは非常に示唆的である（「古文辞学と徂徠の政治構想——荻生徂徠『弁道』『弁名』に即して」、『法学会雑誌』四十六巻二号、平成十八年〈二〇〇六〉、四六〇頁）。さらに相原が「理屈が分からなくても対象を操作できるという観点」を徂徠の特色とするのも的確である。ここで「先王の法言」を縦横に引用する士君子も、その「理屈」自体は捉え切らないままに振り回しているのであり、徂徠にとってはそれで問題ないのである。

(14) 徂徠の学習論と世阿弥の稽古思想との通底性については、すでに陳貞竹が明快な分析を与えている（「徂徠礼楽思想における学習論」、『美学』六十四巻二号、平成二十五年〈二〇一三〉）。陳貞竹によれば、世阿弥と徂徠とは、基礎への徹底的な習熟と、その果ての学習対象への無意識的な一体化との二点を学習論として共有している。なお、本論考末尾で陳が付言する、「芸道論が取り上げられることが多い日本の学習論あるいは芸術論の文脈に、儒教という思想的系譜を加えることの重要性を徂徠は認識させてくれる」（三四頁）との指摘はとても示唆深い。世阿弥が体現している通り日本の学習論・稽古論に基底的な枠組みを与えているのは仏教（とくに禅宗）の修行の思想だが、その一方で礼楽や六芸、また後代の居敬・存養など、儒教系の身体的学習の思想の影響も無論看過することはできないはずである。

(15) 『四書章句集注』二三八頁（原漢文）。

(16) 『二程全書』「二程遺書」二上、二丁表（原漢文。『二程全書』〈四部備要〉冊一、中華書局、一九七八年）。『近思録』道体篇にも採録された有名な語である。

(17) 広沢の書論と徂徠の思想の通底性については、拙稿「荻生徂徠と芸道思想」（『思想』一一一二号、平成二十八年〈二〇一六〉）にて詳論した。本節の論旨や引用文献にはこの拙稿との重複が多いことをお断りしておく。

(18) 『日本書論集成』第一巻（汲古書院、昭和五十三年〈一九七八〉）四二頁。

(19) 『武術叢書』（広谷国書刊行会、昭和元年〈一九二六〉）三一二頁。

(20) 同前、三四〇頁。

(21) 『群書類従』第二十八輯、一六一頁。

(22) 『群書類従』第十九輯、二三二頁。

(23) 徂徠の「信」については高山大毅「説得は有効か——「直言」批判と文彩」（『近世日本の「礼楽」と「修辞」』）が「格物」よりは水平的な「討議」に注目しつつであるが、明快な分析を加えている。

(24) すでに藤本雅彦が、徂徠の「制度」を「創業の君主の自由なる作為に妥当根拠をもつ」ものと見て近代的なゲゼルシャフト観へと接続する丸山眞男の見解（『日本政治思想史研究』二一八頁）を、「そうではなくて、〔徂徠の「制度」は〕むしろ生活様式や習俗として定着しうるか否か、新しい「風俗」を生み出しうるか否かにこそ、その妥当根拠をおいているのではなかろうか」と批判している（「徂徠における「制度」と「風俗」」、『待兼山論叢 日本学編』一二、昭和五十三年〈一九七八〉、一三頁)。藤本が徂徠の議論の「新鮮さ」を「生活上の微細な点までいき及んで生活実感と結びついている点」に求め、徂徠の態度の特徴を「日常の生活実感から飛躍しなかった」ものと見ていることに多くを教えられた。

### 第五節

(1)「筮以てこれを決し、「遯」の「同人に之く」に遇ふ。先生黙然として退き、諫稿を取りてこれを焚き、自ら遯翁と号す」(『朱子行状』明徳出版社、昭和四十四年〈一九六九〉、一七一頁)。

(2) 元三大師百籤については、大野出『江戸の占い』(河出書房新社、平成十六年〈二〇〇四〉)および同『元三大師御籤本の研究――おみくじを読み解く』(思文閣出版、平成二十一年〈二〇〇九〉)を参照。これは江戸時代の初期に、日本の神籤に『天竺霊籤』の籤詩(易でいう卦爻辞)が結びつき、近世初期の政界・宗教界に暗躍した天台宗の天海が平安時代の元三大師の起源と説き広めて以来、近世を通じてほとんどの寺のおみくじとして用いられ、今日に至るものである。しかし、これはもともと「易の筮法を模倣したもの」(『元三大師御籤本の研究』一四頁)であって、「天道」や観音のもとに下されるその籤詩は、徂徠の見解と異なり、「凶」の場合でも「心得やうによりて善事も悪事となり、又あしき事も善き事となるなり」などと、「倫理的行為」による「運勢転換」を説くものであり(一一七頁)、また籤詩は「さまざまな解釈が可能なように融通無碍なものになって」(一一頁)おり、じつは徂徠の主張する易との差異はそこまで明瞭でない。

(3)『易経』の訓読は、基本的に岩波文庫本(昭和十二年〈一九三七〉)の高田真治・後藤基巳の訓読に拠るが、『訳文筌蹄』で徂徠自身が、「亨」を「通ノ義ナリ」(二巻三三頁)、「利」は「スラスラト滞リナキ意」(二巻三一頁)、「貞」を「タダシトヨム」(二巻一八五頁)と述べているので、「亨」「利」「貞」については高田・後藤の訓のとおり「とほる」「よろし」「ただし」でよいと考えるが、「元」は「始ナリ」(『訓訳児蒙』五三三頁)、「元は首なり」(『弁名』天命帝鬼神、一一五頁)と徂徠は説くため、「おほいに」ではなく「はぢめに」に改めた。

(4)『朱子全書』(修訂本)第一冊、二〇頁図。

(5) こうした徂徠の一種詐術的な卜筮観については、黒住真「活物的世界における聖人の道」(『近世日本社会と儒教』)がすでに指摘している。

(6)『訳文筌蹄』に徂徠が「吉ハメデタキ、凶ハイマイマシキナリ」(二巻五四頁)と説くのに従う。無論徂徠が力こぶをいれて説くように『訳文筌蹄』は「訳」であって「訓」ではないのだが、個々の漢字に対する徂徠の理解に少しでも忠実であるために、暫定的にこれを「訓」として用いる。

(7)『易』が問いかける特権的な相手は「天」であるが、それとはやや異なる儒教の超越観念に「鬼神」がある。子安宣邦が、徂徠の「鬼神」論がつねに「共同体的祭祀」の対応項としてのみ鬼神を語り、そのことで同時に「己れにとっての鬼神を語る言辞を私智によるものと否定する」ものと分析するのは示唆的である（「「有鬼」と「無鬼」の系譜2」、『〈事件〉としての徂徠学』青土社、平成二年〈一九九〇〉、一五一頁）。
(8)『毛詩・尚書』（漢文大系十二、冨山房、明治四十四年〈一九一一〉。増補版、昭和五十年〈一九七五〉）二頁（原漢文）。
(9)「天子は五年に一たび巡狩す。……大師に命じて詩を陳ねて、以て民の風を観る」（『礼記』王制篇）。また「古は采詩の官あり。王者の風俗を観、得失を知り、自ら正を考ふる所以なり」（『漢書』芸文志）、「孟春の月、群居する者のまさに散ぜんとするに、行人木鐸を振りて路に徇ふ。以て詩を采りてこれを大師に献じ、その音律を比して、以て天子に聞す。故に曰く、「王者は牖戸を窺はずして天下を知る」」（『老子』と」（同前）。
(10)『詩経』解釈の新古の分かちは、つまるところ『毛詩』の各詩に付された大小序を、後代の讒入とみるか、『易経』の十翼や『春秋』の伝のように「経」に準ずるものとしてその真正さを承認するかによって分れる。徂徠は大小序を、孔子の直弟子である子夏の作とし、その真理性を認めている。しかし詩そのものは元来多義的であり（「本より定義無し」）、小序の解釈は「古人、一時其の意を以て解する」ものに過ぎず、その解釈に拘束される必要はないと考えている（『弁道』三一頁）。こうした徂徠の『詩経』観の概観は、張文朝「荻生徂徠の詩経観について」（『中国哲学論集』三〇・三一、九州大学中国哲学研究会、平成十八年〈二〇〇六〉、とりわけその第二節に要領よくまとまっている。
(11) 中村幸彦はまさにこの『徂来先生答問書』の詩論を「その人情の微妙にふれることは、人の個人生活、共同生活にも、引いては徂徠に於いて道の大眼目である政治上にも不可欠のもので、『詩経』の聖典たる所以もそこにある、となるであろう」と、最終的に政治性に帰一するものとみて要約している（「風雅論的文学観」、『中村幸彦著述集』第一巻、中央公論社、昭和五十七年〈一九八二〉、四五頁）。
(12)『詩集伝』詩巻第四（鄭風）（『朱子全書』〈修訂本〉第一冊）四七〇頁。
(13) 徂徠の「義」理解については、山口智弘「「稽古」と「安天下」――荻生徂徠の「義」について」（『倫理学年報』六二集、平成二十五年〈二〇一三〉）が明快な分析を加えている。
(14)『岡井隆歌集』（現代詩人文庫、国文社、昭和五十二年〈一九七七〉）六八頁。

第六節

(1) 徂徠学派の「不遇」意識については日野龍夫「〝謀叛人〟荻生徂徠」「壺中の天――服部南郭の詩境」（ともに『江戸人とユートピア』岩波現代文庫、平成十六年〈二〇〇四〉）、渡辺浩「「泰平」と「皇国」」（『東アジアの王権と思想』東京大学出版会、平成九年〈一九九七〉）、高山大毅「高揚と不遇

## 註

——徂徠学の核心」（『大航海』六七、平成二十年〈二〇〇八〉）を参照。

（2）『日本随筆大成』第一期十四、二一九頁。

（3）同前、二〇五—〇六頁。

（4）「春台何やら封事を上られたることありて、稺明と君修と相封にして置きたりと云ふ。稺明に聞きたれば、焼捨になり今はあらざる由」（『蘐園雑話』、『続日本随筆大成』第四巻、吉川弘文館、昭和五十四年〈一九七九〉、九七頁）。

（5）「巻十の「無為　易道」の章になると、ほとんど季節が一変したかのように、春台の文章は突然ペシミスティックな色調を帯びはじめる。あたかも巻九まで縷々述べ来ったことのすべてをいっさい御破算にするといったぐあいに、突如として春台は国初でも中興でもないいま、衰亡してゆく国家を少しでも延命させるためには無為に如くはない、と論じはじめるのである。自分自身が立ててきた議論をみずから破棄してしまうにひとしいというべきだろう」（野口武彦「太宰春台の孤独」、『江戸文学の詩と真実』中央公論社、昭和四十六年〈一九七一〉、二〇三—〇四頁）。

（6）『日本経済叢書』第六巻、二七四頁。

（7）同前、三頁。

（8）「屠龍ノ芸」が意味するのは単なる無意味なわざではない。春台がこのことばにこめた複雑な含意は、島田英明の「「屠龍の藝」とはたしかに、辛苦と洗練の末に用いる機会を得ないむなしい技芸をいう。しかしそれは、もし龍がいたとすれば屠ることができる技だという意味で、おのれの学説へのたしかな自負をにじませてもいる」（『歴史と永遠——江戸後期の思想水脈』岩波書店、平成三十年〈二〇一八〉、五六頁）という分析が、まさにその「思想と呼べるほどに論理化されていない気分や情念の機微」（一一頁）までも的確に言い当てているものと思われる。

（9）「「云ひたきこと云はぬは、腹膨るゝわざなり」と、昔の人の云へりしは誠なり。さればとて、思ふこと云ふべき人にあはねば得云はず。云はねば、今も腹膨るゝめれば、只そらむきて独りごちて、腹をすかすより外のことなし」（『独語』、『日本随筆大成』第一期十七、昭和五十四年〈一九七九〉、二六一頁）「昔の人」とは勿論兼好法師である。

（10）野口は「少くとも、『経済録』の真面目はこれをむしろ文学的に読むことによって発揮されるようにわたしには思われる」という（『江戸文学の詩と真実』二〇三頁。傍点原文）。

（11）『紫芝園前稿』巻三（『春台先生紫芝園稿』近世儒家文集集成6、ぺりかん社、昭和六十一年〈一九八六〉）三六頁（原漢文）。以下『紫芝園前稿』『紫芝園後稿』からの引用は同書に拠る。

（12）『続日本随筆大成』第四巻、九五頁。

（13）「傷ましき哉　流離の子／岐に臨みて悵として悠悠たり／髪を結びて男児と為り／老大にして何をか求めんと欲する／驚風　飄として我を吹き／楼に上れば悲愁を起す」（『南郭先生文集』初編、近世儒家文集集成7、ぺりかん社、昭和六十年〈一九八五〉、一九頁。原漢文)。

(14)「赤羽渓辺の草/頗る違世の情と関はる」(『南郭先生文集』四編、三三九頁。原漢文)。

(15)「吏情 官拙くして因りて傲と称し/髪を被りて行くゆく歌ひて楚狂に似たり」(『南郭先生文集』初編、三八頁。原漢文)。

(16)『文会雑記』一七七頁。

(17)『南郭先生文集』三編、二六七頁(原漢文)。

(18)『二程全書』「伊川易伝序」四丁表(『二程全書』〈四部備要〉冊二、中華書局、一九七八年)。

(19)『二程全書』「伊川経説」一、二丁裏(『二程全書』〈四部備要〉冊三、中華書局、一九七八年。原漢文)。

(20)『朱子全書』(修訂本)第十六冊、二二一七頁(原漢文)。

(21)同前、二一八一頁(原漢文)。

(22)『周易本義』「筮儀」(『朱子全書』〈修訂本〉第一冊、一六八頁。原漢文)。

(23)『童子問』(岩波文庫、昭和四十五年〈一九七〇〉)一八四頁。また『語孟字義』にも同趣旨の議論がある。「義当に生くべくんば則ち生き、義当に死ぬべくんば則ち死ぬ。己に在るのみ。君子の去就進退用捨行蔵、惟だ義の在る所のまゝにするのみ。奚ぞ利・不利を問ふことを為さん。是れ孔孟の未だ嘗てト筮を言はざる所以なり」(『語孟字義』鬼神、『伊藤仁斎・伊藤東涯』八五頁)。

(24)朱子は「詩中に言ふ所の如きは善有り悪有り」(『朱子語類』巻八十五、『朱子全書』〈修訂本〉第十七冊、二七六六頁。原漢文)と認めたうえで、「悪しきは以て人の逸志を懲創せば可なり」(『論語集注』為政篇、『四書章句集注』五三頁。原漢文)と説いている。

(25)「先生信州を過ぐるに、一士子見ゆることを請ひ、学を為すの道を問ふ。曰く、「「道は二、仁と不仁とのみ」〔『孟子』離婁上篇〕。聖人の千言万語、只だ是れ人をして人と倣らしむるを要むるのみ」(『朱子語類』巻百二十一、『朱子全書』〈修訂本〉第十八冊、三八四四頁。原漢文)。

(26)『朱子全書』〈修訂本〉第十三冊、三三二頁(原漢文)。

(27)『二程全書』「二程遺書」二上、十二丁表(『二程全書』〈四部備要〉冊一。原漢文)。

(28)「紹聖元年、発作有「元祐邪党」之問、先生曰「噫、尚可以干禄乎哉。」不対而出、告伊川曰「焞不復応進士挙矣。」伊川曰「子有母在。」先生帰告其母陳。母曰「吾知汝以善為養、不知汝以禄為養。」伊川聞之曰、「賢哉母也。」」(「粛公尹和靖先生伝」、黄宗羲編『宋元学案』第二冊、中華書局、一九八六年、一〇〇二頁)。

(29)「李先生書を著はさず、文を作らず、頽然として一田夫野老たり」(『李延平先生文集』巻三〈百部叢書集成〉、芸文印書館、一九六八年、十四丁裏。原漢文)。

(30)「白石先生手簡」(『新井白石全集』第五巻、昭和五十二年〈一九七七〉、四五一—五二頁)。

(31)『徂徠学派』(日本思想大系37、岩波書店、昭和四十七年

〈一九七二〉）三四五頁。

**第七節**

（1）丸山眞男の『日本政治思想史研究』が聖人の何ものにも制約されない主体性を強調するあまり、聖人の上位に位置する「天」を等閑視したのは明瞭な勇み足であり、徂徠の「天」観について、続く研究者たちによって改めて考察がなされた。その代表的なものとして小島康敬「荻生徂徠素描――「天」と「作為」の問題をめぐって」（『徂徠学と反徂徠』増補版。初出、昭和五十二年〈一九七七〉）および黒住真「活物的世界と聖人の道」（『近世日本社会と儒教』。初出、昭和五十三年〈一九七八〉）がある。

（2）『江戸繁昌記・柳橋新誌』（新編日本古典文学大系100、岩波書店、平成元年〈一九八九〉）一五二頁。

（3）浅野裕一の『孔子神話』（岩波書店、平成九年〈一九九七〉）は、強烈な「政界への上昇の願望」（八頁）を抱きつつ無位無官に終わった孔子の「鬱積する不満と苛立ち」（一〇頁）を、とくに『春秋』解釈を通じて、孔子と同じく基本的に不遇であった代々の知識人官僚たちが、孔子を「聖人化」（四九頁）しつつ共有してきた過程をやや戯画的に描き出している。徂徠学派の人々の孔子観は、同書で浅野が注目するところの「儒教の正統神学たる公羊学」（三一七頁）から康有為につながる線の（すなわち宋明理学系でない）歴代の学者たちが、『春秋』および『論語』に孔子の不穏な革命への意志を読み取ってきた流れに合流するものであると思われる。

（4）「曾点の学、蓋し以て夫の人欲の尽くる処の見はるること有り、天理流行して、随処に充満し、少かも欠闕すること無し。故に動静の際、従容たること此くの如し。而して其の志を言ひて、則ち又其の居る所の位を過ぎず、其の日用の常を楽しみ、初めて己を舍きて人の為めにするの意無し。而して其の胸次は悠然として、直に天地万物と上下同流して、各其の所を得るの妙、隠然として自ずから言外に見ゆ」（『四書章句集注』一三〇頁。原漢文）。曾点の不穏な野望は朱子の理解の中にはない。

（5）「万物 静観せば皆自得し、四時の佳興 人と同じうす」（『明道文集』一、『二程全書』〈四部備要〉冊二、六丁裏）。

（6）延享二年（一七四五）刊本、第九巻七丁裏―八丁表。

（7）『紫芝園後稿』附録（『春台先生紫芝園稿』）二九二頁（原漢文）。

（8）日本思想大系本では第一条として、アラビア数字の1の番号が振られている条であるが、山口智弘（「荻生徂徠『弁道』における自序の存在」、『思想史研究』一〇号、思想史・思想論研究会、平成二十一年〈二〇〇九〉）の解に従い、以降の本文とは性格を異にする、『弁道』の「自序」と捉える。

（9）『紫芝園後稿』巻十三、二五五頁（原漢文）。

（10）寛政元年（一七八九）刊本、三丁裏（原漢文）。

（11）同前、四丁表（原漢文）。

（12）次のように日野は南郭の詩境を分析する。「南郭が唐詩から借用してくる個々の語彙の向こうには、長安の街上に白馬を駆り、あるいは辺境の幕舎に胡笳を聞く、華麗と壮大を兼備したなつかしい古人たちの住む世界があった。古語とは南郭が身を古人の上に移行させるためのチャンネルである。擬古の表現をとることによって、南郭は卑小な現実の自己を放棄し、自己を古人として虚構することができた。そのように自己を虚構した時にこそ、現実の遮断という願望が完全に果たされ、古人となった南郭は自己を思うままに支配するのである」（『江戸人とユートピア』一七〇―七一頁）。

(13)「日月人を擲ちて去る／志あるも馳するを獲ず／此れを念ふて悲悽を懐き／終暁静かなる能はず」（「雑詩十二首」二、『陶淵明・王右丞集』続国訳漢文大成、国民文庫刊行会、昭和四年〈一九二九〉、一九七頁）。なお南郭は、桃源郷に憧れつつ逢着できなかった詩境を歌っている。「桃李紛紛として流水来る／空山行き尽くして渓に傍ふて回る」（「暮春登山」、『南郭先生文集』二編、一六二頁。原漢文）。

(14)『日本儒林叢書』第三巻（鳳出版、昭和四十六年〈一九七一〉復刻）。

(15) 周濂渓の塾中では、「いかなるかこれ顔氏の楽」が繰り返し問われた。「程氏の門人の記するところの二先生の語に曰く、「昔学を周茂叔に受けしが、毎今に顔氏・仲尼の楽処、楽しむ所何事なるかを尋ぬ」と。」（『伊洛淵源録』第一、『朱子全書』〈修訂本〉第十二冊、九二六頁。原漢文）。

(16)「南郭は謝安に似たる人なり。喜怒色にあらはさず、自らの見を立る人なりと云」（『蘐園雑話』六七頁）。

(17) 同前、三三二頁。

(18)『紫芝園後稿』巻十二、二四一頁（原漢文）。

(19)『紫芝園後稿』巻八、一八九頁以下（原漢文）。

(20)『紫芝園後稿』巻七、一七六頁（原漢文）。

(21) 同前、一六七頁（原漢文）。

(22)『紫芝園後稿』巻十四、二七一頁（原漢文）。

(23)『紫芝園前稿』巻一、二九―三〇頁（原漢文）。

(24)『日本経済叢書』巻六、一四八頁。

(25) 延享二年（一七四五）刊本、十一丁表―裏。

### 第八節

(1)『国儒論争の研究』（ぺりかん社、昭和六十三年〈一九八八〉）第一章。

(2)『文会雑記』二〇七頁。

(3) Peter Nosco, "The Place of China in the Construction of Japan's Early Modern World View" (*Taiwan Journal of East Asian Studies*, 4-1, 2007), p. 38.

(4) 小笠原春夫「弁道書の波紋」（『季刊日本思想史』五号、昭和五十二年〈一九七七〉）。

(5) 後者の『家礼』の受容状況については、田世民『近世日本における儒礼受容の研究』（ぺりかん社、平成二十五年〈二〇一三〉）に詳しい。

(6) 以上の消息については、拙稿「おそれとつつしみ――近世における「敬」説の受容と展開」(『日本思想史学』四四号、平成二十四年〈二〇一二〉)参照。

(7)若林強斎「雑話筆記」(『垂加神道(下)』神道大系論説編十三、神道大系編纂会、昭和五十八年〈一九八三〉)七二頁。

(8)「吾才を以て神道の事を演繹して説かば、諸人感服してなびき従ふべし。此事甚だ易し。然るに、然様に説くは、神書をあいしらふ体ではない。やはり古説を立ておぼこなりに云つて置くが、神書を読むの法なり。「言嬰児に借る」と云ふが大事の旨ぢや」(若林強斎「雑話続録」、同前、二〇一頁)。

(9)「神書は、むかしの伝をそのまま書かで、はるか後に書きたり。其の筆に道徳の教なかりしゆへに、寓言の様よろしからず。せめて荘周などのやうに、理を明らかにしたらばよかるべし」(『三輪物語』、『熊沢蕃山』神道大系論説編二十一、神道大系編纂会、平成四年〈一九九二〉、五四頁)。

(10)「或るひと問ふ、「神道と儒道と、如何ぞ之れを別たんや」と。曰く、「我より之れを観るに、理一なるのみ。其の為の異なるのみ」」(『林羅山文集』巻六十六、『林羅山文集』下巻、ぺりかん社、昭和五十四年〈一九七九〉、八〇四頁。原漢文)。

(11)「純、性として直言を好む。世に容れられざる所以なり。唯だ是れ狭中小量にして、中行に及ばざるのみにして、狷者たるに甘んず」(『紫芝園後稿』巻十五、二九七頁。原漢文)。

(12)『日本思想闘諍資料』第三巻(名著刊行会、昭和四十四年〈一九六九〉復刻)四六頁。

(13)同前、六六頁。

(14)『本居宣長全集』第十四巻(昭和四十七年〈一九七二〉)一八〇頁。

(15)前掲『日本経済叢書』巻六、二四頁。

(16)日野龍夫が、国学の「本質的な弱点」を「敵であるはずの儒学の〝道〟の観念に浸透されることによってのみ自己を確認しえ、儒学との相関関係においてのみ自己を樹立しうる」その「非自立性」に見ているのは的確である(「近世文芸思潮研究」、『日野龍夫著作集』第二巻、ぺりかん社、平成十八年〈二〇〇五〉、二一頁。初出、昭和五十一年〈一九七六〉)。国学が儒学への応戦によって勃興したために、「人倫」「心法」「修身」「礼楽制度」云々の儒学の問題編成につきあって、逐条的にその代案を出す形で思想内容を形成してしまったこと、それゆえ価値判断に相違はあれ、問題立て自体は儒学と同一であることは、国学という思想自体がその起源から有する偏頗性といわざるをえないのである。

## 第二章

### 第一節

(1)鈴木淳は真淵と春台門下の渡辺蒙庵や服部南郭との交渉に注目し、とくに南郭と真淵との老子観や上代観念にきわめて近いものを見、真淵を「和様」の「文人」と捉えている(「賀茂真淵和様文人論」、『江戸和学論考』ひつじ書房、平成九年〈一九九七〉。初出、平成七年〈一九九五〉）。鈴木の見方をいっそう推し進めれば、真淵は「漢」ではなく「和」の意匠を用いる特異な徂徠学派だということになろう。

（2）「御講義をし給ふには、御刀、御指添ともに、はるか御座をはなされて置かれしなり。こは経籍に臨み給へば、先聖に対し給ふ思召にて、かく御崇敬ありしなり」（『常憲院殿御実紀』附録中、『新訂増補国史大系』四十三巻、吉川弘文館、平成十一年〈一九九九〉、七三五―三六頁）。

（3）江戸城中の門造営に象徴される新井白石の礼制改革については、渡辺浩「「礼」「武威」「雅び」――徳川政権の儀礼と儒学」（『近世日本社会と宋学』増補改訂版）の第二節に詳しい。

（4）「「筑後守〔新井白石〕は日本の事に殊外委敷、和漢の事引合候て能弁じ申候」旨申上候処、暫あつて「筑後は文飾の多きもの」と御聞被遊候旨上意に候」（『兼山秘策』、『日本経済叢書』巻二、五七〇頁）。

（5）吉宗は、式日の宗武の装いが故実を踏まえて美麗であることをたびたび褒めた。「志村にて追鳥狩ありしにも従ひ給ひしが、卿のいでたち、竹笠細袖、四布の袴に脛巾つけて、かひがひしかりしを御覧ありて、けふのよそほひ、いかにも古雅なりと称せらる」（『有徳院殿御実紀』附録五巻、『新訂増補国史大系』第四十六巻、吉川弘文館、平成十一年〈一九九九〉、一七九頁）。

（6）「紅葉山八講の時も予参ありしに、公達の御中に、卿の進退わきてゆゆしかりしと称美し給ひ、その日帯せられし樋螺鈿の剣、麝香の野太刀ことに古風に見えしとてめして御覧ぜらる」（同前）。

（7）『日本随筆大成』第一期七（吉川弘文館、昭和五十年〈一九七五〉）二三五頁。

（8）『賀茂真淵全集』第四巻（吉川弘文館、明治三十七年〈一九〇四〉）四一三二頁。

（9）真淵の伝記については、今なお小山正『賀茂真淵伝』（春秋社、昭和十三年〈一九三八〉）が最も浩瀚かつ詳しい。より簡便なものとしては三枝康高『賀茂真淵』（人物叢書、吉川弘文館、昭和五十年〈一九七五〉）がある。

（10）田林義信はこの歌を、歌風と家集での配列とをもとに、元文二年（一七三七）の江戸出府から延享三年（一七四六）の田安家への出仕までの間の作と推定している（『賀茂真淵歌集の研究』風間書房、昭和四十一年〈一九六六〉、一三八頁）。真淵が最も寄る辺なかった時代である。

（11）たとえば「ほとゝぎす花橘にきこゆなり昔忘れぬよゝの古声」（『続千載集』十六、藤原時親、一七一三番）。

（12）県居の様子については、佐佐木信綱「県居の九月十三夜」（大正五年〈一九一六〉、『佐佐木信綱全集』第六巻、昭和三十一年〈一九五六〉）が資料を踏まえて「幾分の想像をまじへて」（二五六頁）描き出している。

（13）「おのれ氏は加茂、姓は県主なれば居るところをあがた居といふなり。あがたとはゐ中の心なり」（『賀茂真淵全集』

第十二巻、吉川弘文館、昭和七年〈一九三二〉、六一四頁)。
(14)「遠く房総半島右に三浦半島の絶景を恣に眺望し得る地として、又隅田川に続き東京湾に近く健康地帯として、現今の鎌倉・逗子等の別荘的気分を持ちて河岸近くには諸侯の浜屋敷(別邸)、西続きの地域には麾下の旗本武士を居住せしむ」(「江戸時代の浜町」、日本橋浜町一丁目町会編『浜町史』昭和十年〈一九三五〉、五頁)。
(15)『江戸名所図絵』一(名所図会叢刊六、新典社、昭和五十四年〈一九七九〉、一五二—五六頁)。そこに掲出された真淵の略伝は、『近世畸人伝』のものに依拠するようである。
(16)『江戸狂者伝』(中央公論新社、平成十九年〈二〇〇七〉)八頁。なお、中野三敏『近世新畸人伝』(岩波現代文庫、平成十六年〈二〇〇四〉。初刊、昭和五十二年〈一九七七〉)の「はじめに」も、「畸人」という存在についての示唆に富む。
(17)『文会雑記』三二五頁。
(18)『近世歌文集 下』(新日本古典文学大系68、岩波書店、平成九年〈一九九七〉)三頁。
(19)「東海道宿駅の展開と機能」(『静岡県史』資料編十三〈近世四〉、平成二年〈一九九〇〉)一一七二頁以下に詳しい。
(20)「浜松時代の賀茂真淵」(『賀茂真淵とその門流』続群書類従完成会、平成十一年〈一九九九〉)。
(21)『新修平田篤胤全集』第六巻(名著出版、昭和五十二年〈一九七七〉)四九二頁。
(22)『新修平田篤胤全集』第九巻(昭和五十一年〈一九七六〉)四〇六頁。
(23)『貝原益軒』上巻(日本教育思想大系第三巻、日本図書センター、昭和五十四年〈一九七九〉)六八七頁。
(24)真淵に限らず、国学の先駆とされる木下長嘯子や戸田茂睡から、宗門内で干されていた契沖、そして幕末の平田派に至るまで、国学者が一般に隠者のエートスを有することについては、つとに折口信夫が近世の「歌人及学者」の源流を中世以来の「隠者階級」に求めており(『近代短歌』昭和十五年〈一九四〇〉)、内野吾郎「隠者と市隠の系譜」(『江戸派国学論考』アーツアンドクラフツ、平成十四年〈二〇〇二〉。初刊、昭和五十四年〈一九七九〉)が詳しく論じている。内野が定式化する「才能をもてあましながら世俗にいれられず、あるいは自から世を捨てて〈文雅の道〉に生涯を託した」(九八頁)江戸の隠者たちのうちには真淵はもちろんのこと、和漢のわかちこそあれ、徂徠・春台・南郭も含まれよう。
(25)『日本経済叢書』巻六、二頁。
(26)『経済録』自序での「平手氏中務太輔政秀五世孫」という春台の自称について、すでに「死と引き換えてまでもして主君を正さんとした遠い祖先の事蹟に、自らを擬することがあったのかもしれない」との小島康敬の指摘がある(「『春台先生紫芝園考』管見」、『紫芝園稿』二頁)。
(27)「純、先平手氏にて、五世の祖〔平手政秀〕の家を起こすより、安土王〔織田信長〕に相たり。高祖〔汎秀〕騎将を以て三方原に戦死し、安土氏の亡ぶに迨びて、曾祖以下、流離播遷して諸侯の国に在りて、既に微たり」（「与曾夫兄弟書」、『紫芝園後稿』巻十三、二五四頁。原漢文）。

(28) 日野龍夫がすでに、由井正雪・山鹿素行・山県大弐・高島秋帆・佐久間象山ら近世の代表的な兵学者たちが隠微な（正雪や大弐は明示的な）エートスとして「謀反の夢」あるいは「体制への反感」を共有し、「近世史を通じて軍学者＝謀反人の系譜が流れている」と指摘している（前掲「〝謀反人〟荻生徂徠」九〇―九一頁）。

### 第二節

(1) 『日本思想史辞典』（ぺりかん社、平成十三年〈二〇〇一〉）「国歌八論論争」の項による。

(2) 『国歌八論』（改造文庫、昭和十八年〈一九四三〉）一四八頁。

(3) 「天地物を生ずるの気象を観るには、万物の生意最も観るべし。此の「元」は善の長なり、斯れ所謂「仁」なり」（『近思録』道体。原漢文）。『二程遺書』に見える程明道の言である。

(4) 『通書』刑第三六（『太極図説・西銘・通書・正蒙』岩波文庫、昭和十三年〈一九三八〉）五九頁。

(5) 「私云、万葉集巻頭ノ歌ノ事、口伝云、恋ノ歌ニシテ又春ノ詞アリ。……夫婦ハ人倫ノ始ナレバ、巻頭ニ恋ノ歌ヲ置クコト、甚深ノ義也。……次ニ「此丘ニ菜摘須児」ト云リ。菜摘ハ、春也。春ハ万物ヲ生ズル時ナレバ、四季ノ始也。故ニ古今集ヨリ以後ノ撰集、春ノ部ヲ巻頭トス」（『仙覚全集』万葉集叢書第八輯、古今書院、昭和元年〈一九二五〉、一〇頁）。

(6) 室鳩巣はこの『万葉集』の春秋争いについて、春を勝ちとする。それは春の歌を韶（聖人・舜の楽）、秋の歌を武（周の武王の楽）と対応させることによってである。「韶は花の陽和の時にあへるがごとし、聖人の幸なり。武は紅葉の風霜の時にあへるがごとし、聖人の不幸なり」（『駿台雑話』巻二「春秋のあらそひ」、『日本随筆大成』第三期六、二三〇―三一頁）。

(7) 田安宗武の思想と詩歌観については、土岐善麿『田安宗武』第一冊（日本評論社、昭和十七年〈一九四二〉）および高浜充「田安宗武考」（一）（二）（『国文学研究』五号・六号、梅光女学院短期大学国語国文学会、昭和四十四年・昭和四十五年〈一九六九・七〇〉）を参照。基本的に宗武は朱子学に忠実であり、詩歌観についても朱子『詩集伝』の勧善懲悪説を祖述している。

(8) 『国歌八論』一三二頁。

(9) 同前、一二〇頁。

(10) 同前、六四頁。

(11) 『懐風藻・文華秀麗集・本朝文粋』（日本古典文学大系69、岩波書店、昭和四十九年〈一九七四〉）七五頁。また大津皇子の親友であった川島皇子の詩の少序に「津の謀逆」を述べた上で、情誼を捨ててそれを告発した川島皇子の行為を「私好を忘れて公に奉ずるは忠臣の雅事」と賛美している（同前、七二―七三頁）。

（12）『國學院大學日本文化研究所紀要』二二号（昭和四十三年〈一九六八〉）一四三頁。

（13）治者の視線を徹底した徂徠学に対する国学の思想的特徴を被治者の「情」への注目にみる松本三之介の『国学政治思想史の研究』（未来社、昭和四十七年〈一九七二〉）は、この「心の偽り」の論にまさに「真淵の人間性に対するリアルな洞察」（四九頁）を見、国学思想の特徴の好例としている。また国学思想における私心の相剋の問題に注目する清水正之『国学の他者像――誠実と虚偽』（ぺりかん社、平成十七年〈二〇〇五〉）はこの「心の偽り」の論を「余りにリアルすぎる」（一〇〇頁）人情の把握とし、真淵の表象する人倫世界を「一触即発の可能性を秘めた」（同前）ものと特徴づける。

（14）真淵の行論の上ではたしかに徂徠学の統制的・権威主義的発想に抗して人心の多様性が説かれているのだが、フリュッキガーは逆に、徂徠が人性の多様性（diversity of human nature）を主張したのに対し、真淵はじめ国学者たちは徂徠から外的規範（external norms）のモチーフを継受しつつも、日本の伝統的心性をそのような規範とみなしたために、最終的には心情の同質性と閉鎖性へと回帰してしまったと論じている（P. Flueckiger, *Imaging Harmony: Poetry, Empathy, and Community in Mid-Tokugawa Confucianism and Nativism*, Stanford, California: Stanford U. P., 2011, pp. 78-85, 171-172, 208-209）。フリュッキガーの徂徠観は、為政者の有する（べき）不可知なる天への畏れが、その天によって賦与された被治者たちの無限に多様な個性への尊敬とデリカシーへとつながってゆく点を強調するもので、私見のかぎり本邦の論者では黒住真の徂徠観（「荻生徂徠――差異の諸局面」、『近世日本社会と儒教』。初出、昭和五十七年〈一九八二〉）に接近する。真淵のいう「真心」が、日本の古えを排他的な規範とみなすことで事実上「単一の真心」（'a single straight-forward heart,' ibid., p. 172）と化してしまっていると捉える彼の分析はきわめて示唆的であるが、『万葉集』を規範とする真淵の情念観が、果たして後の宣長らと同じく自己言及的で、徂徠の天が有した「きわめて現実的な批判的ポテンシャル」（p. 198）を喪失したものであるか否かについては、同書が多くの近世思想史関連書籍と同じく真淵を宣長の前史に位置づけていることもあり、いまだ再検討にむけて開かれていると思われる。

（15）町奉行所の業務については石井良助『江戸時代漫筆――江戸の町奉行その他』（井上書房、昭和三十四年〈一九五九〉）および南和男『江戸の町奉行』（吉川弘文館、平成十七年〈二〇〇五〉）を参照した。

（16）神野志隆光は『古事記』において天皇の特権的な述語として用いられる「聞こしめす」に注目しつつ、そこで天皇が臣下の言葉を〈聞く〉存在として捉えられていること、またその統治行為の中心が〈聞く〉ことに見出されていることを指摘している（「〈聞く〉天皇――『古事記』における天皇」（『古事記・日本書紀論叢』続群書類従完成会、平成十一年〈一九九九〉）。『古事記』の天皇が聞くのは国民一般の訴えではなく大臣らの「かへりごと」（報告）であり、また真淵の古えは『古事記』よりも『万葉集』をイメージの供給源としているが、真淵はじめ近世国学者たち（その大半は勅撰集復興の主張者でもある）の中で、この〈聞く〉天皇というモチーフがどのように継受されてゆくかについては、今後大いに検討し追尋するべき意義があると思われる。

第三節

（1）『賀茂真淵全集』第十九巻、一〇五―一〇六頁。日本思想大系に収録されている刊本（寛政十二年〈一八〇〇〉刊）の『文意考』では省略されている。

（2）『伊勢神道（上）』（神道大系論説編五、神道大系編纂会、平成五年〈一九九三〉）五二頁。

（3）小森陽一編『岩波講座文学9 フィクションか歴史か』（平成十四年〈二〇〇二〉）一七六―一七七頁。

（4）「鸚鵡は能く言へども、飛鳥を離れず。猩猩は能く言へども、禽獣を離れず。今、人にして礼無ければ、能く言ふと雖も、亦た禽獣の心ならずや。夫れ禽獣は礼無し、故に父子、麀を聚にす。是の故に聖人作ち、礼を為りて以て人に教へ、人をして礼有るを以て、自ら禽獣より別つことを知らしむ」（『礼記』曲礼上篇）。麀は動物のメスである。『礼記』の時点で「禽獣」の「無礼」の実質は近親婚として理解されているのである。

（5）『徂徠学派』（日本思想大系37、岩波書店、昭和四十七年〈一九七二〉）七八頁。

（6）『日本思想闘諍史料』第三巻、六六頁。

（7）小笠原春夫は『弁道書』『国意考』および本居宣長の『直毘霊』の各論点対応表を作成し、ここで扱う礼と禽獣との議論を「（十一）人と鳥獣」と題して、おおよそ本節で引用する『弁道書』と『国意考』との文言を掲出して対応させている（『国儒論争の研究』二六―二七頁）。真淵や宣長は論駁対象を明示しないため、確実な対応関係を見出しがたいが、本論点については小笠原の示す対応関係が首肯されるものと考える。

（8）「直情径行」と「直し」との対応関係については、菅野覚明氏の口頭での御示唆による。

（9）『日本思想闘諍史料』第七巻（東方書院、昭和五年〈一九三〇〉）二六頁（原漢文）。

（10）「「思無邪」は「直」なり。「直」は「誠」なり。夫子『詩』を読みて此に至り、其の意に合する者有り。故に挙げて之れを示す。以為らく、「思無邪」の一言、以て詩の義を蔽ひ尽くすに足るとなり。夫れ詩は夫子の雅言する所なれば、則ち豈に徒だに三百篇を蔽ふのみならんや。夫子の道を蔽ひ尽くすと謂ふと雖も可なり」（『論語古義』巻一〈林本〉二十九丁裏―三十丁表。原漢文）。以上の議論に見えるように、仁斎自身は「思無邪」に最終的には道徳的な内実を読み込んでおり、真淵ほど過激ではない。

(11) ノスコは一九九〇年の著書では真淵の「直し」を correct と訳している (Peter Nosco, *Remembering Paradise: Nativism and Nostalgia in Eighteenth-Century Japan*, Cambridge and London: Harvard University Press, 1990, p. 128) が、二〇〇七年の論文では transparent, direct, straightforward などの訳語を用いている ("The Place of China in the Construction of Japan's Early Modern World View," p. 39)。特に transparent は真淵の「直し」のもつニュアンスを上手く捉えた適訳である。

(12) またさらに「わが恋は天の逆手を打ち返し思ひときてや世をも恨みん」(「六百番歌合」十四番、藤原兼宗〈一一六七番〉) などと、「天の逆手」はこの『伊勢物語』を直接の典拠として、恋の恨みをいう歌語と化していた。類歌は多くある。

(13) 土岐善麿『田安宗武』第三冊 (日本評論社、昭和二十年〈一九四五〉) 四一二頁。また宗武は次のようにも説明している。「「天逆手を青柴垣に打ち成して隠れたまひぬ」とは、まづ青柴垣してさかで打つ事は此の頃天風俗 (アマブリ) の妻を離別 (サ) るときの式とおぼゆる事あり。くはしくは別記に記しぬ。「ウツナシテ」とは打つごとにしてといふ事なり。「かくれたまひぬ」とは凡人となりてかすかなる所に引きこもりてませしをいへり。此の神あしはらの国の皇子にませしが、其の位を捨てたまふ事、悪妻をさるごとすみやかにおぼしはなれたるを喩へ云へるなり」(二七八頁)。

(14) 東より子によれば、宗武の『古事記』解釈には、宝永七年 (一七一〇) の幕府 (特に新井白石) の関与のもとでの閑院宮家の設立、近世最後の女帝となった当代の後桜町天皇の位置、それらと密接に絡む徳川将軍家自体の相続問題など、「朝廷—幕府の関係そのものが、大きく転換し始めようとしていた十八世紀前半」の政治状況がダイレクトに反映している (「田安宗武の『古事記詳説』」、『国学の曼荼羅』ぺりかん社、平成二十八年〈二〇一六〉。初出、平成五年〈一九九三〉)。

(15) 『近世色道論』二一四頁。

(16) 『近世地方経済史料』第五巻 (近世地方経済史料刊行会、昭和六年〈一九三一〉) 二六七頁。

(17) 「近世の俗、女子に教ふるの学、皆『源氏』『伊勢物語』等の俗書を以てす。甚だ歎息すべきかな。此れ等の書は淫秩の事を以て楽と為し、悠艶の事を以て専らと為す。或は女子の別夫に通ずるを書き、或いは人情の及ぶ所を記し、筆力甚だ柔らかくして尤も女子の書なり。然れども此の書を以て垂戒とするの女子は今焉んぞあらんや」(山鹿素行『武教小学』、『山鹿素行全集』第一巻、四九七頁割注)。「世の人のたはぶれ往きてかへる道志らずなりぬるは、『源氏』『伊勢物語』あればにや。『源氏』は男女のいましめにつくれりといふ、たはぶれていましめんとや、いとあやし」(山崎闇斎『大和小学』、『山崎闇斎全集』第四巻、ぺりかん社、昭和五十三年〈一九七八〉復刻、一五七頁)。「『伊勢物語』『源氏物語』など、其の詞は風雅なれど、かやうの淫俗の事を記せる文を、はやく見せしむべからず」(『和俗童子訓』巻之五・教女子法、『益軒十訓 上』有朋堂文庫、大正十一年〈一九二二〉、三九七頁)。

(18) 『藐姑射秘言』(作品社、昭和二十七年〈一九五二〉)二頁。

(19) 『葎居前集』下巻(安政四年〈一八五七〉刊本)七十二丁裏。

(20) 会沢正志斎は、本居宣長が『直毘霊』で中華主義に抗して「神州」(日本)の卓越を説いたこと自体は高く評価しつつ、儒教批判のあまり折々に「其の言の過激なる」に至ることを危ぶんでいる(『読直毘霊』安政五年〈一八五八〉跋、『日本思想闘諍史料』第七巻、一〇二頁)。真淵や宣長を保守主義にカテゴライズしがちな今日の感覚からは実感しにくいことだが、ここで見た真淵の「直し」や「まこと」をめぐる論にも瞭然なように、同時代においては彼ら前期国学者たちの議論が「過激」なものであったことに注意せねばならない。

(21) 近世の堂上歌学の展開や主な歌人たちについては鈴木健一『近世堂上歌壇の研究』(汲古書院、平成八年〈一九九六〉。増補版、平成二十一年〈二〇〇九〉)を、またそこへの「誠」を中心とした宋学の影響については、大谷俊太『和歌史の近世──道理と余情』(ぺりかん社、平成十九年〈二〇〇七〉)、とくにその第一章と第三章とを参照のこと。

(22) 『日本歌学大系』第六巻(風間書房、昭和三十一年〈一九五六〉)五八〇頁。

(23) 同前、五〇八頁。

(24) 『近世歌学集成』上(明治書院、平成九年〈一九九七〉)六六一頁。

(25) 「歌はもと心を清浄にして無一物にてよむべし。我々も題にて歌よむにひとへに歌書などいろいろ見て後に何もかも皆取り捨て住所を清くし念頭を涼しくなして時雨にぬれ霞の題ならば霞に交りて詠むなり」(同前、六五七頁)。

(26) 「歌は第一に心頭の無事に基づくべし。心頭の妄想隔たれば歌宜しからず。其時無理によめば真の所へ至らず。是非ともに行んとすれば、いばらからたちにかゝりて身をそこなふがごとし。後水尾仙洞勅諚にも、禅法を知らずば歌はよまれまじきぞと仰せけるとぞ。これ心のへだてものをのぞかむが為なり」(同前、六七四頁)。

(27) 同前、一八七頁。

(28) 「いかにも無心体になるべし。心は明鏡の如し。それに用意すれば鏡に塵をためて色像をうつすに似たり」(同前、一六五―六六頁)。

(29) 同前、四四九頁。

(30) 『去来抄・三冊子・旅寝論』(岩波文庫、昭和十四年〈一九三九〉)一〇一頁。ここでも「風雅」は「誠の道」とされ、「誠を勤むる」ことが俳人に第一に求められている。

(31) 井上豊『賀茂真淵の学問』(八木書店、昭和十八年〈一九四三〉)三五二頁。また近年でも、小川靖彦は「やむにやまれぬ情動の自然なる発露を〈真〉と捉えている」点に『万葉集』解釈史上の「真淵の特徴」を見ている(『万葉集と日本人』角

川選書、平成二十六年〈二〇一四〉、一九四頁)。

(32) 「ありのまゝによむべし。心より入りてありのまゝによみ出し侍るべし。……心を第一によみてありのまゝによみ出すが今の秀逸と云もの也」(『尊師聞書』、『近世歌学集成』上巻、二三三頁)。

(33) 烏丸光栄は、歌の「稽古」を宋学的な「敬」によって心の「誠」あるいは「至誠」を達成することと捉える。「守中、敬道、何卒誠に叶はんとのみ存ずる、第一に候。其の至誠の心より、歌あがり候」(『雲上家訓』烏丸光栄公消息、『近世歌文集 上』新日本古典文学大系67、岩波書店、平成八年〈一九九六〉、二一七頁)。

(34) 「真淵の歌論」(『立命館文学』第二〇九号、昭和三十八年〈一九六三〉)一七頁。

第四節

(1) 『日本国家思想史研究』(創文社、昭和五十七年〈一九八二〉)一七三頁および一九二頁。

(2) 『群書類従』第十六輯(昭和九年〈一九三四〉)五七六頁。同書の偽書としての性格と成立年代については『日本歌学大系』第四巻(風間書房、昭和三十七年〈一九六二〉)の「解題」に拠った。

(3) 『続群書類従』第十六輯下(大正十四年〈一九二五〉)五六九頁。跋によると、親房による注解の後に宗良親王による加筆が若干行われている。

(4) 『新編国歌大観』第一巻(角川書店、昭和五十八年〈一九八三〉)二一六頁。なお、先行する『後拾遺和歌集』(応徳三年〈一〇八六〉)の序にもすでに「かのしふ(万葉)の心は、やすきことをかくしてかたきことをあらはせり、そのかみのことといまのよにかなはずしてまどへるものおほし」(同前、一〇八頁)とある。

(5) 「彼上古万葉集者、蓋是和歌之源也。編次之起、因准之儀、星序惟邈、煙鬱難披」(同前、二五八頁)。

(6) 『正徹物語』(影印叢刊三十二、和泉書院、昭和五十六年〈一九八一〉)七頁。

(7) 『近世歌学集成』上巻、二二七頁。

(8) 上野洋三は、前節で見た烏丸光栄や武者小路実蔭ら近世の堂上歌人たちが「秘伝」として珍重した朱子学的歌論を「タテマエとして保持された秘密」にすぎず、「実は何の価値もありはしない」と見ている(「元禄堂上歌壇の到達点」、『国語国文』四十五巻八号、昭和五十一年〈一九七六〉、一二頁)。ということは、彼らが事実上の認定権を保有していた二条正風や「秀逸」は、きわめて主観的な基準にすぎないということになる。また定家仮名遣いについても、鬼澤福次郎はその仮名遣いの規定根拠のうちに「自己の主観」が混入していることを指摘し、「独断的で且つ杜撰の誇を受けることを否むことはできない」と否定的に評価する(『国語学史の研究――概観・要説』国学和学研究資料集成第四巻、クレス出版、平成二十年〈二〇〇八〉、六五頁。初刊、昭和四年〈一九二九〉)。続く山田孝雄は定家仮名遣いが決して「独断」ではなく古歌・古文からの「帰納」によるものと弁護したが(『国語学史要』書肆心水、平成二十一年〈二〇〇九〉、八九頁。初刊、昭和十年〈一九三五〉)、「その標準としたものが正しくなかつた」(同前、九八頁)点に錯誤の要因を求めている。

(9) ただしこの表現は、「から国の古へ歌は国風を始めとしたり、こゝには宮ぶりを先にて、国ぶりを末とせしものと見ゆ」(『万葉考別記』二巻二四九頁)と、『万葉集』を『詩経』に擬えて捉える真淵が、『詩経』の「正雅」(盛周の宮廷儀礼歌)に「飛鳥岡本宮以上」(同書簡)の歌を配当したものである。

(10) すでに風間誠史がこの真淵による「雅び」の更新を指摘している。風間はいう。「万葉主義とは新たな雅(古典・規範)の発見であった。そして優艶・幽玄といった理念を、真淵は否定し、万葉集こそが、そしてそこに見られる「ますらをぶり」「直き心」こそが本当の雅(美的規範)であるとしたのである」(「表現の国学――賀茂真淵から橘守部まで」、『日本文学』四十八巻二号、二―三頁)。

(11) 清水正之は真淵の復古言説について、真淵は古えへの完全な復帰を目指していたわけでもなく、またそれが可能だと考えていたわけでもなく、不断の「今」と「古へ」との往復運動」(「賀茂真淵――異なる心の情景」、『国学の他者像』九一頁)を個々人の当為として、また歴史過程として思い描いていたと指摘している。また同じ箇所で真淵の「古へ」を「ならはし」「さかしら」に覆われた「今」の内に、フィルターを通じて顕わになるような陰画の如く存在するものである」と捉えるのは示唆的である。

(12) たとえば宣長は次のように述べている。「後の世のいやしき心詞にては、よき歌はよみいでがたき故に、古への雅びやかなる心詞を学びならふによりて、今思ふとたがふ事も多ければ、おのづから偽りごとになりぬるやうなれど、もとより歌は詞をほどよくとゝのふる道なれば、後の世には必ずかくなりゆくべきをのづからの理也」(『石上私淑言』、『本居宣長全集』第二巻、一七四頁)。

(13) 『近世歌文集』下(新日本古典文学大系68、岩波書店、平成九年〈一九九七〉)七〇頁。蘆庵の見た万葉歌人の弊害とは、次のようなものである。「人情は古今を通じて一般なりと言へども、言語は其時世の移るに随ふ。……万葉時代の歌詞、古今比には絶てなし。すべて詞の移ることかくの如し。……かの万葉に泥める人は、たゞ万葉の中の詞とだに言へば、時代移りて詞通じがたき理も思ひ量らず。人耳に聞えざるも厭わず」(同前)。

(14) 『賀茂真淵全集』第四巻(吉川弘文館)四一三一頁。

(15) たとえば折口信夫は真淵の代表作である県居の九月十三日の連作を引いた上で「真淵ほどの人でも、純然たる万葉ぶりの歌は、実に寥寥たるものである」といい、「賀茂翁の作物の本体」を「時代時代の歌風の上に、万葉語又は万葉の拍子を一部分に措くことによつて、其の歌の情調を古典的にひきあげる」点に見ている（『近代短歌』昭和十五年〈一九四〇〉、『折口信夫全集』第十一巻、中央公論社、昭和五十一年〈一九七六〉、二四七—四八頁）。また正岡子規は「真淵の歌にも生が好む所の万葉調といふ者は一向に見当不申候」（「歌よみに与ふる書」明治三十一年〈一八九八〉、『子規全集』第七巻、講談社、昭和五十年〈一九七五〉、二一頁）といい、斎藤茂吉も、真淵は万葉の「高く、直きひたぶるなる、丈夫ぶりの歌」を目指しながら、「彼の目ざすところまでは行著かずにしまつた」（「賀茂翁家集」大正六年〈一九一七〉、『斎藤茂吉全集』第十四巻、昭和二十七年〈一九五二〉、一九〇—九一頁）という。ただし折口も含めて、彼ら自身が近代の万葉歌人であり、伝統歌壇（桂園派）への批判、「写生」歌や「いのち」の主張、そしてナショナリズムとの関わりなど、日本近代の思想史・短歌史の文脈からの真淵評価であることに注意せねばならない。

**第五節**

（1）『本居宣長の世界』（塙新書、昭和四十七年〈一九七二〉）三〇頁。

（2）斎藤信幸宛書簡、明和五年（一七六八）六月十八日（二十三巻一五〇—五一頁）。

（3）特に音通の現象によって五十音図を予期する「五音」は平安朝から知られていたが、それは中世歌道においては一種の秘伝であった。五十音図の来歴については山田孝雄『五十音図の歴史』（宝文館、昭和十三年〈一九三八〉）および馬淵和夫『五十音図の話』（大修館書店、平成五年〈一九九三〉）を参照のこと。また今日ではわかりにくい、いろは歌と五十音図との性格の相違については、長志珠絵が大国隆正の議論に即して「庶民教育の手習いが想定されるような一連の文字のまとまり」と「五十聯の声が秩序化され、天地との相関で言われてきたいわば聖なる「五十音図」「五十韻」」と、巧みに説明している（「文字と音声——十九世紀言語論の相剋」、『近代日本と国語ナショナリズム』吉川弘文館、平成十年〈一九九八〉、二六二頁。初出、平成八年〈一九九六〉）。

（4）『国語学大系』第七巻（昭和十三年〈一九三八〉）四一頁（原漢文）。

（5）『新井白石全集』第四巻（昭和五十二年〈一九七七〉）三九七頁。

（6）『本居宣長全集』第五巻（昭和四十五年〈一九七〇〉）三九五頁。

（7）『契沖全集』第十巻（岩波書店、昭和四十八年〈一九七三〉）一一九頁。

（8）松田好夫は真淵の『語意考』が先に成立して、谷川士清の「倭語通音」に影響を与えたと見た（『語意・書意』「解説」、岩波文庫、昭和十六年〈一九四一〉、九〇頁）が、北岡四良はこの説に反対して「両者の関係は全く独立して何等の交渉はなかったと考えてよいであろう」と結論づけている（「真淵と士清」、『近世国学者の研究』故北岡四良教授遺著刊行会、

昭和五十二年〈一九七七〉、一七頁。初出、昭和十七年〈一九四二〉)。

(9) 真淵は次のように述べている。「我上つ代より伝れる、五十連の音の事、後世には、たゞ竪音の通ひ、同反、或は歯音、舌音、云々の事のみを知て、清濁の通ひ、又横音に必例多く、実に神の御わざなる、妙なる事多きを、知人なし」(『祝詞考』序、七巻一七七頁頭注)。

(10) 嘉永五年(一八五二)刊本、二丁表。

(11) 『増補大国隆正全集』第四巻(有光社、昭和十三年〈一九三八〉)二四一頁。

(12) 鬼澤福次郎『国語学史の研究』二三一頁。

(13) 『五十音弁誤』(大正十一年〈一九二二〉写本、神宮文庫蔵)七丁表。

(14) 同前、二丁裏。

(15) 『増補大国隆正全集』第四巻、二四二頁。

(16) 同前、二四三頁。

(17) 同前、二六四―六五頁。ただし隆正自身、そもそも五十音図と語源への関心から出発し、「アイウエオ」と「ハヒフヘホ」の「和合」から「アハハ、イヒヒ、ウフフ、エヘヘ、オホホ」などの「笑」が生じて人倫秩序の根本となる(『本学挙要』上、『増補大国隆正全集』第一巻、有光社、一九三七年、一〇頁)などと語呂合わせめいた説を説いていたことも指摘しなくては片手落ちであろう。隆正前半生の語学への関心と具体的な研究内容については、松浦光修『大国隆正の研究』第一章(大明堂、平成十三年〈二〇〇一〉)を参照のこと。隆正の『通略延約弁』の主張は音通説の完全否定ではなく、その濫用の批判にある。

(18) 『本居宣長全集』第一巻、六頁。

(19) 菅野覚明は、契沖・真淵の本義研究と宣長・富士谷家のテニハ・脈絡研究とを大きく区別し、前者は六条派の『万葉集』研究に淵源して徂徠学に代表される儒学の「本義」研究と通底し、後者は二条派の「テニハ」研究に淵源するという、思想史と言語研究史とにまたがる見取り図を描き、「語義研究と脈絡研究という二大流派の存在は、近世思想史を考える上できわめて重要な指標として見直されてよいように思われる」と指摘する(『本居宣長』二六七頁以下)。本書はこの示唆に導かれて、菅野が究尋したテニハ・脈絡研究とは逆の方向、すなわち徂徠や真淵による語の「本義」研究の射程を確かめようとした試みでもある。

(20) 以後の活用研究は、鈴木朗の『活語断続譜』(文政七年〈一八二四〉以前)が活用を七段に分けたように、五十音図(五段)からの解放として進展した。少なくとも今日の文典に至るものとして評価される研究の進展方向はそちらであった(山田孝雄『国語学史要』二〇五頁)。五十音に拘泥した学者たちは音義言霊派や神代文字派へと流れたのである。

(21) 「言霊」の存在への確信こそが、日本語に纏わる真淵の言説の基柢をなしているのではないか」という樋口達郎の指摘がすでにある(「賀茂真淵の言語観(二)」、『国学の「日本」

――その自国認識と自国語認識』北樹出版、平成二十七年〈二〇一五〉、一七三頁）。しかしその信ぜられている日本語の理法ないし秩序が、実体的・人格的な「言霊」ではなく、「おのづから」や「天地」云々といった非実体的で法則的なものと観念されているのが、後代の言霊派と区別される真淵特有の重要な態度ではないかと考える。樋口の指摘するとおり『語意』全体に於いて、真淵が直截に「言霊」という語を持ち出すのは、僅か一箇所に過ぎない」のである（一七四頁）。

(22)『語意・書意』「解説」八七頁。また「真淵の国語観は右のやうに、歴史的科学的なものではなく、先験的正規的なものである。そして国語とその国語を統率してゐると考へる五十音とを神格化した」（同前）と指摘し、あるいはその語義研究を「先験的正規的国語観を根柢とした言語理解」（九〇頁）と捉えるのは、真淵の国語研究の態度を的確に概括した評価であると思われる。

(23)井上豊は真淵の「しらべ」を「音調・声調といったやうな音楽的外形的意味」あるいは「外形的韻律」と説明している（『賀茂真淵の学問』三五五頁）。井上の説明が示すとおり、真淵の「しらべ」は、正確には五・七の音数にとどまらず、音数の正しさを前提としたうえでの音響の上での諧調にも及ぶ概念である。

(24)「五言・七言は天地の中に音をもて云物は必ず五言・七言なり」（明和四年〈一七六七〉某氏宛返書、一三頁）と述べられるように、真淵にとって五・七の音律は、日本語のみでなく全世界のあらゆる音の中に見出される普遍的なリズム（「拍子」）と観念されている。

(25)『言霊のしるべ』六丁表。ただし翁満自身は言霊派ではない。

(26)『源氏物語古注釈集成』第二十一巻（おうふう、平成十年〈一九九八〉）六四頁。

(27)林圀雄『皇国の言霊』（文政十年〈一八二七〉刊本）二十五丁裏。

(28)同前、二十七丁表。

(29)同前、三丁裏。

(30)岩根卓司は、高橋残夢と富樫広蔭とが、平田篤胤の「神代における天地創造神話と〈音韻言語の道〉の生成過程を同じ地平から語り出していく」態度を継承し、それぞれ天地開闢と折々の発語とを一種のマクロコスモスとミクロコスモスとの照応関係として捉えてゆく過程を詳説している（「言葉の〈始原〉とコスモロジー――幕末国学言語論の思想的位相」、『日本思想史研究会会報』三〇号、平成二十五年〈二〇一三〉）。このとき篤胤と残夢とは「ア」にそろって注目し、他の音に対する特権性を認めている。

(31)広蔭によれば、たとえば「と」は「一カタマリニナリテナガクツヾキモスル義」（『言霊幽顕論』明治五年〈一八七二〉写本、神宮文庫蔵、二十三丁裏）「ら」は「ヒラケタルモノヲウケタモツ義」（二十六丁表）を先験的に有している。またたとえば「う」は天之御中主神、「ぬ」は活杙神に対応する（十八丁表）。

(32) 堀茂成写本（旧神宮皇學館蔵書・名古屋大学図書館蔵）四十二丁裏、七十六丁裏。

(33)『出口王仁三郎全集』第五巻（天声社、昭和十年〈一九三五〉）一五頁。

(34)「言挙げする時は天地やがて幸はへたまへれば、これを「言魂の幸はふ国」となんいひける」（「新田侍従の母の六十の賀をいはふ詞」、二十一巻九五頁）。

(35)『皇国の言霊』一丁裏。

(36) しかしこの「あ」字の特権性とその五十音図の上での自在な収縮とは、悉曇学と、悉曇を「真言」とする真言教学の基本前提にほかならない。現に空海は「法身に「阿」の義有り、所謂法身とは諸法本不生の義なり」（『声字実相義』、『定本弘法大師全集』第三巻、密教文化研究所、平成五年〈一九九三〉、三八頁。原漢文）、「此の「阿」の字等は則ち発心如来の一一の名字密号なり、……名の根本は法身を源と為す。彼れより流出して稍転じて世に流布するの言となるのみ」（同前、四〇頁）と述べている。また真言僧である契沖は『和字正濫抄』に五十音図を掲出しつつ、「阿」は「韻に有りながら音にて、竪には「いうえを」を生じ、横には「かさたなはまやらわ」を生ず」（『契沖全集』第十巻、一一六頁）、また「諸音を皆「阿」の中に納めて失はぬは任持なり、諸音「阿」より出るは引生なり」（同前）と「あ」の特権性とその五十音図上での収縮をすでに縷説している。真淵が執拗に五十音の秘伝を師の荷田家（伏見稲荷神官家）伝来のものと強調する態度に、長志珠絵が「従来の五十音図から「悉曇学」の枠組みを排除するという戦略」を読み取るとおり（『近代日本と国語ナショナリズム』二五六頁）、真淵には五十音図の悉曇由来という起源を隠蔽しようとする傾向がある。真言僧になろうと志したこともあった真淵が説く「あ」の収縮は、きわめて高い蓋然性でもって、じつは悉曇学の阿字観からの借用であると考えられるのである。

(37)「真淵の初期活動――『百人一首』を中心に」（『賀茂真淵の研究』青簡舎、平成二十八年〈二〇一六〉）一一六頁以下（初出、平成二十年〈二〇〇八〉）。

(38)「後鳥羽院の御時、『古今集』の中面白き歌を定家・家隆に御尋ねありし時、両人ながらこの歌を撰び申しけるとなん」（『古今集童蒙抄・校本古今三鳥剪紙伝授』古今集古注釈書集成第一期七、笠間書院、平成二十五年〈二〇一三〉、一四七―四九頁）。

(39) 真淵はここで明らかに「在明の」を「冠辞」と見ているが、無論「月」と「在明の月」とは明らかに指示対象が異なる以上、普通「在明の」は枕詞（冠辞）とはいわれないはずである。現に真淵自身、『冠辞考』の「阿の部」には「ありあけの」を採録していない。

(40) 真淵が後代の歌の弊を「言ひ詰める」点に見ているという高野奈未の指摘は重要である。高野のいう「言ひ詰める」とは、「俳諧的で余情のない表現を用いること」（『賀茂真淵の研究』「まえがき」三頁）であり、それはより詳しくいえば（五句三十一字の）「容量に見合わない内容を一句で表現する」こと（「真淵の当代和歌批判」、同前、一九頁。初出、平成十八年〈二〇〇六〉）、または「歌の詠み手が看取すべき情趣」や「理」を「言い切っている」こと（同前、二三頁）である。つまり逆に「言い詰めない」あるべき歌とは、詠み手が三十一文字に表現したい内容を詰め込まず、それゆえどこか手放しなところがあり、さらりとあなたに委ねたところのある歌なのである。それは冠辞を「はたらかせ」ないありようと構造を一にするものと考えられる。

(41)「賀茂真淵における「ひとつ心」——〈空虚〉の内部構造について」（『上田秋成論』ぺりかん社、平成十九年〈二〇〇七〉。初出、平成十二年〈二〇〇〇〉）なお、内村はこの「真心」＝「一つ心」について「その内実はほとんど空疎である」（三九六頁）と指摘し、この真淵の内的分節をもたず曖昧に情感にもたれかかった「心」の捉え方が、その後の近現代にまで至る他者意識や規範意識を欠いた「心情の独我論」（四三五頁）の源流をなしたと見ている。しかし真淵の「真心」＝「一つ心」や、これを継受した宣長の「実情」（『排蘆小船』）など国学者の主張する「心」の内実が曖昧なのは、ひとえに彼らが表現の現場に即してのみ「心」を語るからではないのかと著者には思われる。要するに真淵は「心」が「隠さず」「直く」表現されているか否かという表現過程のみに注目しており、表現される「心」の中身には本質的な関心を有しておらず、それが内村の見る「真心」＝「ひとつ心」の内実の空虚さにつながるのではないかと考えられるのである。

### 第六節

(1) 前田勉「「武国」日本と儒学」（『兵学と朱子学・蘭学・国学』第二章。初出、平成十年〈一九九八〉）の一〇九頁以下に諸思想家の「武国」言説とその内容とが手際よくまとめられている。

(2) 「印牧梁月宗奕居士肖像」（『続群書類従』第十三輯上、大正十四年〈一九二五〉）四一七頁。

(3) 「日本は小国にて金銀多し、異国より望むといへども、武国故にとり得ず」（『集義和書』巻十一、有朋堂文庫、大正十年〈一九二一〉、三三八頁）

(4) 『山鹿素行全集』第十三巻（昭和十五年〈一九四〇〉）一七五頁および一九一頁。

(5) 『新修平田篤胤全集』第八巻（昭和五十一年〈一九七六〉）六九頁。

(6) 『増補大国隆正全集』第一巻、一七〇頁。

(7) 『仁斎日札・たはれ草・不尽言・無可有郷』（新日本古典文学大系99、岩波書店、平成十二年〈二〇〇〇〉）一七一頁。

(8) 『新修平田篤胤全集』第七巻（昭和五十二年〈一九七七〉）九三頁。

(9) 『伴林光平全集』下巻（湯川明文堂、大正八年〈一九一九〉）五六頁（原漢文）。

(10) 鈴木重胤の生涯と思想、またその暗殺の経緯については谷省吾『鈴木重胤の研究』（神道史学会、昭和四十三年〈一九六八〉）を参照のこと。

(11) 『厳橿本歌集』乾（短歌部）（大正十五年〈一九二六〉写本、皇學館大学附属図書館蔵）七十九丁裏。

(12) 「書よみの弱き博士を坑にしてえみしをうたむ時しまたるも」（同前、八十丁表）。

(13) 『安藤昌益・佐藤信淵』（日本思想大系45、岩波書店、昭和五十二年〈一九七七〉）四二六頁。

(14) 同前、四三〇頁。

(15) 篤胤自身が抱えたきわめて私的・個的な問題が、公的・国家的なものへと回収され、攘夷という形で発現する過程については、吉田真樹『平田篤胤――霊魂のゆくえ』（講談社学術文庫、平成二十九年〈二〇一七〉。初刊、平成二十三年〈二〇一一〉）を参照のこと。

(16) 『北一輝全集』第一巻（みすず書房、昭和三十四年〈一九五九〉）二六九頁。

(17) 中世武士団の具体的な姿については、石井進『中世武士団』（講談社学術文庫、平成二十三年〈二〇一一〉。初刊、昭和四十九年〈一九七四〉）を参照のこと。

(18) 三方原合戦の経緯については高柳光寿『三方原の戦』（春秋社、昭和五十二年〈一九七七〉）に拠った。

(19) 「大久保忠世、天野康景ニ云ケルハ、「斯ノ如ク敗績ノ後居スクミニシテ働カザレバ弥敵ニ凌ガルヽモノナリ。夜蒐シテ敵ヲ脅ヤカスベシ」ト諸手ノ勇士ノ内、火砲ノ上手ヲ撰ブニ、終ニ銃手十六人ヲ求メ得タリ。是ニ究竟ノ兵ヲ加ヘ凡ソ七十余人、案内者ナレバ間道ヲ廻リ、敵陣ノ後ナル寺ヲ焼、立チ忍ビ寄テ鳥銃ヲ打カケル。敵ハ味方是程微勢タルベシトハ思ヒヨラズ、軍卒頻リニ躁ギ立テ犀ガ磯ヘ落入ル」（『遠州味方原戦記』、『四戦紀聞』巻之二、弘化三年〈一八四六〉刊本、二十三丁表―裏）。

(20) 岡部政定の三方原合戦・犀ヶ崖夜戦への従軍と、家康からの褒美の拝領とは、すでに百五十年以上を経過した真淵の記述以外の文献にも見えており、その事実性は高いものと考えられる。「鉄砲十六挺ニアラズ、百余挺ト云、然ドモ伊場村権兵衛先祖相祖次郎左衛門〔政定〕、不意ト云物ヲ以テ、自分ノ鉄砲ニ交リテ石ヲ打掛候ト云、然ラバ鉄砲少ナキ歟、此次郎左衛門、三方原御引取ノ節モ御供仕、粉骨ヲ尽候ニ付、御保美御刀拝領、于今家ニ持伝候」（『浜松御在城記』延宝～天和年間〈一六七三～八四〉、『浜松市史』史料編一、昭和三十二年〈一九五七〉、三〇頁）。この史料によれば、家康の政定への御感は犀ヶ崖夜戦での奮戦ではなく、同日午後の三方原から浜松城への退却に扈従したことにあったようである。

(21) 『三河物語・葉隠』（日本思想大系26、岩波書店、昭和四十九年〈一九七四〉）二九頁。

(22) 『武士道の逆襲』（講談社現代新書、平成十六年〈二〇〇四〉）八三頁。

(23) 『定本葉隠』上（ちくま学芸文庫、平成二十九年〈二〇一七〉）一一六頁。

**第七節**

（1）前掲『日本経済叢書』第六巻、二四一頁。

（2）『星湖僿説』第十二（慶熙出版社、一九六七年）上四二七頁。

（3）戚継光から徂徠への思想的継受関係については、野口武彦『江戸の兵学思想』（中央公論新社、平成十一年〈一九九九〉。初刊、平成三年〈一九九一〉）および前田勉「中国明代兵家思想と近世日本」（『兵学と朱子学・蘭学・国学』）、とりわけ後者に詳しい。

（4）戚継光の生涯と思想については「戚継光」（『中国軍事史』第五・兵家、解放軍出版社、一九九〇年）、および趙楓「戚継光的軍事倫理思想」（『中国軍事倫理思想史』軍事科学出版社、一九九六年）とを主に参照した。

（5）「孫武の法、綱領は精微にして加ふること莫し。詳細節目に下手するに第んでは、則ち一として及ぶこと無し。猶ほ禅家の所謂「上乗の教」のごときなり。下学する者、何に由りてか以て措かん」（『紀效新書』〈十八巻本〉自序、中華書局、二〇〇一年、二頁。原漢文）。

（6）浅野裕一「十三篇『孫子』の成立事情」（『島根大学教育学部紀要』人文・社会科学、一三号、昭和五十二年〈一九七七〉）。また春秋時代の戦車戦の担い手が貴族および国人であり、戦国時代の歩兵戦の担い手が階層的に下降した国人および庶人であったことについては、「西周的兵制」「春秋時期的兵制」「戦国時期的兵制」（『中国軍事史』第三・兵制、解放軍出版社、一九八七年）に具体的な編成や訓練課程とともに詳説されている。

（7）それぞれ、「之れを往く所なきに投ずれば、死すとも北げず。……已むを得ずして戦ふなり」（『孫子』九地篇）、「夫れ金鼓旌旗は、人の耳目を一にする所以なり。人既に専一なれば、則ち勇者も独り進むを得ず。怯者も独り退くを得ず。此れ衆を用ふるの法なり」（軍争篇）、「勝者の民を戦すや、積水を千仞の谷に決するがごときは、形也」（形篇）。

（8）中国古代の兵学思想の沿革については、湯浅邦弘『中国古代軍事思想史の研究』（研文出版、平成十一年〈一九九九〉）および同『戦いの神——中国古代兵学の展開』（研文出版、平成十九年〈二〇〇七〉、特にその第三章）に多くを学んだ。

（9）「紀效或問」（『紀效新書』〈十八巻本〉）一三頁（原漢文）。

（10）同前、一五頁（原漢文）。

（11）「徂徠曰、「日本ニ節制ノ軍法ナシ。皆武士ノハタラキ也。コレニ因リテ『鈐録』ヲ著セリ。和流ノ軍法ニ曾テナキコトヲ著シケル」ト春台語レリ」（『文会雑記』三一七頁）。

（12）前掲『兵学と朱子学・蘭学・国学』八六頁。

（13）中国の歴代兵制については雷海宗「中国的兵」（『中国文化与中国的兵』商務印書館、二〇〇一年。初出、民国二六年〈一九三七〉）、および『中国軍事史』第三・兵制（解放軍出版社、一九八七年）、特に後者の「前言」に簡明にまとめられている。

(14)「呉起魏の将と為りて中山を攻む。軍人に疽を病む者有り。呉起跪きて自ら其の膿を吮ふ。傷者の母立ちて泣く。人問ふて曰く、「将軍の若の子に於けること是の如くなるに、尚ほ何為れぞ泣く」と。対へて曰く、「呉起其の父の瘡を吮ひて父死せり、今是の子又将に死せむとす、今吾是を以て泣く」と」(『韓非子』外儲説左上篇)。

(15) 天野鎮雄はまさにこの『孫子』の「金鼓旌旗」は「衆を用ふるの法」と説く条(軍争篇)を注解したのち、日本の騎馬武者による伝統的な「一対一の個人戦」は孫子が予期する「組織戦」とは別物であり、「このような戦闘方法は、いま引用したこの篇の文〔金鼓旌旗~〕とはまったく異なる」と付言している(『孫子・呉子』新書漢文大系三、明治書院、平成十四年〈二〇〇二〉、七一頁)。

(16) 源平合戦の際の源氏の白旗・平氏の赤旗に有名な旗と、後代、特に戦国時代に多用された幟とは、一般に側面に乳をつけ、竿を通すか否かによって別れる。新井白石によれば、康正二年(一四五六)、畠山政長と義就とが畠山家の家督争いから合戦に至った際、「彼等モト一族ノ中也シカバ、其旗同ジクシテ敵味方ワカチガタカリトテ、政長ヤガテオノガ旗ニ乳ツケテ竿ニサシ」た。そして「其ノ代ノ人皆コレニ倣テ旗ノ制度一変シキ。後世ニイハユル乃保利コレ也」(『本朝軍器考』巻一、宝永六年〈一七〇九〉序、『新井白石全集』第六巻、二八八頁)。この旗から幟への歴史的な移行自体が、徂徠の嘆く旗の非体系性・不分別性を証示しているのである。

(17)『武士道全書』第一巻(時代社、昭和十七年〈一九四二〉)三一三頁。

(18)「夫れ金鼓旌旗は、人の耳目を一にする所以なり。人既に専一なれば、則ち勇者も独り進むを得ず。怯者も独り退くを得ず。此れ衆を用ふるの法なり」(『孫子』軍争篇、前出)。

(19)『紀効新書』二五九頁。

(20)『定本葉隠』下、一八一頁。ただしここで鍋島茂里が念頭に置いているのは、先年の大坂冬の陣である。

(21)『仮名草子集』(新日本古典文学大系74、岩波書店、平成三年〈一九九一〉)四一頁。

(22)『色部史料集』(新潟史学会、一九六八年)の五五―五七頁に色部、平賀、奉行の河田ら当事者たちの一連の書簡を載せる。また鷹羽紋をめぐる争いについては渡辺三省『本庄氏と色部氏』(戎光祥出版、平成二十四年〈二〇一二〉)の六〇頁以下に経緯がまとめられている。

(23) 永禄四年(一五六一)九月十三日上杉謙信書状、『色部史料集』四五頁。

(24) 永禄六年(一五六三)十二月八日河田長親書状、『色部史料集』五六頁。

(25) 傾斜地の計略は「勝者の民を戦すや、積水を千仭の谷に決するが若きは、形也」(『孫子』形篇)。金鼓旌旗に合わせた行動の身体化・反射化は「凡そ爾們の耳は只だ金鼓を聴き、眼は只だ旗幟を看、夜は高招の双灯を看る。……只だ是れ一味に旗鼓号令を看る、兵は各の把綜〔隊長〕を看、把綜は中軍〔司令部〕を看る。如し鼓を擂りて進むに該たりては、就きて是れ前面に水有り火有りても、若し鼓を擂ること住らざれば、便ち火の裏・水の裏に往きて、也た前去するを要す。如し金を鳴らして退くに該たりては、就きて是れ前面に金の山・銀の山有りても、若し金鳴りて止まずんば、也た令に依りて退回するを要す」（『紀效新書』第二、六二頁。原漢文）。退却者の処刑は「如し已に鼓の声を聞きて遅疑して進まざれば、即ち軍法を以て斬首す」（同前、第二、六五頁。原漢文）。

(26)『孫子・唐詩選』（漢籍国字解全書第十巻、早稲田大学出版、明治四十四年〈一九一一〉）二九九頁。

(27) 前田勉「『孫子国字解』の思想」（『近世日本の儒学と兵学』ぺりかん社、平成八年〈一九九六〉）二四七頁（初出、昭和五十九年〈一九八四〉）。

(28)「兵学と「聖人の道」の接点」（『近世日本の儒学と兵学』）二六五頁以下。

(29)「またこれは味方の士卒に対してもそうである。士卒を統御する時にも、孫武は詐術を用いることをもとめている。……孫武の「兵以詐立」はただ敵に対してのみ言われたもののように認識されているが、上に述べた所を参看すると、孫武が士卒を統帥する方面にあっても詐術を勧めていることは疑われない」（『中国軍事倫理思想史』五頁。原中文）。なお孫子とならんでもうひとり早い時期に味方への詐術を説いたのはもちろん、〝西〟の軍事学の祖となったフィレンツェ人にほかならない。

(30)「天、民を生じて之が君を立て、之を司牧せしめ、性を失はしむること勿し」（『春秋左氏伝』襄公十四年）。

(31) 小川和也は、元の張養浩による『牧民忠告』が近世日本の領主層に広く受容され、「牧民」観念が「江戸の治者意識」を形成してゆく過程を『「牧民」の思想――江戸の治者意識』（平凡社、平成二十年〈二〇〇八〉）に辿っている。

第八節

(1)「吾人只だ当に力を尽くして以て朝廷に報ずるべきなるのみ、功名の事は、命に安んじて以て其の自ら至るを俟つ」（『練兵実紀』中華書局、二〇〇一年、一七七頁。原漢文）。

(2)「爾們、兵に当たるの日、刮風下雨と雖も袖手高座し、少かも行くことを得ずしても、月に二糧なり。這の銀・米は是れ官府の徴して地方に派はし、百姓の弁納して来たれるなり。爾、家に在りては那箇ぞ是れ種を耕し百姓たらざるか。爾、肯へて家に在りて田に種まく時の弁納の苦楚艱難を思量し、即ち当に今日食料の容易なるを思量するべし」（同前、六五―六六頁。原漢文）。

(3)『謡曲百番』（新日本古典文学大系57、平成十年〈一九九八〉）三〇二頁。

(4)『沙石集』（日本古典文学大系85、昭和四十一年〈一九六六〉）二二四頁。

(5)『藤原惺窩・林羅山』（日本思想大系28、昭和五十年〈一九七五〉）二九三頁。

(6)『井蛙抄 雑談篇――注釈と考察』（和泉書院、平成十八年〈二〇〇六〉）一二三―一二四頁。

(7) 菅原令子「『堀川波鼓』における「まことの恋」」（『倫理学年報』第六五集、平成二十八年〈二〇一六〉）は、この武士（小倉彦九郎）による妻の手討を、近松が武士の暴力性や非人間性の告発を意図して仕組んだのではなく、かえってそれを或る逆説的な仕方での倫理性を帯びた「恋」や「まこと」の発露として演出しようとしたことを説得的に説明している。

(8) 二代秀忠の慶長二十年法度から四代家綱までは第一条は「文武弓馬之道、専ら相嗜むべき事」のまま、五代綱吉によって「文武忠孝を励し、礼義を正すべき事」（天和三年〈一六八三〉）と儒教色を加味され、六代家宣に至って「文武之道を修め、人倫を明かにし、風俗を正しくすべき事」（宝永七年〈一七一〇〉）とさらに「文」に傾斜し、以降の九代はこの文言のままであった（『徳川禁令考』巻一上、六一頁）。

(9) 周王朝の創始者たちのみでなく、『書経』大禹謨篇には夏王朝の禹王の「帝徳」を「乃ち武乃ち文」と讃えている表現もみえる。ただし「大禹謨」篇は周知のとおり後代の作の疑いが濃厚な、所謂〝偽古文尚書〟の一篇である。

(10)「無兵的文化」（『中国文化与中国的兵』）一〇二頁。また雷は秦以降の「漢族」のエートスを周辺諸民族との対比で「文弱の習気」と規定している（一二五頁）。

(11)「春台、平家物語ノ小松殿教訓ノ段ヲ語ラセテ聞レシニ、落涙ニ及バレシ」（『文会雑記』三一二頁）。平家一門の存続のために横暴をつくす父・清盛に対して儒教的な礼秩序や君臣観を説く重盛に春台が感涙するというのは象徴的である。

(12)『室町物語集 上』（新日本古典文学大系54、岩波書店、平成元年〈一九八九〉）一三九頁。

(13)『日本随筆大成』第三期四、八四頁。

(14)『謡曲百番』四一頁。

(15) 相良亨『世阿弥の宇宙』（『相良亨著作集』第六巻、ぺりかん社、平成七年〈一九九五〉）三八九頁以下を参照のこと（初刊、平成二年〈一九九〇〉）。

## 結論と展望

(1) 禅学から朱子学、さらに陽明学へと流れるこの「心」の教説の主流については、荒木見悟「心の哲学」（『陽明学の位相』研文出版、平成四年〈一九九二〉）に詳しい。

(2)『日本歌学大系』第六巻、一五七頁。

(3)『古代中世芸術論』二五二頁。

(4) 同前、二五四頁。

(5)「朱子学派は其中に尚ほ幾多の分派あるに拘らず、洵に単調なり、「ホモヂニオス」なり」（『日本朱子学派之哲学』冨山房、明治三十八年〈一九〇五〉、五九八頁）。しかしその巽軒先生の「砲声一発浦賀の夢を破って……」という調子の東大での講義を、夏目漱石が『三四郎』（明治四十一年〈一九〇八〉）で皮肉っていることも付言しなくては公平を欠くであろう。当の三四郎はそれなりに「おもしろがって」はいたのだが。

（6）『丸山眞男集』第十三巻（岩波書店、平成八年〈一九九六〉）三七頁。

（7）同前、三八頁。

（8）相原耕作は『論語徴』顔淵篇（四巻四八四頁）での徂徠の個人的な「善意」の捉え方を次のようにパラフレーズしている。「例えどんなに善意で行動しても、人々の間に様々な反応を呼び起こし、意図せざる結果が生じることは避けがたい。政治が多数の人間に関わる営みである以上、個人の善意に依拠するのは危険なのである」（「古文辞学と徂徠学——荻生徂徠『弁道』『弁名』の古文辞学的概念構成」六・完、『法学会雑誌』五十一巻二号、平成二十三年〈二〇一一〉、二四六頁）。

（9）「無益に似たる言に雅は有る也」（『うひまなび』一二頁）。

（10）『本居宣長全集』第一巻、二三一頁。

（11）『近世職人の世界』（日本職人史の研究3、雄山閣出版、昭和六十年〈一九八五〉）二五頁。

（12）『大森界隈職人往来』（岩波現代文庫、平成十四年〈二〇〇二〉）一〇八頁（初刊、昭和五十六年〈一九八一〉）。

# あとがき

大半の中学生にとって、夏休みの読書感想文の課題は物憂いものである。今から二十年前、田舎の公立中学の無気力でひねくれた生徒であった私にとって、夏休みはそんなに明るくも輝かしくもなかったけれども、この面倒臭い宿題への気の進まなさは人後に落ちたものではなかった。いやいやながら私がこの宿題にとりかかったのは、夏休みの最終日までもう間もない、八月末のある夜のことだった。窓の網戸の向こうの闇はすでに深い秋のもので、地虫の声がどこからか微かに聞こえた。

私は居間のテーブルの上に原稿用紙を広げ、鉛筆を握り、――しかしそのまま動けなくなった。冒頭第一行、第一字に置かれるべき「僕」という言葉がどうしても書き出せなかったのである。学年主席で幼い時からヴァイオリンをならっている生徒会長のFや、サッカー部のキャプテンのMは、なんの躊躇いもなく「僕は……」と書き出し、つまらなさそうにこの宿題を仕上げ、何か楽しい夏休みの計画にとりかかることだろう。しかし彼らが自分を「僕」と名指すのならば、地方の公立中学の生徒が誇りうる諸々のもの、――つまり容姿・腕力・運動神経・話力・不良とのコネ等々を何一つもたない私は、「僕」とは別の、何か誰も知らない一人称で書き始めねばならないはずであった。彼らが「僕」であるならば、私は断じて「僕」ではないからである。真っ白な原稿用紙は、鉛筆に対してほとんど物理的なまでの抵抗をしめした。

私はあまりにも長いことその姿勢のまま固まっていたらしい。炯々と蛍光灯が照らす下で、時計の秒針の音がいやにゆっくりと響き続けていた。しかし時間の観念自体が消え去ったような真夜中のある瞬間、ひとつの想念が生まれた。――私は「僕」と書き出してよいのだった。現実の教室ではFやMのような健全な生徒たちと私とは重く粘っこい透明な膜に隔てられていて、自分を彼らと同一視するような不遜は許されていないけれども、文章の世界では彼らも私もひとしなみに「僕」と書き出してよいのであった。言葉の中でだけはそれはどこまでも許されている。私の鉛筆はもう震えなかった。

「僕」という第一字が記された後、文章はほとんどオートマティックに成った。私が考えるよりも速く鉛筆は滑りゆき、主語は述語を、係りは結びを、関係節は主節を、互いに予期し、導き出し、自律的に原稿用紙の上に文章を成していくようであった。いつも青ざめた顔をした片田舎の中学生に、こんなにも暗澹としたきらびやかな内面がひそんでいたことに、我ながら目をみはる思いであった。私を取り巻く世界はいつも私に対してよそよそしかったが、言葉が言葉を結んでゆくその体験の中で、はじめて万物はあるようにあり、はじめて私が生まれてきたことの意味は瞭瞭とそこにあり、――つづめていえば、はじめて世界は私に親しかった。

気がつくともう窓からは夏の朝の光がまばゆく差し入っていて、完成した原稿を前に、私は自分がおびただしく涙を流していることを知った。それよりこのかた私は、本書に紹介したいく人かの言霊派の学者たちと同等かそれ以上に、「言霊」の働きと幸《さき》わいとを信じている。

このような私的なことを縷々述べきたったのは、本書で取り扱った思想史上の形象が、決して過去の骨董品ではなく「現代思想」として扱われていることを、改めて強調したいためである。徂徠や真淵のテクストを読んだ時、私に強烈な印象を与えたのは二百五十年前のすでに本質的にはかたの付いた古い道徳論議ではなく、彼らが私にもっとも親しいあの場面から、すなわち世界に私と鉛筆と原稿用紙としかないあの静かで豊かな孤独から、ものを言おうとしているということであった。むろんあの時の文章は中学生らしく陰惨な自意識に満ち満ちてとても今読めたものではないし、そもそもこの小文も含めて「僕は……」「私は……」ではじまる文章などろくなものであるはずがない。しかし「わたしにとって切実な課題がわたし以外の人々にとって切実でないはずがない」（吉本隆明『共同幻想論』昭和四十三年〈一九六八〉）ことをこの本の著者もまた信じているだけではなく、そんな現場は誰にもそれぞれにあり、そしてそれこそが私たちの生活の底の底を支えている当体であるということもまた、私のかぼそい信のうちに含まれている。所詮はマスコミと経済との速度で乱れ飛ぶものにすぎない諸々のイズムやおしゃべりは、各々の仕事場に一歩入れば静かに語止《ことや》めてしまって、ただそこには無限にもの深い現場と、張り詰めて充実した緊張感だけが残る。そのような現場の集合こそが私たちの社会を形作っている。これが私の生まれ落ちた国が有した、もっとも美しい思想ではなかっただろうか。

本書は平成二十五年（二〇一三）九月に東京大学大学院人文社会系研究科に提出した博士論文に加筆・修正を加えたものである。加筆箇所は大量かつ多岐にわたり、ほとんど原型をとどめていない。翌平成二十六年（二〇一四）二月に行なわれた博士論文審査にあたって頂いたのは、五十音順に、苅部直、菅野覚明、熊野純彦、黒住真、長島弘明、頼住光子の六先生である（とんでもない顔触れである）。審査の場で頂いた御質問やコメント、アドヴァイスがその後の改稿作業の基となった。博士論文自体は所属研究室（東大倫理学科）の一種の慣例として、既発表論文を集めたものではなく書き下ろしであるが、随所に旧稿の知見を利用した。その主なものと発表媒体・発表年月は次のとおりである。

「近世儒者の『詩経』観——国学者の国歌観との対照のための予備的考察」、『思想史研究』十三集、思想史・思想論研究会、平成二十三年（二〇一一）

「技術の思想としての徂徠学」、『倫理学紀要』十八輯、東京大学文学部倫理学研究室、平成二十三年（二〇一一）

「悲泣する人間――賀茂真淵の人間観」、『倫理学年報』六十一集、日本倫理学会、平成二十四年（二〇一二）

また改稿に際しては、博士論文提出後に発表した次の論文の内容を大いに活用した。

「荻生徂徠と芸道思想」、『思想』一一一二号、岩波書店、平成二十八年（二〇一六）

本書が成るまでにはむろんさまざまな方の学恩を賜ったが、菅野覚明先生と黒住真先生とには別して御礼を申し上げたい。大学院修士課程より日本思想史研究を志してこのかた、私は和学を菅野先生に、漢学を黒住先生に、それぞれ学んだ。もしも近代以降の「研究者」が研究対象を標本箱にピン留めし、ピンセットでいじりまわすように眺める人のことだとすれば、お二人はともに国学「研究者」や儒教「研究者」であるというよりは、ただしく国学者であり、儒者である。そのようなお二人を師と仰ぎえたことに、今さらながら値遇の感を新たにする。

また本論の出版に際しては、勤務校の皇學館大学より平成三十年度（二〇一八）の出版助成を頂いた。教員は昔の古学者さながらに熱い思いを胸底にひそめて古典に沈潜し、学生は神社祭式・雅楽・能楽・薙刀ほかの稽古に汗を流す、そんな学舎は今の日本には（正確にはあともう一校しか）ほかにないであろう。また博士論文の執筆時期には日本学術振興会の特別研究員として、六年ものあいだ公金より生活と研究とを支えて頂いた。さらに本書には科学研究費補助金（課題番号：〇九J〇九五八八・一二J〇四八二〇・一七K一三三二三）による研究成果も直接間接に生かされている。

また本書の出版をこころよくお引き受けくださった株式会社ぺりかん社、とりわけ編集部の藤田啓介さんに改めて御礼を申し上げる。菅野覚明先生の『本居宣長――言葉と雅び』、黒住真先生の『近世日本社会と儒教』、前田勉先生の『近世日本の儒学と兵学』、そして日野龍夫先生の『著作集』全三巻。そのどれもが、近世思想史研究を志して以来何べんも貪り読んだ本であり、みなそれぞれに「作品」である。これらの名著と同じ書肆から自著を上梓できることには、今でも明るい夢の中にいるような気持ちがする。

大学院時代、懐かしい本郷三丁目の酒肆で、ある夜、師は私に「お前の書くものはどれも、誰か女に向けて書いているね」といった。その禅僧らしい一言に、私はぎくりと機を奪われた。その通りだったからである。あの日の『十住毘婆沙論』についての拙いレジュメと同じく、――そして全ての私の書くものと同じく、この本もまた、私の第一の読者である妻の美佳子に宛てられ、捧げられたものであることは、一々断るまでもない。

平成の最後の年の初春に

板東洋介

# 索　引

## 人名等

### ア行



### カ行

索　引

## 書名等

ヤ行



ラ行



ワ行

**著者略歴**

板東　洋介（ばんどう　ようすけ）

昭和59年（1984），兵庫県生まれ。東京大学大学院人文社会系研究科博士課程単位取得満期退学。博士（文学）。日本学術振興会特別研究員等を経て，現在，皇學館大学文学部准教授。

専攻―日本倫理思想史

論文―「荻生徂徠と芸道思想」（『思想』1112号），「悲泣する人間――賀茂真淵の人間観」（『倫理学年報』第61集）ほか。

装訂――間村俊一
（写真――鬼海弘雄）

徂徠学派《そらいがくは》から国学《こくがく》へ
表現する人間

2019年３月20日　初版第１刷発行



著　者　板東 洋介

発行者　廣嶋 武人

発行所　株式会社 ぺりかん社
〒113-0033 東京都文京区本郷1-28-36
TEL 03(3814)8515
http://www.perikansha.co.jp/

印刷・製本　創栄図書印刷

Printed in Japan

ISBN 978-4-8315-1530-8

| | | |
|---|---|---|
| 本居宣長〔改訂版〕 | 菅野覚明著 | 三二〇〇円 |
| 宣長神学の構造 | 東より子著 | 二八〇〇円 |
| 国学の曼陀羅 | 東より子著 | 二五〇〇円 |
| 近世日本社会と儒教 | 黒住　真著 | 五八〇〇円 |
| 国学の他者像 | 清水正之著 | 三六〇〇円 |
| 近世神道と国学 | 前田　勉著 | 六八〇〇円 |

◆表示価格は税別です。